I0875865

V&R

FRÜHE BILDUNG UND ERZIEHUNG

Joachim Armbrust/Melina Savvidis/Verena Schock

Konfliktfelder in der Kita

Vandenhoeck & Ruprecht

Unser herzlicher Dank gilt:
Inge Skār, Herbert Wolpert und Gudrun Noll.

Bibliografische Information der Deutschen Nationalbibliothek

Die Deutsche Nationalbibliothek verzeichnet diese Publikation in der Deutschen Nationalbibliografie; detaillierte bibliografische Daten sind im Internet über http://dnb.d-nb.de abrufbar.

ISBN 978-3-525-70141-6
ISBN 978-3-647-70141-7 (E-Book)

Umschlagabbildung: Sandra Gligorijevic/Shutterstock.com

Printed in Germany.
Satz: SchwabScantechnik, Göttingen
Druck und Bindung: ® Hubert & Co., Göttingen

Gedruckt auf alterungsbeständigem Papier.

Inhalt

Vorwort

Ein echtes Ganzes benötigt die *Individualität* seiner Teile, aber auch das Zusammenspiel aller Teilbereiche. Auch Menschengruppen können aus lauter Einzelpersonen bestehen, ohne deshalb schon ein Ganzes zu sein. Dieses Ganze, diese neue Qualität, erreichen sie nur, wenn zwischen den einzelnen Menschen dieser Gruppe Beziehungen, Gemeinsamkeiten und Verbindungen entstehen: Interaktion als wechselseitiges Aufeinandereinwirken von Menschen ist nicht nur Ausdruck menschlichen Zusammenlebens, sondern eine der elementarsten Voraussetzungen und Vorbedingungen des menschlichen Seins. Ohne Interaktion kann sich der Mensch weder seiner Selbst bewusst werden, noch überhaupt existieren. In diesem Sinne ist Interaktion ein dauerhafter und dynamischer Prozess, der im Zusammenhang mit menschlichen Erziehungs- und Kommunikationsprozessen zu reflektieren ist.

Es gibt keinen Moment, in dem Menschen ihre Umwelt nicht beeinflussen oder durch sie beeinflusst werden. Daher ist es aus sozial- und erziehungsethischer Sicht wichtig, sich bewusst zu machen, aus welcher Grundmotivation bzw. -einstellung heraus und in welcher Weise ein Individuum diesen ständigen Prozess der Wechselwirkung bzw. Interaktion mitgestaltet.

Was bewegt die Kinder? Und was bewegt Sie oder die Kolleginnen?[1]

Können wir es zulassen, dass aus dem gemeinsamen, täglichen Ringen so etwas wie Bindung entsteht, die ja bekanntlich noch viel mehr ist als Beziehung? Sie beinhaltet auch Qualitäten wie gegenseitig füreinander verantwortlich zu sein oder es anzunehmen, Teil dieses Ganzen – mindestens auf Zeit – zu sein und seine Rolle darin zu bejahen und einzunehmen. Bewusstes Akzeptieren von entstehender Bindung bedeutet auch, »Ja« dazu zu sagen, auf die anderen in bestimmten Dingen angewiesen zu sein und sie zu brauchen.

---

1 Der geschlechtsspezifischen Ausdrucksweise gewahr, wird im Folgenden auf die Nennung beider Geschlechter verzichtet – wobei bei jeder genannten Profession Frauen und Männer eingeschlossen sind.

Konflikte zwischen Menschen, spätestens, wenn sie nicht lösbar erscheinen, rühren an existentiellen und damit an religiösen und spirituellen Themen. Sie zwingen uns aus der oft einengenden Ich-Du-Perspektive auszubrechen und etwas *Größeres* hereinzulassen, das uns offensichtlich an einem bestimmten Punkt des Konfliktes über uns selbst, und damit über die bisherigen Lösungen hinausführt. Das ist dann oft die Stelle, an der sich das individuelle und gruppenspezifische Erleben verdichtet und nicht selten plötzlich und unvermittelt eine transzendente Bezogenheit herstellt.

Spirituelle Seins-Erfahrung ist der Weg, der uns eröffnet, dass das Leben plötzlich über unserer aller Grenzen hinaus wirkmächtig werden kann. Es gibt noch andere Realitäten im Leben als unser unmittelbares, kleines Dasein. Die alltäglichen Auseinandersetzungsspannungen führen uns über uns selbst hinaus, in etwas spirituell Geistiges hinein und eröffnen neue Wege, Sichtweisen und Haltungen. Es entsteht die unmittelbare Erfahrung, beschenkt zu werden. Früher hätte man Gnade dazu gesagt.

So sind wir alle Glieder in einer Evolutionskette, können auf das zurückgreifen, was die Vorfahren vor uns geschaffen haben, und wir müssen auch nicht alles, was diese unerledigt ließen, in diesem Leben erledigen und uns überfordern, weil wir auch den Generationen nach uns (den uns anvertrauten Kindern) Aufgaben übrig lassen dürfen. Wenn wir diese Kette bejahen können, in der wir und die uns anvertrauten Kinder ein Glied sind, wird das Leben wiederum leichter und entlastet uns.

Es bürdet uns aber auch eine Verantwortung auf für das Jetzt, das sich nicht auf Morgen verschieben lässt. Eine Verantwortung, die von uns verlangt, dass wir sie hier und heute zu tragen haben. Wir alle nehmen es wahr, wenn sich plötzlich in unser alltägliches Leben hinein etwas Drittes hinzugesellt, von dem wir spüren, dass es wegweisend ist und zukunftsoffen eine bisher ungedachte und ungelebte Beziehungs- oder Begegnungsgestalt ermöglicht. Hier entsteht aus pädagogischer Sicht bei allen Beteiligten die Vorstellung einer hinreichend gut gedachten Zukunft, die als Glückserfahrung wahrgenommen wird. Theologisch würde man in diesem Zusammenhang von der Geburt einer neuen Hoffnung und von Glaubenserfahrung sprechen.

Es gibt also hinter allen Konflikten eine andere Dimension, die uns trotz aller Unterschiedlichkeiten auf immer verbindet. Das sollten wir nie vergessen und das dürfen wir uns in verfahrenen Situationen auch Trost sein lassen.

Joachim Armbrust
Melina Savvidis
Verena Schock

A Kindliche Entwicklung im Spannungsfeld von Möglichkeitsräumen und Grenzen

Schon ehe ein Kind im *Keim* angelegt ist, findet eine Art Selektions- und Auswahlprozess statt. Potenziell kommt für eine Frau jeder Mann aufgrund seiner Gegengeschlechtlichkeit als Vater ihres Kindes infrage. Letztendlich entscheiden jedoch Geschichte, Erlebnishintergründe, Wesenszüge, Situationsbezüge und Stimmungslagen, mit welchem Mann die Frau zusammenkommt und ob dieses Zusammenkommen mit einem inneren Ja oder Nein verbunden ist, ob darin vorausgeahnte Entwicklungsmöglichkeiten angelegt sind oder aber ob es aus einer situationsbedingten Langeweile, Unbeholfenheit ein Nein auszusprechen oder aus Neugierde zur Begegnung kommt etc.

Erwidert der Mann das Begehren und verschenkt er sich in die Frau hinein mit seiner ihm anvertrauten Schöpferkraft, bleibt es zunächst eine offene Frage, welche der Samenzellen das Rennen macht und tatsächlich bis in die Eizelle vordringt und ob sich die Eizelle im Uterus einnisten kann. Mehr als 30 % der befruchteten Eizellen gehen wieder verloren.

So wie Mann und Frau in einen *Dialog* miteinander treten, so ist auch das Zellwachstum ein *dialektischer Prozess.* In dem Wort Entwicklung ist angedeutet, dass etwas, das schon angelegt ist, *ent*-wickelt wird. Das entstehende Kind befindet sich im Prozess des Zellwachstums im Dialog mit sich selbst, ist aber natürlich immer auch dialektisch an seinen mütterlichen Urgrund, sein ihn nährendes Milieu, gekoppelt. Kommunikation und Abstimmung findet also von Anfang an statt und vollzieht sich meist, Gott sei Dank, erfolgreich im Sinne einer gewünschten, guten Entwicklung. Es bilden sich Zellgruppen mit Spezialaufgaben, die aber doch alle wieder miteinander zusammenarbeiten müssen.

Aus dem Wissen um die grundlegend dialektische Gesetzmäßigkeit alles Lebendigen ergibt sich somit die Basis für Zukunftsoptimismus, für Hoffnung und Vorfreude. In diesem Sinne ist Dialektik auch ein Prozess, der Freude ausstrahlt!

Das Ganze besitzt demnach also eine ganz andere Qualität als die Summierung seiner Teile. In einem solchen Ganzen, einem System (z. B. einem lebenden Organismus) verliert das Ganze seine ihm innewohnende Qualität, wenn auch nur ein einziges Teil entfernt wird oder nicht kooperiert. Jedes Teil ist anders strukturiert, funktioniert anders. Jede Teil-Funktion dient dem Ganzen. Ich sehe, weil meine Augen sehen. Ich laufe, weil meine Füße mich tragen, ich hole Luft in mich hinein, weil meine Lunge den Sauerstoff ein- und ausatmen kann. Ein echtes Ganzes benötigt die *Individualität* seiner Teile, aber auch das Zusammenspiel aller Teilbereiche.

Auch Menschengruppen können wie ein Sandkornhaufen aus lauter Einzelpersonen bestehen, ohne deshalb schon *ein Ganzes* zu sein: Dieses *Ganze,* diese neue Qualität, erreichen sie nur, wenn zwischen den einzelnen Menschen dieser Gruppe Beziehungen, Gemeinsamkeiten und Verbindungen bestehen. Das können beispielsweise familiäre Beziehungen oder Beziehungen sein, wie sie in einer Kindertagesstätte unter den Kindern oder in einer Handballmannschaft, einem Chor oder einem Arbeitsteam entstehen.

So lernen Mann und Frau sich mit dem ersten Kind als Familie zu verstehen und müssen/dürfen nun um ein ganz neues Gleichgewicht ringen, in dem plötzlich das Eltern-Sein anfängt, eine erhebliche Rolle zu spielen. Die Verhältnisse und Umgangsformen müssen/dürfen neu austariert werden.

Ich kommuniziere, also bin ich

Eine stillende Mutter will zunächst vielleicht für ihr Kind da sein, stößt aber im Laufe der Zeit an die eigenen körperlichen Grenzen. Irgendwann stellt sie fest, dass sie nicht mehr zweistündlich stillen kann und einen größeren Zeitraum für die Rhythmisierung braucht. Indem sie sich dorthin *leidet,* entwickelt sich auch beim Baby die Bereitschaft ihr zuzuarbeiten. Wenn sie die Grenze endgültig erreicht hat, ergibt sich eine neue Situation in einem für die Mutter erträglichen und für das Kind zufriedenstellenden Sinne meist wie von selbst.

Es findet ein Dialog zwischen Mutter und Kind statt, indem gegen- und wechselseitig die Regungen des anderen verstanden und gewürdigt werden, auch ohne dass der Säugling die Situation schon denkend erfassen kann.

Die Gegenüberstellung zweier Aussagen oder Haltungen zu einem Sachverhalt (»Ich hab Hunger.« – »Ich kann nicht mehr stündlich die Brust reichen.«) schafft eine These und eine Antithese, also eine Position und deren Verneinung. In der fortlaufenden Argumentation gewinnt die Antithese als Negation eine positive Funktion: Sie treibt den Lösungsprozess auf eine neue Ebene. Diese neue Ebene bzw. die neue Formulierung auf dieser Ebene ergibt die Synthese. Sie dient wieder neu als Negation der Antithese und fordert gleichzeitig eine neue Gegenargumentation, ist also gleichzeitig auch eine neue These.

These, Antithese und Synthese präsentieren sich so als sogenannte *Bewegungsstufen* menschlicher Entwicklung. Bezogenheit und Beziehung ist für diesen Prozess die notwendige Grundlage. Was sich in einem längeren Zeitkontinuum und mit Abstand betrachtet als ganz natürliche Fließbewegungen eines Hin und Her zwischen zwei Menschen darstellt, die im Abstillen ihren vorläufigen Höhepunkt findet, wird in der konkreten Situation des *Noch-nicht-Gestalt-finden-Könnens* durchaus als bremsend und lähmend oder gar erdrückend empfunden. Ohne Verbindlichkeit im Kontakt und im kommunikativen Austausch, ohne wache Aufmerksamkeit auf beiden Seiten, kann sich diese Entwicklung nicht fruchtbar vollziehen.

Das acht Monate alte Kind liegt auf der Krabbeldecke und es drängt nach vorn. Es will einem Gegenstand näherkommen, es schiebt sich aber mit seiner vorwärts strebenden Anstrengung nach hinten anstatt nach vorn. Dennoch: Es kann von seinem Willen nicht ablassen.

Das Kind hat noch keine Vorstellung von der Möglichkeit, räumliche Distanzen durch körperliche Bewegung zu überwinden und trotzdem hat es hinein in das Dunkel der noch nicht gelebten Zukunft eine Ahnung davon, dass dort seine Entwicklung weitergeht. Ein Drängen aus dem Kind selbst heraus, versucht an dieser Stelle weiterzukommen. Wir können im besten Fall mitfühlen, wie es dem Kind geht, aber wir können ihm das Leid, das sich aus dem vergeblichen Kraft- und Willenseinsatz ergibt, nicht abnehmen.

Was wir aber können, ist, seinen Regungen und Impulsen Sprache zu verleihen und Verständnis zu zeigen. Wir können sein gegenwärtiges Ringen und die darin liegende Vergeblichkeit *versprachlichen.* Ebenso können wir zeitgleich vermitteln, dass es Zeit hat und dass das alles schon noch unausweichlich kommen wird. Wir können das Kind ggf. auch mal für einen Moment auf den Rücken drehen und es kurzzeitig vergessen machen, was es so sehr will. So können wir dem Kind eine Verschnaufpause gönnen. Damit wären unsere erwachsenen Möglichkeiten aber bereits erschöpft.

Am Ende wird es laufen können, wie fast alle Kinder, ohne dass es sich des Zieles immer gewahr war. Zwischendrin wird es vielleicht auch erschrecken über die Möglichkeiten, die im Laufen können liegen. Denn wer laufen kann, kann auch weglaufen oder verloren gehen. Dieses Spiel zwischen notwendig zu erringender Autonomie und dem Zurückziehen auf das schon Bekannte, das Sicherheit gibt (»Ach, hätte ich doch niemals laufen gelernt!«), wird ein prozessuales Spiel bleiben, ein Leben lang.

Zentrale Frage bleibt: Soll man den Vorstoß wagen oder doch lieber wieder den Rückzug antreten? Zwei Schritte vor und einen zurück. Wer kennt dieses dialektische Spiel von Wachstum nicht und wer kann immer mit Sicherheit fühlen, was gerade richtig ist?

Durch unsere begleitende Versprachlichung entwickelt das Kind so etwas wie ein *Selbstgefühl.* Es lernt, seine Regungen, Wahrnehmungen und Empfindungen einzuordnen, zu erfassen, zu deuten und ihnen eine Richtung zu geben. Es lernt zu erspüren, was es braucht, was seine Regungen ausdrücken wollen. Voraussetzung hierfür ist allerdings, dass wachsame Eltern ihm viele Male seine Regungen richtig gedeutet haben: »Kann das sein, dass du Hunger hast?« »Ich glaube, du frierst.« »Möglicherweise haben wir es zu vielen Eindrücken ausgesetzt. Es macht den Eindruck, als ob es sehr müde wäre, aber noch nicht loslassen kann.«

Werden diese Regungen nicht berücksichtigt, werden sie nicht aufgenommen und wird ihnen keine Antwort gegeben, beginnt ein Spiel von frei fliegenden Kräften, die sich vom Kind nicht fassen lassen. Die Folge ist, dass das Kind sich zerrissen fühlt. Es steht dann zwischen dem Wollen aufgrund entstehender Bedürfnisse und dem Schuldgefühl, weil es da etwas will, das bei den geliebten Eltern keine Antwort findet und somit falsch sein muss.

Wer das Pech hat, kein Selbstgefühl entwickeln zu können, weil der dialektische Prozess zwischen Bedürfnisäußerung und Bedürfnisbefriedigung oder zumindest Bedürfnisverständigung nicht stattfindet, der hat ein wesentliches Instrument menschlicher Kommunikation, das Instrument – oder besser Organ – des sich Einfühlens in sich selbst und in den anderen, nicht kennengelernt.

Wie soll er dann Beziehung und das, was an Gefühlen und Regungen daraus entspringt, bei sich selbst verstehen und steuern können?

Neben dem Selbstgefühl geht es auch um *Selbstvertrauen*. Ein Kind will sich erfahren als ein Mensch mit Fähigkeiten, als ein Wesen, das etwas kann und vielleicht auch einmal besser kann als andere: »Schau mal, wie ich auf einem Bein hüpfen kann, wie ich Schmetterlinge fangen kann, wie gut ich mich verstecken kann …«

Selbstvertrauen hat also damit zu tun, an seine Kräfte glauben zu lernen, sich etwas zuzutrauen, Herausforderungen bestehen zu können. Mit jedem kleinen Erfolg wächst das Selbstvertrauen und bildet die gesunde Grundlage für eine Erfolgsgeschichte in Sachen Lebensbewältigung – das ist auch gut so. Denn der Weg vom kleinen Kind zum Erwachsenen ist lang: »Was die alles können, ob ich das jemals lernen kann?«

Auch das ist ein dialektischer Entwicklungsprozess, der offenbleibt und immer wieder positive Deutungshilfe braucht, auch bei uns – den Erwachsenen. Denn Wege entstehen beim Gehen. Manchmal kann das sehr beschwerlich sein, z. B., wenn man das Gefühl hat, auf der Stelle zu treten und nicht vorausschauen zu können.

Neben dem Selbstvertrauen geht es auch um *Selbstwert*. Selbstwert vermittelt sich, indem wir von den Menschen um uns herum gespiegelt bekommen, dass wir für sie in unserer Existenz wertvoll sind. Dass wir für sie eine Bedeutung haben, dass sie sich an uns erfreuen und dass ihr Leben ohne uns für sie ärmer wäre. Sie lassen uns immer wieder spüren und erfahren, dass wir etwas Besonderes für sie sind und wir ihr Leben bereichern. Über die anderen lernen wir zu begreifen, dass wir wertvoll sind, und entwickeln daraus einen Selbstwert, der sich ab einer gewissen Erfahrungsreife auch von unmittelbaren Reaktionen aus dem Umfeld unabhängig machen kann. Auch das ist ein Weg des dialogischen Spiegelns zwischen einem Ich und einem Du.

Sicher ließe sich die Liste noch vielfach erweitern, wir würden uns hier an dieser

Stelle allerdings mit der Aufführung eines letzten Punktes, nämlich dem Entstehen von Selbstbewusstsein, beschränken wollen.

Das neugeborene Kind ist der (vorläufige) Endpunkt der Entwicklung seiner sämtlichen Vorgenerationen. Es fängt in der Entwicklung seiner Persönlichkeit nicht wirklich bei Null an, sondern setzt das Gewesene fort und baut darauf auf.

Es ist kein unbeschriebenes Blatt. Es wird über Vater und Mutter an die Vorgenerationen angebunden, mit ihnen und über sie identifiziert. In diesem Identifikationsprozess erhält das Kind das, was wir Handlungs- und Erlebnismuster nennen. Darin enthalten ist die Gesamtheit der (Über-)Lebenserfahrungen der Vorgängergenerationen, die über die Familie, über Vater und Mutter an das Kind weitergegeben werden und über die sich das Kind identifizieren wird. Diese grundlegend angelegten programmatischen Muster sind eine notwendige Bedingung für die Entwicklung der Persönlichkeit. Ohne diese Muster fehlt dem Kind die Grundlage (in der Computersprache: das Betriebssystem) zur Orientierung in der Umwelt und damit zur Individualisierung. In den angelegten Mustern des Kindes spiegelt sich die Geschichte (zunächst im Sinne von Vorgeschichte) des Kindes.

Demnach kann man ebenso gut sagen: Ein Mensch ohne Geschichte kann keine Individualität entwickeln, keine Persönlichkeit werden.

Die angelegten Muster oder Programme erlangen nur in der gelebten Praxis Bedeutung. So hat ein Kind das Potenzial zu sprechen, zu schreiben, zu lesen, zu denken, zu fühlen und zu arbeiten. Es kann diese Veranlagung aber nur aktivieren, wenn jemand mit ihm spricht, schreibt, liest, denkt, fühlt, arbeitet usw. Die Differenziertheit des historischen Programms wird nur in der Differenziertheit der gesellschaftlichen Verhaltensanforderungen bzw. Anforderungsprofile bedeutsam.

Im Regelfall besteht bei einer kontinuierlichen gesellschaftlichen und familiären Entwicklung eine relativ hohe Übereinstimmung zwischen der Differenziertheit der individuellen Programme und der Differenziertheit der gesellschaftlichen Anforderungen. Die Gesellschaft entwickelt sich aus ihren Individuen, die Individuen entwickeln sich auf dem Boden ihrer Gesellschaft. Kultur brütet ihre Mitglieder aus und die Bedürfnisse der Mitglieder wirken auf diese wieder zurück.

Persönlichkeit bildet sich also aus der dialektischen Einheit von historisch angelegten Programmen und realem Verhalten. Wenn wir die Persönlichkeit und damit das Wesen der Person beschreiben wollen, genügt es nicht, ihre Erscheinungsform – d. h. ihr Verhalten, Fühlen, Denken – zu beschreiben, sondern es muss ebenso die in allem enthaltene, über die Familie identifizierte Geschichte beschrieben werden. Persönlichkeit entwickelt sich auf der Basis und unter der Veränderung des historischen Programms durch die Abstraktion und damit durch programmatische Einbeziehung des neu Erlebten. Jede Handlung erweitert sozusagen unser Programm und führt uns über das bereits Angelegte hinaus. Der Satz »Von nichts kommt nichts« gilt auch für die Persönlichkeit. Neues kann nur aus dem Vorhandensein von Altem entstehen. Die Struktur, in der sich eine einzelne Persönlichkeit entwickelt, ist das Ergebnis eines kulturell und gesellschaftlich festgelegten Angebotsrahmens, in dem Entwicklung gefördert oder mindestens geduldet wird.

Die strukturelle Vorgabe unserer Kultur in Person von Vater und Mutter oder auch noch anderen erwachsenen Bezugspersonen führt im Programm des Kindes zu einem permanenten inneren Widerspruch. Es lebt in einem ständigen Entscheidungskonflikt zwischen mehreren gleichwertigen Programmvorgaben für das Verhalten in einer bestimmten Situation. Eine mechanische Umsetzung elterlicher Vorgaben ist unmöglich, da die Vorgabe des einen Elternteils grundsätzlich durch die Vorgabe des anderen relativiert wird. Eine einfache Verbindung beider Vorgaben ist ebenso unmöglich, weil jede für sich bereits eine umfassende Verhaltensorganisation darstellt. Eine im Kind entstehende Synthese beider Programme beinhaltet demzufolge nicht einfach eine Addition der elterlichen Programme, sondern erfordert eine neue Qualität, die bisher Unverbundenes und scheinbar Unvereinbares miteinander in Beziehung setzt und verbindet. Diese neue Qualität ist nicht mechanisch ableitbar und damit nicht vorhersagbar. Die Antwort entwickelt sich aus einem schöpferischen, dialektischen Prozess heraus im Rahmen der eigenen Ressourcen und der elterlich erlaubten Möglichkeiten. Das Kind ist ein neuer Mensch, eine Persönlichkeit von neuer, höherer Komplexität, die ihre Form und Inhalte in einer gänzlich neuen Herangehensweise an die praktischen Anforderungen des Lebens entwickelt.

Gerade in der strukturellen Vorgabe unserer Kultur, die zwei gleichwertige, in ihrem Wesen und ihrer Persönlichkeit voneinander unabhängige Personen (die Eltern oder auch andere), zur Identifikation des Kindes heranzieht, liegt also die Ursache dafür, dass jeder Mensch einen eigenen Weg finden und eine eigenständige Persönlichkeit entwickeln muss. Sie führt weiterhin dazu, dass Bestehendes nicht übernommen werden kann, sondern ständig erneuert werden muss. Das ist eine der Ursachen für die Entwicklungsdynamik von Wirtschaft, Technik und Wissenschaft in unserer Gesellschaft.

Um es einfacher auszudrücken: Ohne dass die Person bewusste Verbindung zu ihrer (Vor-)Geschichte hält, ohne dass sie das daraus resultierende Wissen auf ihr persönliches Verhalten und Erleben beziehen kann, kann sie sich die mitgegebenen Entwicklungspotenziale der *Urahnen-Schätze* nicht wirklich erschließen. Denn dies wäre die Voraussetzung dafür, um in einem kreativ-schöpferischen Sprung individuelle Antworten zu finden.

Bewusstsein und Selbstbewusstsein entstehen also aus der Verwurzelung des Kindes im sozialen und historischen Raum. Wesen und Erscheinung bilden im Kind eine dialektische Einheit.

Die Psychologie, die Psychotherapie, aber auch die Pädagogik bilden gemeinsam die Wissenschaft, die diese Einheit erforschen und das daraus gewonnene Wissen den Menschen selbst und der Gesellschaft zur Verfügung stellen wollen.

Bewusstsein ist das Wissen der Person darum, dass sie als Mensch im Austauschprozess mit der Umwelt steht, dass sie ihre körperlichen Bedürfnisse im Kontakt mit der Umwelt befriedigen muss und dass sie diese zwecks Befriedigung ihrer Bedürfnisse gestalten und beeinflussen kann. Weiterhin beschreibt es das Wissen darum, dass man als einzelner Mensch abhängig ist vom gemeinsamen Zusammenwirken und Zusammenleben einer Gesellschaft, die ihrerseits daraus entsteht, dass man als Einzelperson einen Beitrag leistet. In Verbindung damit steht auch das Wissen um gesellschaftliche Normalität, d. h. ein System von Normen und Klischees, die einen Bezugsrahmen für jeden Einzelnen darstellen und die damit auch Vergleichsmaßstab für die Abweichungen aller Individuen sind.

Selbstbewusstsein ist das Wissen der Person um das eigene Programm als Grundlage der persönlichen Lebensorganisation (in der gesellschaftlichen und natürlichen Umwelt). Selbstbewusstsein bedeutet, dass die Person um ihre historischen Persönlichkeitspotenziale weiß, mit denen sie gegenwärtige und zukünftige Anforderungen und Aufgaben bewältigen kann. Diese Potenziale stellen eine relative Unabhängigkeit der Person gegenüber zufälligen Ereignissen dar. Selbstbewusstsein resultiert nicht originär bzw. keinesfalls ausschließlich aus der Erfahrung erfolgreichen Handelns, wie es fälschlicherweise häufig in der Psychologie vertreten und behauptet wird. Es ist nicht erlernbar. Es ist vielmehr das Ergebnis der Erfahrung und Erforschung der eigenen (Vor-)Geschichte und der Herstellung eines Zusammenhangs dieser Geschichte mit dem aktuellen und projektierten Handeln. Es ist Teil des inneren Organisationsrahmens des persönlichen Handelns. Selbstbewusstsein ist weiterhin das Wissen um die eigene Einzigartigkeit und die Fähigkeit, diese in Bezug zur allgemeinen Normalität zu setzen.

Die einführend dargestellten dialektischen Prozess- und Entwicklungsgeschehnisse, die sich als Anforderungen des Lebens an den Einzelnen vollziehen, machen deutlich, welch langwierige, auf Dialog und Kommunikation angewiesene Entwicklungsprozesse notwendig sind, um diese Art von Selbsterleben im eigenen Selbstbewältigungsprozess überhaupt nur annähernd erreichen zu können. Ohne soziale Einbettung und Resonanz durch das bereits erfahrungsreichere Umfeld, ohne konfliktträchtige Reibungspotenziale, ist diese Entwicklung sogar unmöglich.

Dass prozessual erlebte Entwicklungssprünge auch Konflikte auslösen, Ärger verursachen, Selbstunsicherheiten erzeugen oder Missmut mit sich bringen, versteht sich von selbst. Wer sich gegenseitig braucht, macht sich auch gegenseitig verantwortlich und macht sich Vorwürfe, fühlt sich durch den anderen angetrieben oder ausgebremst. Hier hilft einzig das Zurücktreten des Erwachsenen, der dadurch Distanz gewinnt und in neuer, förderlicher Weise wieder auf das Kind zugeht, um ein neues, hilfreiches Beziehungsangebot zu platzieren.

B Bevor Konflikte entstehen

Friedvoller, versöhnlicher und wertschätzender Umgang kann sich unmöglich in einer Umgebung bilden, die Angst verbreitet. Es gehört eine gewisse, innere Entschiedenheit dazu, sich selbst in einem Sinne kultivieren zu wollen, der immer wieder eine positive Grundeinstellung zu sich selbst, zu anderen, ja zum Leben überhaupt hervorbringt.

Es ist alltägliche Arbeit mit jedem neuen Morgen auch wieder zu einem »Ja« zu kommen, zum Leben, zu einzelnen Menschen oder zu den mir anvertrauten Kindern.

Der britische Kinderpsychiater D. W. Winnicott prägte vor langer Zeit einmal sinngemäß den Leitgedanken, dass jede noch so abstruse Verhaltensoriginalität von Kindern, jede noch so destruktive, kindliche Selbstäußerung, immer die Hoffnung beinhaltet, von den erwachsenen Bezugspersonen mit dem Beziehungsangebot, das darin (manchmal verborgen) liegt, in Kontakt zu kommen, es zu verstehen und damit das Kind in seiner Ganzheit zu begreifen. Erst wenn die Kinder keinen Kontakt mehr suchen, haben sie diese Hoffnung darauf, endlich verstanden zu werden, aufgegeben.

So ist also jede Selbstäußerung von Kindern – und sei sie noch so störend und zerstörerisch – als Signal zu werten, das von uns erwachsenen Begleitpersonen beachtet werden will und das nach der richtigen Ausdeutung, nach der richtigen Haltung sucht, die diese destruktive Selbstäußerung in einem konstruktiven Rahmen einzubetten vermag.

Wenn wir einen Garten im guten Sinne gestalten wollen, brauchen wir zunächst einmal Bilder davon, was in diesem Garten wachsen, was darin Frucht tragen soll. Dann gilt es entsprechenden Samen auszulegen oder entsprechende Zwiebeln, Wurzelstöcke etc. zu pflanzen. Der Boden darum herum muss ebenfalls bestellt, immer wieder aufgelockert und aufgehackt werden. Unter Umständen müssen wir dem Boden auch einmal etwas zuführen, Mist z. B. oder Mineralien, eventuell auch einmal Knochenmehl usw. Wir werden auch nicht darum herum kommen, Schnecken ab zu sammeln oder Unkraut zu jäten. Auch darf die Zielorientierung nicht überhand nehmen, weil wir sonst den Nährboden dessen, für das, was wir pflanzen, ausbeuten und dauerhaft Schaden anrichten.

Die Sonne und der Regen, die vielen Tiere des Erdbodens tun dann ein Übriges. Wenn wir dem Garten eine Richtung geben, fangen die Eigentätigkeitskräfte der Natur an, mitzugestalten und uns zu unterstützen.
Es geht also darum, dem Positiven Raum zu geben, einen Raum zu eröffnen, der eine Kultur der gegenseitigen Anerkennung und Wertschätzung ermöglicht und so zu einem Möglichkeits- und Wachstumsraum werden kann, der sich selbst begrenzt und auch nicht alles zulässt.

Mit wacher Aufmerksamkeit sich selbst mit den eigenen Gefühlen und Werten zu berücksichtigen, aber auch sein Gegenüber anzuerkennen, ist ein guter Ausgangspunkt für gemeinsames Wachstum.

So kann sich einer der Autoren daran erinnern, dass George, ein zweijähriges Pflegekind aus Ghana, das über eineinhalb Jahren bei ihm lebte und das einen großen Bewegungsdrang hatte, in Situationen, in denen es zum Konflikt kam, immer wieder und regelmäßig rief: »Papa, Hand, Papa, Hand!« Dabei streckte der kleine George seine Hand mutig nach vorne und hielt der Energie, die sich auf ihn richtete, stand. Sobald ihm diese Hand gegeben war, hörte er sich geduldig an, was ihm sein Ziehvater zu sagen hatte. Dieser lernte dabei, wie wichtig es ist, im widerstreitenden Falle mit den Kindern die wertschätzende Verbindung zu halten. Die Kinder wollen spüren: »Auch im Konfliktfalle gehöre ich zu dir. Ich meine dich nicht als ganze Person, sondern nur diese eine kleine Kleinigkeit, die kann ich so nicht akzeptieren, daran müssen wir beide arbeiten.«

Solange sich Kinder in ihrem Wesen unterstützt fühlen, sind sie auch bereit, Kritik anzunehmen und daraus zu lernen. Wenn sie dies nicht tun, dann liegt es mit Sicherheit daran, dass wir zu viel von ihnen fordern oder sie einen Schritt zu schnell in zu große Verantwortung nehmen.

Wenn sich Kräfte von Menschen zusammenballen, wenn sie sich gegeneinander aufstellen, wenn sie sich im Gegeneinander explosiv entladen, dann haben wir das, was wir einen *heißen Konflikt* nennen. Auch wenn dieses sich gegeneinander aufbauende Element notwendig ist, um zu zeigen, wo jeder in dieser Sache steht, so ist doch an dieser Stelle nach einer gewissen Zeit Entschleunigung hilfreich, zumindest, wenn wir gewaltfrei zu einer Schlichtung kommen wollen.

Marshall B. Rosenberg hat ein Vier-Schritte-Vorgehen der gewaltfreien Kommunikation entwickelt, an der sich die erwachsenen Begleitpersonen orientieren können, um ihren unstrukturierten, geballten Aggressionskräften eine Struktur und eine Richtung zu geben (Marshall B. Rosenberg, Gewaltfreie Kommunikation- Eine Sprache des Lebens, Paderborn, 2010, 9. Auflage).

Beobachtung:
- Was ist konkret passiert?
- Was habe ich gehört?

- Was habe ich gesehen?
- Welche Annahmen habe ich?

Gefühle:
- Welche Gefühle löst das in mir aus?
-

Bedürfnisse:
- Was ist mir wichtig?
- Was hätte ich gern?

Lösung:
- Was möchte ich nun konkret? Rückmeldung? Unterstützende Klärung? Handlung/Lösung?

Brücke:
- Ok?
- »Bist du dabei?«
- »Einverstanden?«

An den Gefühlen, die wir empfinden, können wir erkennen, ob unsere Bedürfnisse erfüllt werden oder wo wir mit uns und unserem Erleben stehen. Bei Eltern und Erziehungspersonen geht es nicht immer nur um Bedürfnisse, sondern häufig auch um Erwartungen. Das ist nicht immer dasselbe.

Gefühle, die wir empfinden, wenn unsere Bedürfnisse erfüllt werden, könnten z. B. folgende sein: Wir sind dann vielleicht …
- froh (aufgeregt, berührt, zufrieden, erleichtert, glücklich, zuversichtlich, vertrauensvoll)
- erfüllt (beschwingt, fasziniert, gebannt, sorglos, bewegt, unbekümmert, verliebt)
- inspiriert (angeregt, ausgelassen, neugierig, kraftvoll, übermütig, heiter)
- friedlich (entspannt, gelassen, geborgen, sicher, munter)

Gefühle, die wir empfinden, wenn unsere Bedürfnisse nicht erfüllt werden, könnten z. B. folgende sein: Wir sind dann vielleicht …
- müde (erschöpft, hilflos, mitgenommen, schläfrig, überreizt, lustlos, ausgelaugt, schlaff)
- traurig (besorgt, bestürzt, betroffen, betrübt, ohnmächtig, pessimistisch, kummervoll, frustriert)
- ängstlich (alarmiert, angespannt, entsetzt, erschrocken, nervös, unwohl, verzweifelt, unter Druck, irritiert)

- wütend (verärgert, ärgerlich, genervt, zornig, gehässig, unruhig, aufgewühlt, rasend, verbittert)
- verwirrt (verunsichert, blockiert, gehemmt, hin- und hergerissen, perplex, unsicher, verloren)

Gefühle, die wir empfinden, wenn wir uns als Opfer von Umständen oder Mitmenschen erfahren, könnten z. B. folgende sein: Wir fühlen uns dann vielleicht …
- abgelehnt, angegriffen, beschuldigt, ausgenutzt, bedrängt, bedroht
- beherrscht, beleidigt, belogen, bevormundet, beschämt, dominiert, dumm, erniedrigt, eingeschüchtert, fehl am Platz, gedrängt, gelangweilt, gestört
- hintergangen, ignoriert, isoliert, manipuliert, nicht einbezogen, nicht ernst genommen, nicht respektiert, schuldig, überlistet, unerwünscht, unterdrückt
- übergangen, unverstanden, unwichtig, unzulänglich, verarscht, verlassen
- verletzt, verraten, wertlos

Sie sehen schon, wenn meine Bedürfnisse nicht erfüllt werden oder ich mich als Opfer fühle und ich aus diesem Gefühl heraus reagiere, dann kann mein Beitrag in der Regel kein positiver sein. Als Kind brauche ich eindeutig und unbedingt die Hilfe des Erwachsenen, der mich dabei unterstützt, eine Verbindung zu meinen schlechten Gefühlen zu finden. Er hilft mir herauszufinden, was mir fehlt, oder noch besser, was ich brauche, damit ich wieder in eine lebensbejahende Grundhaltung zurückfinde.

Aber auch ich als Erwachsener sehe mich ständig in die Aufgabe gestellt, meine Kräfte wieder fließend zu machen, steuernd einzuwirken, damit ich das grundsätzliche »Ja« für mein Gegenüber nicht verliere.

Wenn wir also schon vor dem eintretenden Konflikt etwas für eine gute und unterstützende Atmosphäre tun wollen, dann sind wir auf einem guten Weg, wenn es uns gelingt, unsere Bedürfnislagen im Vorfeld zu berücksichtigen und zu befriedigen.

Wir wollen Akzeptanz, Einbezogensein und Wertschätzung erfahren; wir wollen bestätigt bekommen, dass wir Positives leisten und beitragen. Wir sind auf Mitgefühl, Verständnis und Fürsorge angewiesen. Unser Gegenüber wollen wir verstehen, aber wir wollen auch selbst verstanden werden. Wir wollen uns zugehörig fühlen, uns einbringen, einen Beitrag für die Gemeinschaft leisten, zusammenarbeiten, wir wollen Teil einer Gemeinschaft sein und uns in Beziehung fühlen bzw. in Beziehung sein. Wir wollen uns auch in einem Rahmen von Sicherheit, Zuverlässigkeit und Beständigkeit aufgehoben wissen.

Wir brauchen aber auch das Wissen und die Sicherheit, dass wir uns selbst wichtig nehmen dürfen, dass wir Wert auf Autonomie und Authentizität legen dürfen. Wir wollen unsere eigenen Ziele entwickeln und verfolgen, uns an unseren Werten orientieren und unseren Träumen nacheifern und wir wollen die Wege, die für uns die richtigen sind, realisieren.

Friedvolles Miteinander setzt eine wahre Begegnung des tieferen Wesens der beteiligten Menschen voraus.

Die Selbst- und Feindbilder zwischen Konfliktparteien verstellen oftmals die Sicht auf das, was die Menschen in ihrem tiefsten Inneren wirklich denken, fühlen und wollen. Wenn es gelingt, das zum Ausdruck zu bringen, kann das zu überraschenden Öffnungen führen.

Wir sind sicher, dass die Freude am einfühlsamen Geben und Nehmen unserem innersten Wesen entspricht. Was braucht es, damit wir mit unserem einfühlsamen Wesen in Kontakt bleiben können?

Lassen Sie uns damit beginnen uns gegenseitig bei einer Lebensweise zu unterstützen, die das Wissen um ein gelungenes und respektvolles Miteinander wieder lebendig macht und zu einer alltäglichen Erfahrung macht.

Denn wir bezahlen alle teuer dafür, wenn Menschen aus Angst, Schuldgefühl oder Scham auf unsere Werte und Bedürfnisse eingehen und nicht aus dem Wunsch heraus, von Herzen zu geben. Früher oder später werden wir die Konsequenzen nachlassenden Wohlwollens von denen zu spüren bekommen, die aus einem Gefühl äußerer oder innerer Nötigung heraus, unsere Wünsche erfüllt haben.

Bei friedlichen Verabredungen geht es um Verstehen, Verlässlichkeit und Transparenz. Hier möchte man den großen Rahmen mitgestalten. Wenn man gleichwertig mitgestalten kann, ist man zufriedener. Je kraftvoller man in seiner Bitte ist, desto besser kann sich der andere einfühlen. Je klarer man seinen Wunsch formuliert, desto leichter kann einen der andere verstehen und Mitgefühl entwickeln.

Wir trennen oftmals zu wenig das Gefühl von der Bewertung. Wir wünschen uns, dass wir besser in der Lage sind, Gefühle und Bewertung zu trennen. Wir alle sind Akteure solcher Bewertungen: »Ich finde das affig!« statt »Deine Aussage verletzt mich.«

Wir müssen uns nicht jedes Problem zu Eigen machen, wir dürfen Probleme auch zurückgeben. Wir dürfen prüfen, wofür wir bereit sind, Verantwortung zu übernehmen. Ganz wichtig ist es, sich Raum zu geben. Manchmal braucht es einen reflektierten Moment im Hinblick auf eine Sache: »Wie geht es mir damit? Muss darüber gleich gesprochen werden oder geht das auch später? Wie gilt es einen Prozess zu gestalten, sodass kein Vorwurf entsteht? Oder dass sich ein gehörter Vorwurf ausräumen lässt?«

Wir brauchen Spielregeln für aufkommende Konfliktsituationen, wie z. B.: in Akutsituationen »Stopp!« sagen, innehalten oder nachfragen.

Es braucht Mut, etwas auszusprechen. Es braucht Klarheit in den Absprachen, sonst traut man sich zu wenig zu. Manchmal geht es auch darum, ein Thema zu halten und nicht gleich Lösungsvorschläge zu machen.

Immer wieder geht es auch darum, bei der Versprachlichung zu unterstützen, z. B. durch einen Satz wie z. B.: »Ich habe das Gefühl, dich beschäftigt etwas. Darf ich meine Vermutung äußern?« oder »Bitte lasst uns den Raum dafür nehmen und sagt, wie es gerade ist …«

Schön, wenn Beziehungsebene und sachorientierte Ebene zusammen gebracht werden können. Es ist auch gut, darauf zu achten, was andere um uns herum tun, das unser Leben bereichert und an unserer Fähigkeit zu arbeiten, dies in Achtung und Wertschätzung auch immer mal wieder auszudrücken und dem anderen als Dankeschön zurückzugeben.

Die Art und Weise, wie Erzieherinnen den ihnen anvertrauten Kindern begegnen, ist wichtig. Wenn sich Erzieherinnen z. B. aus Überforderung gleichgültig, aggressiv oder unterversorgend verhalten, dann fühlen sich die Kinder nicht geachtet und geliebt, sondern unerwünscht. Sie entwickeln ein negatives Selbstkonzept: »Ich kann nichts, ich bin nichts, aus mir wird nichts.« Sie kämpfen um einen Platz, von dem sie spüren, dass sie ihn bräuchten, aber den es nicht gibt. Sie streiten, verweigern sich, trödeln, verwöhnen sich, naschen, flüchten in eine bessere Scheinwelt, träumen und lügen.

Wenn die Kinder gar keine Hoffnung mehr haben, steigen sie innerlich oder äußerlich aus der Gemeinschaft der Kindergruppe bzw. Kindertageseinrichtung aus. Die sowieso schon unterschwellig aggressiven Erzieherinnen werden noch aggressiver, weil sie an ihrem eigenen Scheitern leiden und das ist dann schon der beste Anfang für eine Wiederholung des schrecklichen Kreislaufes.

Wenn Erzieherinnen Liebe, Respekt und Fürsorge vermitteln, dann fühlen sich die Kinder gewollt und als wichtiges Mitglied der Gemeinschaft. Sie entwickeln ein positives Selbstkonzept: »Ich bin wer und ich kann was.« Überlebensstrategien werden überflüssig. Es entsteht Raum für spielerisches, spaßiges Probehandeln.

Kinder bringen sich dann auch in die Gemeinschaft ein und vermitteln den Erzieherinnen Liebe und Dankbarkeit. Im Laufe der Zeit werden sie zu verantwortlichen Mitträgern der Werte, die wir ihnen vermitteln. Auf dieser Basis entsteht Vertrauen, auch dahingehend, sich in seinen Schwächen zu zeigen, um richtungsweisende und verstehende Hilfe zu erfahren. Manchmal braucht es in verfahrenen Alltagssituationen, in denen Erzieherinnen z. B. auch einmal von einem der ihnen anvertrauten Kindern schwer enttäuscht sind, eine veränderte Sicht auf das Kind (Perspektivenwechsel), damit die positive Haltung wieder hergestellt werden kann. Der Perspektivenwechsel liegt allerdings in der Verantwortung der Erzieherinnen, nicht beim Kind. Hier können sich Erzieherinnen im Team auch gegenseitig unterstützen.

Kinder brauchen folglich unbedingt stabile, zuverlässige und berechenbare Beziehungsangebote. Das bedeutet für Sie als Erzieherinnen, dass folgende Handlungsvorschläge hilfreich sein könnten:

- Verhalten Sie sich so, dass elementare Bedürfnisse der Kinder erfüllt werden.
- Behandeln Sie das Kind als einmaliges Individuum.

- Schaffen Sie eine Beziehung, in der Vertrauen, Ehrlichkeit und Offenheit möglich sind.
- Erkennen Sie das Kind grundsätzlich und uneingeschränkt an – die Anerkennung sollte nicht vom aktuellen Verhalten des Kindes abhängig gemacht werden,
- Bieten Sie dem Kind Möglichkeiten zur Entwicklung von eigenem Verhalten.
- Arrangieren Sie die soziale Umwelt so, dass Kinder sich Schritt für Schritt in sie einfädeln, an ihr teilnehmen und in ihr Verantwortung tragen können.

Folgende Möglichkeiten haben Erzieherinnen, wenn sie die Fähigkeiten und Fertigkeiten von Kindern entwickeln wollen. Sie können z. B. ermutigen, ernst nehmen, mitfühlen, zuhören, vermitteln, vorsichtig lenken, organisieren, offen sein, beteiligt sein, sensibel sein, positive Einstellung zeigen, flexibel sein, dem Kind bei Verarbeitungsprozessen helfen, Querverbindungen herstellen, dem Kind neue Perspektiven eröffnen, Privatsphäre achten, diskret sein, den Kindern helfen, einander ernst nehmen zu lernen, die eigenen Absichten in einer Form darstellen, die die Kinder verstehen können, die Sprache der Kinder sprechen, als Person hinter dem stehen, was Sie als Erzieherin vertreten, authentisch sein, die kooperativen Kräfte der Kinder in sensibler Weise wecken und steuern helfen etc.

Erschrecken Sie bitte nicht bei der Vielzahl von Idealen, die hier formuliert sind. Lassen Sie sich nicht davon erschlagen. Ideale sind dazu da, um sich Leitsterne am Himmel zu schaffen. Ideale hundertprozentig zu erfüllen ist unmenschlich. Erlauben Sie sich, über Ideale nachzudenken und sich für Ideale zu entscheiden, auch wenn Sie vielleicht manchmal beschämt feststellen müssen, dass Sie sie nur zu einem gewissen Teil erfüllen können.

Ideale sind nur so lange hilfreich, wie wir uns nicht zu deren Sklaven machen.

Begreifen Sie sich selbst als Coach. So können Sie z. B.:
- den Zusammenhalt in der Kindergruppe fördern.
- die verschiedenen Fähigkeiten der einzelnen Kinder erkennen und Anregungen und Impulse geben, bzw. Räume für deren Einsatz vorbereiten und anbieten.
- den Kindern in der Kindergruppe helfen, ihre Erfahrungen zu reflektieren und sie bestärken, weitere Erfahrungen zu sammeln.
- den Kindern zunehmend verantwortungsvollere Aufgaben übertragen, sie aber nicht überfordern.
- die Kinder auch einmal gegen Druck von außen schützen, selbst wenn sie Fehler gemacht haben.
- die Kinder auf Probleme und Hindernisse hinweisen, ohne den Idealismus und die Einsatzfreude der Kinder zu brechen.
- darauf achten, dass das Übertragen von Verantwortung und Aufgaben auch Spaß macht.

- interessante und angenehme, impulsgebende Unternehmungen initiieren.
- klar Position beziehen und wo immer notwendig, Klärungshilfen/Hilfe zur Selbsthilfe anbieten.
- die eigene Rolle ständig im Blick behalten und hinterfragen, den Rahmen für ein gutes Gruppenklima schaffen, aber möglichst wenig direkt eingreifen.

Legen Sie WERT auf folgende Umgangsformen des Miteinanders:
Wertschätzend dem Gegenüber begegnen, insbesondere auch, indem Sie die Andersartigkeit und Haltungen akzeptieren, denen Sie nicht zustimmen.
E cht sein und in Übereinstimmung mit Ihrer inneren Realität, Ihren Gefühlen, Bedürfnissen und Anliegen handeln.
R eindenken in die andere Person und ihr einfühlend wie empathisch begegnen.
T ransparent die eigene Rolle und Macht, die eigenen Ziele und Forderungen deklarieren.

Welche Faktoren beeinflussen das Klima der Kindertagesstätte?
- Die unterstützende und nährende Grundhaltung der Erzieherinnen
- Positive Einstellung für Impulse und Initiativen
- Wechselseitige Wertschätzung und gegenseitiges Wohlwollen, emotionale Wärme und Geborgenheit
- Offenheit im Ausdrücken von Gefühlen und Meinungen
- Unterstützung und Anregung von Aktivitäten (z. B. Freizeit, Kultur)
- Kein Leistungsdruck
- Positive Konfliktbewältigung
- Erfahrungen gestalten, die Gemeinschaftsidentität schaffen

Erzieherinnen könnten sich als Ziel vornehmen, an der Veränderung des eigenen Verhaltens zu arbeiten, um langfristig zur Verminderung von Gewalt und destruktiven Konflikten beizutragen.

Um sich diesem Ziel anzunähern, braucht es neues beziehungs- und prozessorientiertes Erfahrungswissen, das aus der neuen Zielperspektive heraus im eigenen Wertekanon eingeordnet wird – und natürlich einen langen Atem.

C Konflikte wahrnehmen und gestalten

Grundlage dafür, um Kinder in ihren inneren Konfliktfeldern verstehen zu können, ist, dass Erzieherinnen eine Vorstellung davon haben, in welchen Rahmen sich kindliche Grundbedürfnisse bewegen. Deshalb seien sie hier an dieser Stelle benannt:

1. Elementare Bedürfnisse von Kindern

- Physiologische Bedürfnisse: z. B. Ernährung, Schlaf, Hygiene
- Schutzbedürfnisse: z. B. vor körperlich-seelischen Krankheiten, Natureinwirkungen, Umwelt
- Bedürfnis nach einfühlendem Verstehen und körperlicher Berührung
- Bedürfnis nach seelischer und körperlicher Wertschätzung
- Bedürfnis nach Anregung, Spiel und Leistung, orientiert an den Fähigkeiten und Fertigkeiten des Kindes
- Bedürfnis nach Selbstverwirklichung

Die Aufgabe der Erzieherinnen ist es, den Kindern langfristig zu helfen, diese Bedürfnisse annähernd gut zu befriedigen.

Haben Sie das auch schon einmal beobachten dürfen?:

- Das Kind entdeckt die Welt spielend und experimentierend.
- Das Kind erlebt sich als Verursacher seiner Handlungen.
- Das Kind bringt Erfolge und Misserfolge seiner Handlungen mit sich in Verbindung.
- Das Kind setzt sich mit eigenen Wertmaßstäben auseinander und orientiert daran sein Verhalten.
- Das Kind übernimmt Schritt für Schritt Verantwortung für sein eigenes Handeln.
- Das Kind lernt Alternativen für störendes Verhalten kennen und sie in das eigene Verhalten zu integrieren.
- Das Kind bringt die eigene Lebensgeschichte ins Spiel und bestimmt den Sinn seiner Handlungen selbst.
- Das Kind gewinnt von Anfang an im Dazugehören Autonomie.

Damit all dies sich ereignen kann, braucht das Kind von den Erzieherinnen für seine Entwicklung:

- Unterstützung, Rückendeckung und Anerkennung, die ihm die sichere Grundlage bieten, auf der es Erfahrungen wagen kann.
- Anreiz und Anregungen, die neue, bisher unentwickelte Fähigkeiten hervorlocken.
- Aufgaben, bei denen es sich bewähren kann.
- Spielraum, um sich selbst und sein Umfeld zu erproben.

Erziehung hat viel mit der Fähigkeit zu tun, Zugang zum Kind herzustellen. Was wir wissen sollten, wenn wir immer wieder neu Zugang zum einzelnen Kind finden wollen: Verhalten dürfen wir ablehnen, aber niemals das Kind selbst. Wenn wir es doch tun, sollten wir daran arbeiten. Fehlende Aufmerksamkeit entmutigt die Kinder genauso wie Überforderung. Erwartungsdruck macht den Kindern Angst. Klare Botschaften brauchen manchmal die Berührung durch Handauflegen, damit sie von den Kindern gehört werden. Pauschale Vorwürfe sind wenig hilfreich. Handeln ist manchmal besser als reden. Andererseits liegt die Aufgabe der Erzieherinnen oft weniger im Handeln als im Ausdeuten und Haltung finden. Grenzen und Rituale ergeben sich nicht selten aus der Situation heraus, wenn wir wach und sensibel dafür sind, und müssen nicht künstlich geschaffen werden.

Die Erzieherinnen sollten natürlich auch sich selbst gegenüber großzügig sein, wenn sie eigene, begangene Fehler im Alltagshandeln im Umgang mit den Kindern erspüren.

2. Die Rolle der Kindergruppe

Wer den Blick auf das Kindergruppenklima und die darin herrschende Beziehungs- und Kommunikationskultur richtet, muss das Zusammenwirken unterschiedlicher Ebenen, die in das Gruppengeschehen hineinwirken, berücksichtigen.

Auf der ersten Ebene bewegen sich die Kinder mit ihren Anlagen und Eigenschaften, mit ihren Stimmungen und mit ihren verschiedenen Persönlichkeitsanteilen, wie z. B. Bindungs- und Autonomiebedürfnisse. Sie wollen als Individuen beachtet werden.

Die zweite Ebene ist die innerspezifische Beziehungsebene, die interpersonale Ebene. Hier geht es um die Beziehung zwischen der Erzieherin und dem einzelnen Kind, sowie den Kindern insgesamt. Es geht aber auch darum, wie sich die Beziehungen zwischen den einzelnen Kindern und in der Kindergruppe gestalten.

Die dritte Ebene ist die Systemebene: Wie findet das System *Kindergarten* zu einem Gleichgewicht? Was gibt es für Bündnisse des Gleichgewichts. Wer kann mit wem? Wer sucht Kontakt über wen? Wer meidet sich? Wer nimmt sich kaum wahr? Usw.

Die vierte Ebene öffnet den Blick für die Welt und betrachtet die Zusammenhänge zwischen dem System *Kindergarten* und seinen beeinflussenden Faktoren, wie z. B. Schule, Nachbarschaft, Träger oder elterlichen Erwartungen.

Alle vier Ebenen hängen zusammen und bedingen sich gegenseitig. Wie viel Offenheit oder Geheimniskrämerei, wie viel Öffnung oder Abgrenzung, wie viel Kooperation oder Verweigerung eine Kindergruppe kultiviert, wird von allen maßgeblich mit beeinflusst. Je besser das Klima in einer Gruppe ist, umso besser fühlen sich die einzelnen Mitglieder. Entscheidend für das Klima ist, inwieweit es einer Gruppe gelingt, die vielen Anforderungen des Alltags zu bewältigen und dabei ein möglichst hohes Maß an Zufriedenheit für alle zu sichern. Wie gut dies gelingt, zeigt sich vor allem in der Häufigkeit von innerspezifischen Konflikten sowie in der Art und Weise, wie die Gruppe diese Konflikte bewältigt. Ausschlaggebend für die Qualität der gruppenspezifischen Beziehungen ist, inwieweit sich die Kinder mit ihren Problemen an ihre Erzieherinnen wenden können und in ihnen verständnisvolle Ansprechpartnerinnen finden.

Streitkultur

Streit ist für die Kindergartenkinder durchaus aufreibend. Trotzdem fehlt dem Zurückgebliebenen etwas, wenn einer seiner Streitpartner nicht da ist und die Möglichkeit zum Streiten dadurch genommen wird.

Streiterei schafft viel Nähe unter Kindern. Reibung erzeugt schließlich Wärme. In ihrer Streitlust, die sie mitunter wie einen Sport kultivieren, sind Kinder nicht anders als kleine Katzen oder Hunde. Zur Beruhigung der Erzieherinnen sei hier gesagt, im Laufe der Zeit nehmen die sich entwickelnden Streitigkeiten zwischen Kindern von der Heftigkeit her ab, auch wenn die Grundmuster der Auseinandersetzungen erhalten bleiben.

Wie Erzieherinnen kindliche Streitkultur begleiten können

Streit ist erlaubt. Es ist in Ordnung, dass es widerstreitende Interessen unter den Kindern gibt. Wenn die Kinder größer werden, können sie sehr viel mehr Konflikte selbst bewältigen, als Eltern und Erzieherinnen wahrhaben wollen.

Bei lautstarken verbalen Streitigkeiten genügt es, wenn die erwachsenen Begleitpersonen im Hintergrund bleiben und ein Auge auf die Rivalen haben. So können Kinder lernen, den Konflikt aus eigener Kraft beizulegen – eine Fähigkeit, die sie später im Leben gut gebrauchen können.

Es ist gut, in der richtigen Situation ein offenes Ohr zu haben und sich von den Kindern erzählen zu lassen, was passiert ist. Es ist hilfreich, wenn Erzieherinnen in gutem Kontakt zu den Kindern sind und mitbekommen, was die Kinder im Laufe ihres Kindergartentages erleben. Über das Erlebte zu reden hilft Kindern, schwierige Gefühle zu verarbeiten. In solchen Situationen sind Kinder gut erreichbar und manches, was Erzieherinnen hier vorschlagen oder anregen, kann gut angenommen werden. Sie werden lernen, dass das Äußern von Gefühlen und von Gefühlsstimmungen und das Verständnis anderer bereits ein Teil der Problembewältigung darstellt. Daneben entwickeln sie ein Gespür für unterschiedlichste Gefühle. Das ist ein starkes Plus für die seelische Gesundheit.

Erzieherinnen können die Individualität und Verschiedenheit ihrer Kinder fördern. Erzieherinnen können Begabungen, Interessen, Fähigkeiten eines jeden Kindes spezifisch fördern, z. B. durch die Auswahl verschiedener Interessen- oder Themengruppen. Erzieherinnen sollten die Verschiedenheit nicht darüber betonen, dass sie die Kinder vergleichen, sondern sie sollten eher den Blick dafür schärfen, dass jedes Kind besonders ist, obwohl es Ähnlichkeiten gibt. Erzieherinnen dürfen auch die Gemeinsamkeiten, das Gleichsein, verstärken, dort wo es dem inneren Zusammenhalt gut tut, solange sie die Einzigartigkeit dabei nicht nivellieren.

In einer Kindergruppe leben verschiedene Menschen unter einem Dach, die sich zwar alle kennen, aber alle auch unterschiedlich starke Beziehungen zueinander haben. Sie können deutlich machen, dass dies erlaubt ist und dass das auch die Besonderheit einer Kindergruppe ausmacht.

Spielen Sie die Ihnen anvertrauten Kinder auf gar keinen Fall gegeneinander aus! Vermeiden Sie Vergleiche zwischen den Kindern. Bemerkungen wie »Markus ist viel sportlicher als Benjamin« stacheln das gegenseitige Wetteifern zusätzlich und unnötigerweise an. Loben Sie jedes Kind für seine ganz besonderen Stärken.

Lassen Sie jedem der Kinder Zeit: Jedes Kind braucht für seine Entwicklung seine Eigen-Zeit. Ob ein Kind zwei Wochen früher oder später etwas lernt, ist nicht wichtig. Kindgerechte Förderung statt Überforderung ist eine Kunst. Schaffen Sie Räume, in denen jedes Kind Fantasie und Ideenreichtum entwickeln lernt.

Erzieherinnen sind gerecht, indem sie jedes Kind nach seinen Fähigkeiten und seinem Entwicklungsstand fördern und fordern. Behandeln Sie die Kinder nicht gleich, sondern so gerecht wie möglich. Eine begründete Bevorzugung hat durchaus seine Berechtigung und kann auch den Kindern einleuchten, wenn Sie mit ihnen darüber sprechen.

Erzieherinnen müssen immer wieder klare Grenzen setzen: Ständiges Quälen und Dauer-Ärgern sind verboten und das gilt für alle.

Wenn Erzieherinnen in einen Konflikt eingreifen müssen, sollten sie ihn nicht nur beenden, sondern zu einem späteren Zeitpunkt, wenn die betroffenen Kinder dafür offen sind, noch einmal mit ihnen darüber reden. Lassen Sie sich von beiden erzählen, was passiert ist. Und jeder darf ausreden, wenn er seine Version berichtet. Unterstützen Sie die Kinder darin, von sich und nicht über den anderen zu sprechen.

Lassen Sie die Kinder versuchen, eine Verhandlungslösung zu finden. Kompromisse gelingen oft – es kommt z. B. zum Tauschhandel mit Spielzeugen oder einer brauchbaren Vereinbarung darüber, wer wann was darf. Die Kinder müssen dann darüber wachen, dass die selbst aufgestellten Regeln auch tatsächlich eingehalten werden. Später im Leben wird es solche Herausforderungen noch öfter geben.

Erarbeiten Sie mit den Kindern, dass Sie auch körperliche Auseinandersetzungen akzeptieren, wenn Sie sich darauf verlassen können, dass die Kinder sich zu ihrem eigenen Schutz auf bestimmte Absprachen einigen. Es gilt z. B. grundsätzlich, sich nicht mit Fäusten zu schlagen, schon gar nicht ins Gesicht oder auf andere empfindliche Stellen, die leicht ernsthaft geschädigt werden können (Nierengegend, Solarplexus, Genitalien). Unfaire Methoden wie kratzen, beißen, schlagen und stauchen sind tabu.

Bringen Sie den Kindern bei, einen bereits am Boden liegenden Streitpartner nicht zu treten oder zu attackieren. Wenn einer der Partner signalisiert, dass es ihm reicht, muss das der andere ernst nehmen und den Kampf einstellen. Sie müssen sich auf die Einhaltung dieser Grundvereinbarungen verlassen können.

Wenn die Kinder sich messen wollen und herausfinden wollen, wer der Stärkere ist, empfehlen Sie das griechisch-römische Ringen, hier wird ohne Beinarbeit der Gegner niedergerungen.

Ein altes Sprichwort besagt, »Was du nicht willst, das man dir tut, das füge auch keinem anderen zu.« Das könnte den Kindern einen groben Maßstab im Umgang miteinander vermitteln.

Aggressiv ausgetragene Streitigkeiten hinterlassen Verwundungen und unübersehbare Spuren. Erzieherinnen sollten sehr wohl hin und wieder auf eine Wiedergutmachung oder eine Entschuldigung drängen. Dadurch wird auch den Kindern deutlich, dass dauerhafte oder sich ständig hochschaukelnde Aggression von den Erzieherinnen nicht geduldet wird.

Es ist am besten, wenn alle Kindergruppenmitglieder in die Erarbeitung von Regeln – und das gilt auch für Streitregeln – einbezogen werden. Dann werden sie leichter akzeptiert. Laden Sie zu einem gemeinsamen Gesprächskreis ein und setzen Sie sich alle zusammen. Dabei darf jeder zu Wort kommen – wenn er denn schon sprechen kann – und vor allem darf jeder ausreden, ohne dass er unterbrochen wird. Alle, selbst die Kleinsten, werden ernst genommen. So wird jedem klar, dass alle eine eigene Persönlichkeit haben, die zu respektieren ist. Sie werden erleben, wie enthusiastisch die Kinder bei der Sache sind. Selbst scheinbar unverbesserliche Streithähne werden unerwartete Vorschläge machen. Seien Sie aber bitte auch nicht enttäuscht, wenn Sie bereits eine Woche später an die Verabredungen erinnern müssen.

Die Streitregeln sollen in Ich-Form formuliert werden, wie z. B. »Ich ziehe nicht an den Haaren« oder »Ich trete nicht«, dann sind sie verbindlicher. Außerdem wird ein bestimmtes Wort als Stoppsignal festgelegt, das in einem Streit jedem klarmacht, dass hier eine persönliche Schmerzgrenze überschritten ist. Der Streitpartner muss dann sofort aufhören. Auch dieses Wort wird aufgeschrieben. Zum Schluss signieren alle die Streitregeln – und für alle, die noch nicht schreiben können, gibt es die Möglichkeit, einen Fingerabdruck darunter zu setzen. Die verabredeten Regeln können auch bildlich dargestellt werden.

Kindertagesstätte als Erlebnisgemeinschaft, die Konflikte ermöglicht

In unserer eigenen Kindheit gab es noch den Freiraum, ein Kind sein zu dürfen. Das ermöglichte uns die Selbstsozialisation als ein Kind unter Kindern. Geprägt war dieser Freiraum vor allen Dingen von zweckfreiem Spiel, das die Kinder untereinander entwickelten. Nur weniges war vorstrukturiert, man trat vor die Haustür und traf auf Freunde. Kindheit wird heute, nicht überall, aber an sehr vielen Orten, sehr viel stärker pädagogisiert und kolonisiert – durch den Bildungsgedanken, der das Kind von Anfang an begleitet.

Heute wird die Kindertagesstätte für die Kinder zunehmend zu *dem* Ort der Erlebnisgemeinschaft. Die Beziehungen der Kinder untereinander entfalten ganz eigene Wirkkräfte und erzeugen damit dynamische Bewegungen im Gesamtgefüge. Diese Fließbewegungen sind oftmals Anlass für Streitigkeiten. Es werden Grenzen und Möglichkeiten erprobt, Rollen gewechselt und Bündnisse geschlossen. Es kommt zu Missverständnissen, (Ent-)Täuschungen, Überforderungen und Blessuren, aber auch zu Kooperationen, Verständigungserleuchtungen, Flow-Erlebnissen und beglückender Gemeinschaftserfahrung.

Es kommt also zu Konflikten, denn diese sind nichts anderes als schwierige Situationen, die dadurch entstehen, dass zwei oder mehrere Personen oder Gruppen verschiedene Wünsche, Forderungen o.Ä. haben und sie miteinander abzugleichen versuchen.

Den Erzieherinnen obliegt die Aufgabe, der Kindertageseinrichtung eine Richtung zu geben, im Auf und Ab des Kindergartenalltags die Orientierung zu behalten und den Blick für das Ganze nicht zu verlieren, auch wenn sie oftmals aus dem Bauch heraus und situativ gefärbt handeln müssen. Das erfordert Aufmerksamkeit, wertschätzenden Umgang und vielfältige Absprachen, gerade auch aufseiten der gemeinsam für die Kinder verantwortlichen Erziehungspersonen (Erzieherinnen, Eltern usw.).

Sich als Erzieherin nicht im instinktiven Alltagshandeln zu verlieren, sondern immer wieder den notwendigen Abstand zu gewinnen, ist eine Kunst, die einerseits der Übung, andererseits der Reflexion über die eigene Rolle bedarf. Ohne den Einbezug von Metaebenen kann es Erzieherinnen unmöglich gelingen, den ihnen anvertrauten Kindern gerecht zu werden. Es gilt, immer wieder neu ein Beziehungsangebot an die einzelnen Kinder zu richten, welches diesen dann wiederum neue Entwicklungsräume eröffnet.

Entwicklungspotenziale im Miteinander von Kindern

Wer mit Kindern zu tun hat, wird unbestreitbar feststellen, dass Kinder sich gegenseitig und miteinander bilden. Niemand kann sich seinen Lebensraum und seine Kultur allein durch eigene Aktivität und Erfahrung, allein durch direktes Lernen aneignen, sondern er muss auf Erfahrungen und Wissen anderer zurückgreifen.

Es sind die eigenen Handlungen, über die das Kind sich ein Bild von der Welt macht und Vorstellungen über sich entwickelt. Früh begreift es, dass es auf Mitmenschen angewiesen ist, die ihm dazu verhelfen, die Bilder zu schärfen und sich selbst in ein großes Ganzes einzufügen. Gerade auch andere Kinder spielen hier als Erfahrungsraum eine große Rolle: Was man von anderen Kindern alles lernen und abschauen kann! Was man anderen Kindern alles zeigen kann und dadurch für sich auch realisieren kann! Was man schon alles gelernt hat! Wie einen selbst – oft auch konflikthaft – die Begegnung mit anderen Kindern ganz grundlegend verwandeln kann!

Schritt für Schritt erobert das Kind seine Umgebung und erweitert auf diese Weise seinen Handlungsspielraum. Das Kind spürt, dass es mit der Zunahme an Fertigkeiten und dem Entfalten eigener Talente und Fähigkeiten an Autonomie gewinnt und Selbstbewusstsein entwickelt. Dadurch gestärkt, kann es Beziehungen zu anderen Menschen aufbauen und vertiefen. Es erlebt das entsprechende Miteinander als einen guten Nährboden für die weitere Entwicklung.

Beziehungserfahrung ist Bildung pur. Kinder bilden sich gegenseitig von Anfang an. Bildung meint hier die lebenslangen und selbsttätigen Prozesse zur Weltaneignung, die mit der Geburt beginnen. Bildung ist mehr als nur angehäuftes Wissen, über das ein Kind verfügen sollte. Kinder erschaffen sich ihr Wissen über die Welt und sich selbst durch ihre eigenen Handlungen oder durch das Beobachten der Handlungen anderer. Kindliche Bildungsprozesse setzen verlässliche Beziehungen und Bindungen zu Gleichaltrigen und zu Erwachsenen voraus. Sie sind soziale Interaktion.

Bildung ist ein aktiver Verarbeitungsprozess von Informationen – das Kind erschließt sich aktiv die Umwelt und gestaltet sie. Dies gilt vom einfachsten Wahrnehmungsprozess über die Begriffsbildung bis hin zum kreativen Problem- und Konfliktlösen sowie bis zum Eingebettet-Sein in ein soziales Umfeld. Bildung dauert ein ganzes Leben.

Eigenverantwortlich zu leben und zu handeln bedeutet, sich seiner selbst bewusst zu sein. Das heißt auch, eigene Gefühle regulieren zu können, sich seiner eigenen Fähigkeiten und Möglichkeiten bewusst zu sein und zu selbstständigem Denken und Urteilen in der Lage zu sein. Dazu gehört, eigene Bedürfnisse und Meinungen zu äußern und selbst Aufgaben zu übernehmen. Das gibt den Kindern die Möglichkeit, sich als selbstwirksam zu erleben.

Gemeinschaftsfähig zu werden bedeutet, sich zugehörig fühlen zu können, bereit und imstande zu sein, das soziale Miteinander zu gestalten und Verantwortung zu übernehmen. Kinder entwickeln Interesse an anderen Kindern, bilden innerhalb ihrer Gruppe Zuwendungs- und Freundschaftsbeziehungen aus und wirken an Entscheidungen der Kindergruppe mit. Sie lernen das Denken, Fühlen und Handeln anderer zu verstehen. Hier bietet die Kindergruppe ein vielfältiges Übungsfeld.

Um sich selbstwirksam zu erleben und die Welt aktiv mitgestalten zu können, brauchen Kinder Wissen von Zusammenhängen und kulturellen Gegebenheiten. Sie setzen sich neugierig und forschend – ihren Bedürfnissen und ihrem Entwicklungsstand entsprechend – mit Phänomenen der Welt auseinander. Dabei begründet zunächst die eigene Familie ihre Welt, die ihnen vielfältige Erprobungsmöglichkeiten bietet. Daran schließt sich die Kindertageseinrichtung mit ihrem Angebotsrahmen, der sich einladend oder weniger einladend präsentieren kann, direkt an. Hier lernen die Kinder, sich die Gesetzmäßigkeiten von Natur und Kultur spielend zu erschließen. Freude am Lernen und engagiertes Interesse sind unverzichtbare Grundlagen für den lebenslangen Lernprozess. Kindergemeinschaften bilden einen hervorragenden Nährboden für solcherlei Wachstum. Manchmal brauchen die Kinder bei all den Eindrücken, die sich aus den vielfältigen Erfahrungsräumen speisen, etwas länger, um sie zu erarbeiten. Hellhörige und aufmerksame Erzieherinnen, die spüren, was das jeweilige Kind braucht, helfen, den Weg für weitere Entwicklung zu bahnen.

Kinderlernwerkstatt – Chance eines verdichteten Erfahrungsfeldes

Zunächst einmal bilden Kinder – sobald es mehr als zwei sind – eine Gruppe. Und jeder, der mit Gruppen zu tun hat, weiß, dass die Stimmung innerhalb der Gruppe meist unvorhersehbar und wechselhaft ist.

Wir haben als Erzieherinnen natürlich Einfluss auf die Kinder, aber wir können die Dynamik, die unter den Kindern entsteht, nicht so steuern, wie wir das vielleicht gern tun würden. Wir können höchstens mal schützend eingreifen und gesagte Worte abmildern, einem der Kinder den Rücken stärken, uns auf die Seite einer Gruppe schlagen oder, wenn wir einen guten Tag erwischen, den Kindern etwas anbieten, was sie alle zusammen aus dem Konflikt heraus und in ein neues Spiel hineinführt. Natürlich können wir auch versuchen, über Geschehenes zu sprechen und es Werte bildend mit den Kindern zu deuten. Aber wir können grundlegende Gegebenheiten und Konstellationen, die sich einstellen und einer Lösung bedürfen, nicht in Luft auflösen.

Wenn es also wieder einmal Stress gibt mit Kai, weil er gerade Samantha ärgern will, oder Emma sauer ist auf Franzi, weil die ihr den letzten Keks weggegessen hat, und Sie als Erzieherin daran zweifeln, ob Sie überhaupt irgendetwas in Richtung Konfliktlösungsaneignung richtig gemacht haben, dann halten Sie bitte einen Moment inne und denken daran, dass das alles höchst sinnvoll ist, was die Kinder da tun, auch wenn es zunächst recht destruktiv erscheint.

Ja, Sie haben richtig gehört, in dem von Ihnen erlebten Chaos, in dem keiner auf keinen Rücksicht nimmt, bilden die Kinder Persönlichkeit aus, differenzieren ihren eigenen Wesenskern aus und entwickeln Selbstbewusstsein.

In der *Kinderlernwerkstatt* können die Kinder neue Gefühle und Verhaltensweisen im Umgang miteinander erproben und bekommen sofort und ohne Umschweife eine Antwort auf das, was sie ausgesendet haben. So lernen sie sich und andere einzuschätzen und entwickeln Beziehungsflexibilität. Sie lernen auf das gleiche Beziehungsangebot ganz unterschiedlich zu reagieren.

Im obigen Beispiel könnte sich Emma einfach gekränkt zurückziehen und ihre Freundin ignorieren, um sie dafür zu strafen, dass sie ihr den Keks weggenommen hat: »Ich soll mit dir spielen, nachdem du mir den Keks weggefuttert hast? Ne! Sehe ich so aus!? Wer bin ich denn?«

Genauso gut könnte sie sich aber auch einen Rachefeldzug überlegen und Franzi etwas wegnehmen oder verstecken, was dieser wichtig ist. Die kluge Emma, die die wunden Punkte ihrer Freundin genau kennt, denkt eventuell an das Kuscheltier, das Franzi unbedingt zu ihrem Wohlbefinden braucht und genießt schon einmal die Vorfreude auf den Moment, wenn Franzi bemerkt, dass es fehlt.

Sie könnte sich drittens in Geduld üben und den richtigen Moment abwarten, bis es wieder mal Kekse gibt und dann selbst überraschend zugreifen, mit dem sicheren Gefühl, dass das nur recht ist, was sie da gerade tut. Denn Strafe muss sein.

Genauso gut könnte sie großmütig verzeihen und deutlich machen, wie unsozial und kindisch ihre Freundin ist und als moralische Siegerin vom Platz gehen. Dabei wäre ihr der Applaus der meisten Erzieherinnen höchstwahrscheinlich sicher: »Schön, dass du schon so vernünftig bist.«

Von jeder nur denkbaren Situation zwischen den Kindern ausgehend, ist eine unendliche Kette von Experimenten im Sozialverhalten möglich, die von den Kindern aktiv untereinander erprobt werden kann. Dabei können sich in unterschiedlichen Zusammensetzungen ganz unterschiedliche Bündnisse und ganz unterschiedliche Konstellationen ergeben. Sicher haben Sie im Alltag solche wechselnden Gruppenbildungen auch schon häufig beobachtet.

Kai, Samantha, Emma und Franzi haben eine ganze Kindheit lang Zeit und Raum sich auszuprobieren, ihr Vorgehen oder Handeln um Nuancen zu verändern und ihr Ansinnen zu hinterfragen.

Dabei können sie feststellen, welche Strategien in welchen Momenten erfolgreich sind. Sie werden bemerken, dass immer nur streiten auf die Dauer zu anstrengend ist. Auch das werden sie auf lange Sicht hin, in der Art, wie sie mit ihren Freunden umgehen, zu berücksichtigen lernen.

Schließlich macht es Spaß miteinander zu spielen, Dinge zu erfinden, sich spielerisch miteinander zu messen oder gedankenverloren im Rollenspiel aufzugehen. Sie werden also ebenfalls lernen, Konflikte vorausschauend zu vermeiden. Ob sie sich abgrenzen oder zusammentun, immer können sie auch etwas über ihre eigenen Grenzen und Möglichkeiten, über die Möglichkeiten und Grenzen ihrer Freunde und über die Spielräume in den Beziehungen zu ihren Freunden erfahren.

Wenn Gefühle so etwas wie abrufbare Handlungsbereitschaften sind, dann haben die Kinder im Zusammenhang mit ihren Spielkameraden die einmalige Gelegenheit sich eine Fülle von Handlungskonzepten im dialektischen Miteinander anzueignen. Ein ganzes Repertoire an taktischen Verhaltensweisen, von denen an dieser Stelle nur einige genannt seien, steht den Kindern untereinander zur Verfügung:

- sich schützen lernen
- sich neugierig einlassen auf den anderen
- auf der Hut sein
- für andere da sein, den anderen verstehen
- für die Freunde mitdenken, die Freunde ins eigene Denken einplanen
- fürsorglich/gemein sein;
- in die Unklarheit flüchten/sich einem Konflikt stellen
- das liebe Kind spielen/andere einschüchtern
- das Baby/den Bedauernswerten spielen
- sich die Schuld zuschreiben, um moralisch zu gewinnen, Fehler zugeben
- anderen die Schuld zuschreiben/sich zum Opfer machen
- den anderen zum Störenfried erklären
- den anderen bewundern (um an seiner Macht teilzuhaben)
- Zwietracht säen/seinen Charme ausspielen
- verständnisvoll und vernünftig sein

Ganz selbstverständlich bilden sich dabei Werte darüber, was einen konstruktiven und was einen destruktiven Umgang mit anderen Beteiligten ausmacht.

Kinder sind sich gegenseitig Vorbilder. Sie zeigen sich oder entdecken gemeinsam, wie man zusammenspielt, wie man zusammenarbeiten und streiten kann, wie man sich bekriegt und auch wieder versöhnt. Sie sind füreinander Verbündete und Verräter.

Kinder lernen sich besonders gut und intensiv kennen, wenn sie oft und wiederholt miteinander spielen. Sie erkennen und erahnen die unausgesprochenen Ängste, die Sehnsüchte, Ambitionen, das Schamgefühl, die Verwundbarkeiten des anderen Kindes. Niemand kann diese Emotionen besser verstehen als die Kinder untereinander.

Es liegt am Einzelnen, wie diese Fähigkeit eingesetzt wird: um zu helfen oder auch um zu verletzen, um sich einzufühlen oder um zu vernichten. Es ist gut, wenn Erzieherinnen an dieser Stelle die Beziehungen der Kinder untereinander begleiten, aber auch die einzelnen Kinder mit der ihnen je zugewiesenen Rolle in der Kindergruppe im Auge behalten, um, wenn auf lange Sicht notwendig, Anstöße zu kleinen Veränderungen zu geben.

Versuchen Sie einmal, sich und die Kinder als ein Mobile zu denken. So ein Mobile befindet sich in einem sensiblen Gleichgewicht. Wenn sich eine der Kräfte, die das Gleichgewicht erhalten, enorm verschiebt, dann sind im Grunde alle anderen angehalten, ein neues Gleichgewicht mit der veränderten Komponente durch Versuch und Irrtum herauszufinden. Hier braucht es jemanden, der die Ruhe bewahrt und die Sicherheit ausstrahlt, dass alles zu einem guten Ende finden wird.

Der Wunsch, Überlegenheit und Kompetenz zu zeigen, steckt in jedem Menschen und motiviert die eigene Entwicklung. Die meisten streben danach, das Beste aus sich zu machen. Das ständige Vergleichen und Beurteilen unter Kindern (Wer ist der Stärkere? Wer ist der Schwächere? Etc.) hat eine wichtige Funktion in der kindlichen Entwicklung, weil die Kinder so ihre Talente bestimmen und ihre Fähigkeiten und Eigenschaften bzw. Leistungen messen können. »Wer ist die Schönste, der Schnellste, der Klügste, die Beste, der Beliebteste?«, werden sich Samantha oder Emma, aber auch Franzi und Kai immer wieder fragen.

Aus den Hinweisen, die sich aus dem Vergleich ergeben, entwickeln sie dann ihr Selbstbild und in der Folge davon so etwas wie Selbstachtung. Dabei ist dieser Prozess nur auf lange Sicht von Kontinuität geprägt, im Alltag ist er eher von einem ständigen Auf und Ab gekennzeichnet. Während Erzieherinnen häufig von diesen Prozessen genervt sind, weil sie als Konflikte und Streitereien hochkochen, entwickeln die Kinder sich in solchen Situationen weiter. Sie lernen sich selbst durch diese aneinanderreibenden und vergleichenden Beziehungsqualitäten besser kennen und spüren.

Beziehungskontext in Kindertageseinrichtungen

Beziehungen entstehen dort, wo Menschen Wünsche, Hoffnungen und Bedürfnisse aufeinander richten und Interessen miteinander teilen. Aber auch dort, wo sie Ängste, Befürchtungen und Abgrenzungswünsche aneinander festmachen oder den Abstand suchen. Täglich neu konstellieren sich Situationen, die der Klärung bedürfen. Aus gemeinsamen Fließbewegungen entstehen Gegenbewegungen, Mauerbildungen, Abschottungen, Vorwurfssituationen, Kränkungssituationen, Aufbäumsituationen, Konkurrenzsituationen. Es kommt zu Stillständen und Verhärtungen, es schaukelt sich hoch und muss wieder verflüssigt werden. Wie mit solchen Konflikten, Spannungen oder Kontroversen umgegangen wird, ist auch geprägt von bisherigen Beziehungserfahrungen.

Eine Kindertageseinrichtung ist ein komplexes Gebilde. Der Beziehungskontext in Kindertageseinrichtungen ist vielfältig. Es geht um eigene und fremde Belange, um Einsicht und um Zusammenhänge. Manchmal wird es Übereinstimmung geben, manchmal wird es um freiwillige oder unfreiwillige Anpassung gehen, aber immer um Vertrauen. Ohne gegenseitiges Verständnis und ohne mindestens punktuelle Einsicht geht gar nichts. Hier bleiben die Kinder immer wieder auf die Anregungen der Erzieherinnen angewiesen. Manchmal geht es um Interessenausgleich und um

Verständigung, manchmal um Abgrenzung und Ablehnung. Wer heute ausschließlich dahingehend erzogen wird, sich einzuordnen und zu gehorchen, der ist mangelhaft ausgebildet und wird nicht zurechtkommen.

Eine gute, vertrauensvolle Beziehung zwischen Erzieherinnen und Kindern ist im Interesse aller. Kinder entwickeln sich besser und haben bessere Zukunftsaussichten, wenn der Kontakt zwischen den erwachsenen Bezugspersonen und dem Kind gut ist. Eine schwierige oder gar schlechte Beziehung schafft Probleme für beide und behindert durchaus einmal das Kind auf seinem Weg in ein selbstständiges Leben.

3. Die Rolle erwachsener Begleitpersonen

Die erwachsenen Begleitpersonen sind den Kindern in ihrer Entwicklung natürlich weit voraus, sodass ein wirklicher Konkurrenzversuch zwecklos wäre. Aber die Eltern und Erzieherinnen können mit dem, was sie wissen und können, Ansporn für die Kinder sein. Es kann aus der Erfahrung mit den Erwachsenen der Wille bzw. der Wunsch entstehen, all das auch einmal können zu wollen.

Kinder sind sich untereinander näher, weniger unerreichbar und bieten sich so adäquatere Vergleichsmöglichkeiten. Sie profitieren von den Erfahrungen der anderen und lernen als Gleiche unter Gleichen besser voneinander, als wenn ein Erwachsener es ihnen beibringen würde.

Das heißt aber nicht, dass Sie als Erzieherin hilflos bei allem zuschauen müssen. Wenn es um Grundsätzliches geht, sollen Sie durchaus Kontur zeigen und Vorbild sein, Werte und Grenzen setzen sowie grundlegende Umgangsformen einfordern. Sie sollten den Kindern Werte, Moralvorstellungen, Ziele, Schutzmechanismen und all die Techniken, die sie benutzen, um Ihr Leben zu meistern, vermitteln.

Wir sind allerdings zeitgeistgemäß geneigt, das Leben als logistische Herausforderung zu betrachten und von daher schnell bei der Frage: Welche Interventionsstrategien führen mit geringstem Aufwand am schnellsten zum effizientesten Ergebnis? Entsprechend gehen wir an viele Dinge heran. Wir glauben, Probleme sind dazu da, dass sie gelöst werden.

Doch nicht immer muss alles sofort und vollständig gelöst, bereinigt und geklärt werden. Vielleicht sind einige Probleme auch dazu da, um gelebt, erfahren und ausgehalten zu werden, damit man an ihnen reifen und neue Formen der Konfliktbewältigung entwickeln kann. Deshalb ist es uns auch ein Anliegen Ihnen als Erzieherinnen Mut zu machen zum langen Atem.

Es gibt manchmal auch so etwas wie Konfliktlösung in der Zeit: So wie z. B. Gras über seelische Wunden wächst. Hier ist die Zeit ein guter Arzt.

Für Eltern und Erzieherinnen kann es nicht darum gehen, Streit abrupt zu beenden und zu unterdrücken, sondern darum, Streit zu verstehen. Ein Kind, das Wut,

Ärger und auch gelegentliche Hassgefühle gegenüber seinen Spielkameraden und Freunden, wie auch gegenüber seinen erwachsenen Bezugspersonen ausdrücken darf, erfährt, wie diese Gefühlsqualitäten, wenn sie geäußert werden, zur Veränderung der Situation beitragen und damit auch andere, schönere oder entspannte Gefühle zum Vorschein bringen können. Es entwickelt aufgrund des Erlebens eigener Wirksamkeit ein intaktes Selbstbewusstsein.

Rivalität und Streit unter Kindern sind unabwendbar und kommen einem Naturgesetz gleich. Interessenkonflikte unter Menschen, die tagtäglich zusammenleben, sind zwangsläufig gegeben.

Dass der konstruktive Umgang damit nicht von heute auf morgen erworben wird, muss sicher nicht betont werden. Denken Sie nur einmal daran, wie schwer es Kindern fällt, besonders wenn sie noch klein sind, Gefühle zu steuern. Sie haben nicht einfach Wut im Bauch oder empfinden Angst, sie sind vielmehr das Gefühl und das mit ihrer ganzen Person. Erst über die Jahre lernen sie eine Haltung einzunehmen, die eine gewisse Distanz zu den eigenen Gefühlen schafft. Es ist ein langer Weg bis sie – wie die Erwachsenen – sagen können, dass sie Gefühle haben. Wer Gefühle hat, kann ihnen einen Platz zuweisen, sie zurückstellen, sie besänftigen, sie für morgen aufheben, ihnen gut zureden und er kann sie relativieren. Ein Kind ist seinen Gefühlen oftmals hilflos ausgeliefert und erschrickt auch immer wieder über das, was in ihm steckt. Gefühle mit Zwang zu unterdrücken, hilft jedenfalls nicht, diesen Weg zu verkürzen. Gefühle brauchen einen haltenden und bejahenden Rahmen, dann können sie sich verwandeln. Es braucht viele Streitereien und ebenso viele gelungene und wertschätzende Auseinandersetzungen, ehe die Kinder anfangen, sich die Form der konstruktiven Streitkultur und der dahinterstehenden achtungsvollen Haltung vor den Interessen und Gefühlen des anderen zu eigen zu machen.

Berufliches Selbstverständnis der Erzieherin

Verstehen sich Erzieherinnen als Begleiterinnen der Kinder und haben ein partnerschaftliches Grundverständnis oder verstehen sich Erzieherinnen als Macherinnen und Operateure? Verstehen sie Erziehung als Beziehung des Aushandelns und damit als einen gemeinsamen Kommunikationsprozess oder als ein Diktat von pädagogischen Vorgaben und Werten, die von den Kindern erfüllt werden müssen?

Aus unserer Sicht ist Erziehung eine Beziehung des Aushandelns und von Anfang an für alle Beteiligten ein Wagnis von Versuch und Irrtum, das alle weiterführt. Die Verantwortung der Erzieherinnen ist es, die Kinder zu begleiten und dort, wo nötig – wo sich kein Gleichgewicht findet, sich ein Ungleichgewicht zementiert oder wo große Verletzungen entstehen – handelnd einzugreifen.

Im Folgenden werden verschiedene, mögliche Erziehungsziele formuliert. Nutzen Sie die Gelegenheit und prüfen Sie, was davon für Sie stimmt.

- Ihr Ziel als Erzieherin ist es, Hilfe zur Selbsthilfe zu geben, Sie bereiten Erfahrungsräume vor, die die Eigenaktivität des Kindes erhöhen, unterstützen die handelnde Auseinandersetzung mit der Umwelt und unterstützen die komplexe Persönlichkeitsbildung, wo immer es notwendig ist. Die subjektive Bedeutungsgebung, der Ihnen anvertrauten Kinder, ist für Sie der wegweisende Orientierungsleitfaden, den Sie auch begleitend unterstützen.
- Sie wollen als Erzieherin die Bedingungen für die Ihnen anvertrauten Kinder so gestalten, dass Sie auch die Möglichkeit haben, etwas zu können.
- Sie wollen für die Entwicklung hilfreiche oder notwendige Impulse/Spiele, Erprobungsräume anbieten, damit Ihre Kinder wesensgemäß wachsen können.
- Sie wollen die Entwicklung jedes einzelnen Kindes unterstützen.
- Sie wollen sich um die Kinder kümmern, sich um Beziehung zum Kind bemühen.
- Sie wollen das Vertrauen jedes einzelnen Kindes gewinnen. Sie wollen sich immer wieder Zeit nehmen und zu jedem Kind über das gemeinsame Spiel Zugang finden.
- Sie wollen die Kinder möglichst nicht enttäuschen oder wenn es doch vorkommt, miteinander darüber reden. Sie können sich auch bei den Kindern entschuldigen.
- Sie wollen die Ihnen anvertrauten Kinder vor Übergriffen schützen. Sie wollen keines der Kinder benachteiligen und jedem Kind wesensgemäße Grenzen setzen. Sie wollen jedem Ihrer Kinder helfen einen guten Platz in der Kindergruppe zu finden.
- Sie wollen sich mit dem Kind nicht in geschwisterähnliche Machtkämpfe verstricken.
- Sie wollen Probleme mit dem einzelnen Kind annehmen, ernst nehmen und als Aufgabe verstehen.
- Sie wollen Sinn, Hoffnung und Lebenslust im eigenen Vorleben vermitteln. Sie wollen zusammen mit den Kindern planen, nachdenken, arbeiten und spielen.
- Sie wollen Ihren Kindern etwas zutrauen und das, was sich zeigt, behutsam verstärken. Sie wollen nicht drängen, sondern Zeit lassen.
- Sie wollen mitfühlen und einfühlsam sein. Sie sind bereit zu helfen, aber sie wollen sich nicht aufdrängen. Sie wollen Entfaltungs- und Lerngelegenheiten für die Kinder schaffen, ohne Erwartungsdruck auszuüben. Sie wollen eine fragende Haltung einnehmen, die ständig bereit ist, dazu zu lernen. Sie wollen sich die Erlebniswelt der Kinder durch Fragen erschließen und ein offenes Klima schaffen, damit sich wirklich alle Kinder Ihrer Gruppe einbringen können. Sie wollen stützen, ermutigen und fördern. Ihnen ist Wertschätzung wichtig, ohne sie an Bedingungen zu knüpfen. Sie können die eigene Meinung zurückstellen und den Kindern dabei helfen, sich auszudrücken. Sie wollen den Kindern helfen, Eigenprofil zu gewinnen.
- Sie wollen echt, stimmig und überzeugend sein in Verhalten und Aussagen.

Was halten Sie von diesen Zielen?
Wahrscheinlich werden Sie in den meisten Punkten zustimmen. Doch die viel schwierigere Frage ist: Wie können Sie Ihre Ziele tatsächlich erreichen und Ihre Rolle als pädagogische Fachkraft auch so ausfüllen, wie Sie sich das in Ihren kühnsten Träumen immer gewünscht haben. Sie spüren – und haben es im Alltag oft genug erfahren –, das bedeutet harte Arbeit an sich selbst. In Sternstunden des Alltags führt Ihr Einsatz und Bemühen dann zu Momenten echten Vergnügens.

Um Ihnen Mut zu machen, die Aufgabe auch dann noch anzunehmen, wenn Sie die alltäglichen Niederlagen überrollen, wollen wir Sie einladen, einen Schritt weiterzugehen, um die Erziehungsvorstellungen weiter zu vertiefen. Denn was in der Tiefe Wurzeln hat, kann auch schöne Blüten treiben. Was also könnten die Ziele Ihres Unterstützung gebenden Idealverhaltens sein? Würden Sie nachfolgende Ziele in der Erziehung teilen?

- *Ziele der emotionalen Erziehung:* Eigene und fremde Gefühle wahrnehmen lernen; Offenheit für die Welt entwickeln; Selbstvertrauen, Eigenständigkeit und Ausdauer herausbilden; Fähigkeit entwickeln, in altersgerechter Weise (Trieb-) Verzicht zu leisten; Ich-Stärke, Initiative, Fantasie, Gestaltungskraft und Spontaneität entwickeln.
- *Ziele der sozialen Erziehung:* Gemeinschaftsfähigkeit; Liebes-, Bindungs- und Einordnungsfähigkeit, altersgemäßes Pflicht- und Verantwortungsgefühl; Hilfsbereitschaft und Sensibilisierung für Problemstellungen zum Keimen bringen.
- *Ziele der leiblichen Erziehung:* Freude an und Geschick bei der Bewegung entdecken; manuelle Fertigkeiten erlernen; ein unbefangenes Verhältnis zur Körperlichkeit entwickeln.
- *Ziele der kognitiven Bildung:* Fähigkeit der sinnlichen Wahrnehmung; Fähigkeit zum Erleben des Schönen und altersgemäße Abstraktionsfähigkeit ausbilden; den sprachlichen Ausdruck verfeinern; Fähigkeit zur Herstellung von Sinnzusammenhängen entdeckend erarbeiten; erste Wertevorstellungen auf der Grundlage eigener Erfahrungen entwickeln.

Was würden Sie sagen: Haben Sie für sich ein tragfähiges und aus eigener Lebenserfahrung gewonnenes Gerüst erstrebenswerter Erziehungsideale und Ziele? Haben Sie einen inneren Orientierungsgeber, eine innere Landkarte (potenzieller Vorstellungs- und Handlungsraum) für das Abenteuer Erziehung, der/die dabei helfen kann, sich zurechtzufinden, wenn es z. B um Fragen wie folgende geht: Was braucht das einzelne Kind? Was spielt sich zwischen den Kindern ab? Wie kann ich Einfluss nehmen? In welchen Entwicklungsphasen stecken sie gerade? Was sind die Ursachen von Konfliktverhärtung und Aggression zwischen ihnen? Wie kann ich als Erzieherin zu einem Perspektivenwechsel beitragen, um die Situation zu verflüssigen? Usw.

Und denken Sie daran, eine Landkarte gibt grobe Orientierung, sie nimmt das Fahren nicht ab, auch nicht das Konfrontiert-Werden mit Realitäten (z. B. auf Baustelle stoßen, Umleitung fahren müssen). Egal, wo Sie sich gerade auf der Landkarte befinden, im echten Leben müssen Sie das Handeln vor Ort selbst mit Leben füllen. Sie müssen sich in die Situation einfühlen, sich in die Situation einbringen, um Ihre möglichen Antworten zu entdecken und das gelingt nie auf Anhieb und schon gar nicht zu 100 %.

Kinder bringen uns zwangsläufig immer wieder an unsere Grenzen. Sie erschüttern unser Selbstbild und bringen sowohl unsere besten als auch unsere schlechtesten Seiten zum Vorschein. Kinder können das Bild, das wir von uns haben, gehörig infrage stellen. Diese Erfahrung ist nicht immer leicht auszuhalten, aber sie bietet eine unvergleichliche Chance, uns kennenzulernen und innerlich zu wachsen.

Hier helfen in der Regel keine allgemeingültigen Konzepte, Ansätze und Modelle. Und wenn, dann nur insoweit, als dass sie uns beim Nachdenken helfen und uns über unsere Situation der Verstrickung hinausschauen lassen. Letztendlich müssen wir mit den uns anvertrauten Kindern selbst einen gangbaren Weg finden.

Kinder zu erziehen ist eine große Aufgabe, da bleiben Fehler nicht aus. Erzieherinnen sind eben genauso wenig vollkommen, wie alle anderen Menschen auch und daraus ergibt sich, dass sie auch im Umgang mit den ihnen anvertrauten Kindern mal eine »Masche fallen lassen«. Das macht sie menschlich.

Fehler können auf viele Arten gemacht werden: ausfällig werden; gedankenlos etwas Verletzendes sagen; unklare Aussagen machen; Versprechen geben, die nicht eingehalten werden können; etwas Unmögliches von einem der Kinder verlangen; eines der Kinder in unnötiger Weise beschämen; ein Kind dem anderen vorziehen, ein Kind aus dem Auge verlieren etc.

Schön, wenn Sie sich als Erzieherin Fehler eingestehen können und sich bei den Kindern auch mal entschuldigen können. Für Kinder ist es wunderbar lehrreich, zu entdecken, dass Erzieherinnen ihre Fehler eingestehen können und bereit sind, etwas daraus zu lernen. Nur versprechen, dass das nie mehr vorkommt, sollten Sie nicht.

Bitte beachten Sie: Die von uns vorgeschlagenen Handlungsalternativen/Alltagsbeispiele sind als Anregungen zu verstehen, um selber verantwortlich und mit Bedacht zu experimentieren, immer mit dem Wissen, dass wir verletzbare Kinderseelen (und auch Elternseelen) vor uns haben. Das Buch will kein Ratgeber im herkömmlichen Sinne sein, es will Sie dazu anregen, über sich selbst und die Ihnen anvertrauten Kinder nachzudenken.

Und verlernen Sie nie, immer wieder neu zu staunen und sich von den Kindern überraschen zu lassen. Hören Sie nie auf, neue, unbeschrittene Pfade zu gehen, wenn Sie von den Kindern dazu eingeladen werden.

Die eigene Konfliktsozialisation

Können Sie sich an eigene Konflikte erinnern? Welcher Art waren die Konflikte? Wurden sie offen ausgetragen? Oder wurden sie nicht wahrgenommen, bagatellisiert, vertuscht, verzerrt, verschoben, verleugnet oder umgeleitet? Gab es in Ihrer Familie ein schwarzes Schaf? Wie waren die einzelnen Konfliktstile Ihrer Familienmitglieder? Können Sie sich an Streit- und Konfliktgespräche erinnern? Gab es Lösungsversuche? Welche Dauerthemen gab es? Welche Kampfmittel wurden eingesetzt? Wie war die Machtbalance? Wie wurde das sichtbar? Welche Koalitionen gab es? Waren diese stabil oder wechselten sie? Wer saß zwischen den Stühlen? Herrschte eine Stimmung der achtsamen Einfühlung oder eher der Abkapselung oder des Rückzugs vor? Wie war das Klima zwischen den Familienmitgliedern? War es eher kalt, warm oder heiß?

Wie wurde im Konflikt mit der sensiblen Dimension *Nähe – Distanz* umgegangen? Wurde in Ihrer Familie eher gefühlsbetont oder eher gefühlsarm reagiert? Welche Drohgebärden wurden eingesetzt? Wie signalisierten die Beteiligten, dass Grenzen erreicht waren? Können Sie sich eher an ein Klima der Flexibilität, Kreativität oder eher an ein Klima des Beharrens und der Rigidität erinnern?

Wurde in Konfliktsituationen eher aggressiv (Wut, Zorn, Hass), depressiv (Schweigen, Rückzug, Trauer, Resignation, Hilflosigkeit, Ohnmacht) oder initiativ (anpackend, direkt, Lösungen anbietend, respektvoll, motivierend, achtsam, mitfühlend) reagiert?

Was fällt Ihnen zum Wort *Konflikt* ein? An was denken Sie, wenn Sie es hören? Welche Bilder tauchen unmittelbar auf, wenn Sie an Konfliktsituationen denken? Wie sieht Ihre Gesamtbilanz zum Thema Konflikt aus? Überwiegen eher positive, negative oder neutrale Assoziationen?

Nehmen Sie sich Zeit für diese Fragen. Es geht dabei nicht darum, sie alle zu beantworten, sondern die Bilder aus der Erinnerung aufsteigen zu lassen. Sie werden sehen, dass die Botschaften, die in diesen Bildern zum Umgang mit Konflikten transportiert werden, auch heute noch Auswirkungen auf Ihr Konflikthandeln haben. Vergleichen Sie einmal die Umgangsformen im Zusammenhang mit Konflikten in Ihrer Ursprungsfamilie mit den Umgangsformen, die Sie heute selbst einsetzen. Sind sie tatsächlich so verschieden? Und wenn ja, worin unterscheiden sie sich? War es eine bewusste Entscheidung, anders damit umzugehen oder hat es sich einfach so ergeben? Sind Sie zufrieden, mit den ritualisierten Umgangsformen, die Sie in Ihrer Berufsrolle zur Verfügung haben?

Während Eltern und Erzieherinnen zumeist unendlich viel Geduld bei der Förderung körperlicher und sprachlicher Fertigkeiten haben und mit großem Eifer die klassische Bildung von Kindern fördern, lehren sie die Kinder sehr viel seltener, wie man richtig kommuniziert, zuhört oder wie man Probleme konstruktiv löst und Ich-Du-Beziehungen eingeht.

Die Vorbildfunktion der Erzieherin

Jeder Erwachsene hat Gefühle. Solche, die er kennt, die er akzeptiert und äußert, und solche, die er zwar kennt, aber nicht äußern will. Aber auch solche, von denen er nichts weiß, die er weder fühlen noch annehmen kann. In letzterem Fall spricht man von *Schattenanteilen.*

Kinder spüren instinktiv, was Erwachsene an Gefühlen zulassen können und wovor sie sich verschließen, und nicht selten schaffen sie unbewusst immer wieder Situationen, die die Erzieherinnen mit diesen unbekannten Gefühlen konfrontieren und ihnen die Möglichkeit geben, sich zu entwickeln. Wenn Erzieherinnen also genau hinhören auf das, was die Kinder in ihrem Handeln transportieren, dann können sie durchaus auch etwas für sich selbst dazu lernen. Denn die Kinder helfen ihnen, den blinden Fleck zu entdecken (nach Jung'scher Terminologie Schattenanteil genannt), den mit Sicherheit alle Erzieherinnen irgendwo haben.

Wir alle haben unsere je eigene Brille, durch die wir die Welt sehen und manchmal müssen wir, so schmerzhaft das auch sein mag, den Blick über den Tellerrand hinaus öffnen, für das, was es außerhalb unserer Vorstellungen noch auf der Welt gibt. So finden wir manches, was die uns anvertrauten Kinder machen, gut und anderes weniger gut, manches vielleicht sogar schlecht oder sogar regelrecht verwerflich.

Kinder spüren ganz genau, dass nur ein Teil der eigenen Persönlichkeit liebenswert ist. Da sie es den Erzieherinnen recht machen wollen, beginnen sie Dinge von sich auszugrenzen. Es kommt zur Abspaltung von Persönlichkeitsanteilen, die dann unter Umständen auch nicht mehr so direkt zugänglich sind. Als positiv erleben Erzieherinnen es z. B., wenn das Kind erfolgreich, selbstbewusst, gesund, großzügig, verständnisvoll, gescheit, einfühlsam, durchsetzungsfähig, lebenszugewandt ist.

Was aber, wenn es sich auch als verletzlich, als geizig und kleinlich, als selbstbezogen und egoistisch, als deprimiert, als mittelmäßig, gescheitert, ratlos, überfordert, beschränkt, krank, plump, schüchtern, gehemmt, verklemmt und ängstlich erweist?

Je nach Eigenschaft kann das zur Aufwertung, aber auch zur Abwertung des Kindes führen. Bewertungen wiederum können nachhaltig das Kindergruppenklima stören.

Fantasien, Ideen, Gedanken, die wir uns über den anderen machen, können dazu dienen, den Zugang zu ihm zu finden und also Brücke sein, sie können aber auch der Abgrenzung, der Zurückweisung, der Ablehnung zuarbeiten und unüberbrückbare Mauern aufbauen. Sind wir in der Lage, immer wieder die Mauern aufzuweichen, die zwischen uns und den uns anvertrauten Kindern entstehen?

Hier noch ein paar Fragen zum Innehalten für Sie als Erzieherinnen, denn wer Beziehungs- und Kommunikationskultur verantwortlich prägen will, muss sich eben immer wieder auch Gedanken über sich selbst und seinen Schatten machen, allerdings ohne sich zu zermartern: Wer bin ich? Was brauche ich? Was erwarte ich vom Leben? Wer ist dieses Kind vor mir? Was erwartet, was braucht es von mir? Was kann ich ihm geben? Was bleibe ich ihm schuldig? Was darf ich mir von ihm schenken lassen und wo überfordere ich es?

Wie viel ungelebte Sehnsucht nach Geborgenheit, Heimat und Wurzeln, aber auch nach Selbstentfaltung, Ich-Werdung und Flügeln trage ich in mir? Welche Impulse in mir drängen danach, gelebt zu werden? Welche Bedürfnisse bleiben in meinem Leben bisher unbefriedigt? Wie gehe ich mit den bisher ungelebten Anteilen meiner Person um? Übertrage ich Ungelebtes auf die mir anvertrauten Kinder oder auf andere Menschen, die stellvertretend das verwirklichen sollen, was mir schwerfällt? Versuche ich bei anderen Menschen das zu unterdrücken, was ich selbst (noch) nicht leben kann?

Oder schaffe ich es, immer wieder mit meiner Sehnsucht Kontakt aufzunehmen und kleine Schritte mit Verwirklichung von Sehnsucht zu machen?

Wie kann ich Gegensätze in mir wahrnehmen, sie nebeneinander stehen lassen, auch unterschiedlichen Entwicklungsimpulsen folgen und Ungelebtes lebendig werden lassen? Sind Gebote und Verbote, Einschränkungen und Erwartungen an die Kinder von eigenen ungelebten Sehnsüchten und bis in die Kindheit reichenden vernachlässigten persönlichen Entwicklungsbedürfnissen bestimmt?

Welche Bedürfnisse haben Kinder in ihren unterschiedlichen Entwicklungsphasen? Wie lerne ich wahrzunehmen, was ihre eigenen Bedürfnisse und was meine eigenen Anteile sind? Was kann ich tun und was muss ich lassen, damit Kinder zu ihrem Recht auf eigene Entwicklung kommen?

Kinder brauchen präsente erwachsene Vorbilder mit persönlichem Erfahrungswissen im Konflikthandeln. Denn Kinder wollen auch etwas über Probleme, ihre Formen und ihre Gesetzmäßigkeiten *be-greifen* lernen.

Sie wollen lernen, Probleme auszudifferenzieren und zu versprachlichen, wie z. B.:

- Ich habe ein Problem, das mich bedrückt.
- Der andere hat ein Problem, das ihn bedrückt.
- Es gibt Probleme auf der Paarebene der Eltern.
- Es gibt Probleme zwischen den Eltern, die Erziehung betreffend.
- Kinder haben Probleme untereinander.
- Es gibt Probleme, die die ganze Familie betreffen.
- Es gibt Probleme in einer Kindergruppe.
- Es gibt Probleme unter den Erzieherinnen.
- Wessen Bedürfnisse sind verhindert oder gestört worden?
- Wen stört das Problem am meisten?
- Wer spricht das Problem zuerst an?
- Wem kann ich das Problem überlassen?
- Wer ist letztendlich zuständig für die Problemlösung?

Es ist gut, wenn Erzieherinnen wissen, dass dauerhaft verdeckte Konflikte zwischen Kindern der Entwicklung schaden, denn ein verdeckter Konflikt:
- kostet Kraft,
- bindet Energien,
- löst Kränkungen aus,
- führt zur Erstarrung,
- vergiftet die Atmosphäre,
- kann im schlimmsten Fall Zusammengehörigkeit und gemeinsame Identität als gemeinsame Grundlage des Alltagshandelns zerstören,
- vernichtet Lebensfreude und Lebenssinn,
- verhindert das Verflüssigen von Schwierigkeiten, die entstehen,
- hält am einmal geschaffenen Status quo fest,
- verhindert Zukunftsgestaltung und damit Veränderungen.

Es ist gut, wenn Erzieherinnen sich immer wieder klarmachen, dass offene Konflikte hingegen:
- Langeweile und Stagnation verhindern,
- Interesse, Spannung und Neugier wecken,
- Chance zur Veränderung der Persönlichkeit, der Beziehung der am Konflikt Beteiligten, der Werte und Normen insgesamt, sind,
- Medium für das Aufzeigen eines Problems und seiner Lösung sind,
- zu Selbstvertrauen und zur Klärung der eigenen Persönlichkeit führen,
- die eigene Identität festigen,
- zur Klärung der unterschiedlichen Positionen in der Beziehung, in der Familie oder in der jeweiligen Gruppe führen,
- eine Herausforderung für alle sind,
- Bedingungen und Zusammenspiel verbessern helfen,
- zu gemeinsamen Lösungen führen, verbinden, Energie, Tatkraft und ein positives Grundgefühl erzeugen.

Es sollte für die Kinder sichtbar werden: Welche Ziele verfolgen wir gemeinsam im Beziehungskontext und auf der Grundlage welcher Grundsätze? Was sind die Werte, von denen sich die Gruppe führen lässt? Wie kann die Gruppe die Verwirklichung ihrer Vorstellungen von Gruppe sein umsetzen? Mit welchen Mitteln, über welche Wege, mit welchen Verantwortlichkeiten und mit welchen Umgangsformen?

»Wer an der Entwicklung von Lösungen selbst beteiligt war, ist auch bereit, für ihre Umsetzung Verantwortung zu übernehmen« könnte eine Leitlinie sein, von der sich Erzieherinnen in ihrem Erziehungsverhalten führen lassen. Die Kinder können so Einblick in die Gesetzmäßigkeiten von Konflikten und die damit verbundenen Prozesse erhalten und ein Gefühl dafür entwickeln:

- wie Konflikte entstehen,
- wie man Konflikten vorbeugen kann,
- wie Konfliktmanagement im Kita-Umfeld sinnvoll eingesetzt werden kann,
- was Sie selbst zur Bewältigung eines Konfliktes leisten können,
- wie eine Lösung aussehen kann und wer eventuell helfen kann.

Doch mindestens festgefahrene Konflikte sind und bleiben von ihrer Natur her für Erzieherinnen etwas Lästiges und oft Belastendes. Sie mindern nicht selten die atmosphärische Qualität und rauben Energie. Das lässt sich auch mit dem besten Konfliktmanagement nicht ändern. Dabei wird gern übersehen, dass Konflikte als Indikatoren auf den Veränderungsbedarf in der persönlichen Lebenssituation mindestens eines der Gruppenmitglieder, in den Beziehungen der Kinder untereinander oder in interaktiven Konstellationen zwischen den Kindern hinweisen. Auf welcher Ebene der Veränderungsbedarf liegt, ist meist nicht ohne Weiteres zu sehen. Erklärt man einen Konflikt zur Privatsache von zwei oder drei Kindern, erfährt man als Erzieherin wahrscheinlich nie, welchen Veränderungsbedarf er anzeigt.

Um einen Zugang zu dem zwar nicht geheimen, aber verschlossenen Wissen, das in dem Konfliktfeld steckt, zu gewinnen, sollte man sich Folgendes klarmachen: Konflikte zeigen, hier passt etwas nicht zusammen. Bis vor einiger Zeit hat es vielleicht noch gepasst, jetzt passt es nicht mehr. Deshalb haben die Konfliktparteien, möglicherweise ohne dass sie es zunächst selbst bewusst wahrnehmen, den *Not*wendigen Einblick. Erzieherinnen können ihnen dabei helfen, diesen Einblick auch wahrzunehmen und zu äußern.

Wie aber können sich Erzieherinnen ganz konkret in Alltagskonflikten verhalten, welche Strategien begleitender Konflikthilfe gibt es?
Sie können:
- das Verhalten der am Konflikt beteiligten Kinder aufmerksam verfolgen und sich dabei bewusst jeder gezielten Reaktion enthalten, um die aggressive Situation nicht zu beeinflussen. Sie können das Verhalten aus den Augenwinkeln mit verfolgen, innehalten, als ob sie lauschen, mehrfach kurz aufschauen, um zu sehen, ob sich dadurch etwas ändert – einfach, weil die Kinder merken, dass sie die Situation wahrnehmen.
- einen eskalierenden Konflikt abbrechen, indem sie den tobenden Angreifer festhalten, die streitenden Kinder auseinanderreißen, Gegenstände, um die gestritten wird, vorübergehend wegnehmen usw.
- mahnend die Beendigung eines unerwünschten Verhaltens einfordern, ohne gleich mit Strafe zu drohen oder sie können zu erwünschtem Verhalten auffordern. Bei fortgesetztem, unerwünschtem Verhalten können sie eine Strafe in Aussicht stellen und dem Kind bei Nichtbefolgen Konsequenzen androhen.

- als strafende Konsequenz Maßnahmen ergreifen, von denen sie glauben, dass das Kind sie als unangenehm erleben wird.
- sich missbilligend gegenüber dem Vorgehen, aber auch gegenüber dem ausführenden Kind verhalten. Sie können das Verhalten negativ bewerten und damit das soziale Ansehen in der Kindergruppe beeinträchtigen.
- den beteiligten Kindern in einem Konfliktfall eine Vereinbarung vorschlagen, die das jeweilige Kind trotz der unterschiedlichen Interessen zufrieden stellt oder sie können die Kinder anregen, selbst nach einer eigenständigen Vereinbarung zu suchen.
- mögliche Hintergründe sichtbar machen, die hinter dem Zornig-Sein, dem Aufbrausen eines Kindes stehen und damit zu einer Entspannung beitragen.
- Die Kinder darin unterstützen, dass sie lernen, sich zuzutrauen, aggressive Situationen und ihre Folgen eigenständig und selbstregulierend zu einem guten Abschluss zu bringen.
- sich darum bemühen, die Gefühle der Kinder im Zusammenhang mit Konfliktsituationen zu verstehen und jeweils anzuerkennen (z. B. durch Nachfragen oder durch offenes Vermuten).
- natürlich auch in Tränen ausbrechen, vor Wut toben, Kinder in die Einzelmangel nehmen, in Einzelquarantäne stecken, nichts mehr mit den Kindern reden vor lauter Enttäuschung, dass sie so böse sind.
- Das Kind entmutigen: »Ich geb's auf. Du lernst es nie!«, »In einer Viertelstunde drei Spielsachen aufgeräumt. Na bravo, das kann ja was werden, da sitzt du heute Nacht noch da.«
- das Kind an den Pranger stellen und es damit in die innere Verweigerung schicken: »Wie oft habe ich dir schon gesagt, dass, …« »Wann hörst du endlich auf?« »Was soll der Unsinn? Du hast schon wieder angefangen.« »Das ist mir unbegreiflich, wie kann sich ein Kind nur so aufführen?« »Immer bist du das!«
- erniedrigend sein: »Du bist doch wirklich manchmal saudumm!«
- mit Halbwahrheiten operieren, lügen, abwerten, mobben, abladen, sich Luft verschaffen und aushungern lassen.
- überzeugen, überreden, überrollen, überfahren, zwingen, ihren Willen durchsetzen, Macht ausüben und sie können Verhalten durch Regeln blockieren.
- festgefahrene Vorstellungen und Bilder vom Konfliktpartner auflösen helfen: »Fred ist nicht immer so. Kannst du dich z. B. an Montag erinnern? Da war das ganz anders.«
- durch Ersatzhandlungen dafür sorgen, dass Kinder zunächst einmal ihren Druck und ihren Ärger loswerden.
- in ihrem Konflikthandeln immer wieder auf das Ziel hinweisen, das sie mit ihrem Handeln verfolgen.

- Verständnis zeigen für destruktive Konfliktbewältigung der Kinder und sie in Kontakt mit dem eigenem Scheitern bringen.
- die Kinder für ihr Konfliktverhalten loben.

Haben Sie es bemerkt, dass einige der Vorschläge, keine wirklichen Handlungshilfen sind, sondern aus der Not heraus entstehen?

Häufig resultiert ein Konflikt eher daraus, dass die Parteien nicht wissen, wie sie ein Problem lösen können, als dass sie es nicht lösen wollen. Die Konfliktlösungsprozesse sollten von gegenseitiger Wertschätzung, Vertrauen und Achtung geprägt sein und so weit wie möglich in Kinderhand bleiben. Die an einem Streit beteiligten Kinder können aufgrund der eigenen Betroffenheit und dem damit verbundenen Wissen um den Konflikt grundsätzlich bessere Entscheidungen treffen, als eine Autorität von außen, wie etwa Erzieherinnen, sie treffen können. Je nach Alter der Kinder und je nach Konfliktaufladung müssen Erzieherinnen allerdings die Struktur für die Konfliktlösung vorbereiten und die Kinder bei der Konfliktlösung anleiten. Die Beteiligten einer Übereinkunft halten sich eher an die Bestimmungen, wenn sie selbst für das Ergebnis (mit-)verantwortlich sind und dadurch den Prozess, der zur Übereinkunft geführt hat, akzeptieren.

4. Hinweise für eine gelingende Streitkultur

Ganz wichtig beim Streiten ist – vorausgesetzt, Sie wollen zu einem konstruktiven Ergebnis kommen –, den richtigen Zeitpunkt für eine Aussprache zu finden. Bringen Sie den Konflikt nicht unbedingt dann auf den Tisch, wenn die Streitpartner gerade im Stress sind oder vielleicht einfach noch an ihrer Streitposition festhalten wollen. Versuchen Sie zu diesem Zeitpunkt auch nicht, eine Lösung zu erzwingen.

Gelungenes Streiten folgt ganz eigenen Gesetzmäßigkeiten. Es braucht immer wieder die Möglichkeit Abstand zu nehmen, um zu einem neuen Anlauf ansetzen zu können und es braucht nach einer Phase des Bemühens, die Fähigkeit abwarten zu können, was sich danach auftut. Vertrauen Sie dabei darauf, dass sich am Ende eine Lösung gestaltet, mit der alle leben können.

Kinder verfolgen meist sehr aufmerksam entstehende Streitereien, wobei sie das *Wie* des Streitens weit mehr interessiert als das *Worüber.* Das eigentliche Problem beim Streiten liegt nämlich meist nicht am Inhalt oder Thema des Gesprächs, sondern daran, wie miteinander verhandelt wird. Streit kann eskalieren und destruktiv werden, Streit kann aber auch klären und – wie ein Gewitter – die Luft einer Beziehung reinigen. Damit Streit alle Beteiligten weiterbringt, ist es notwendig, ein gewisses Maß an Streitkultur miteinander zu entwickeln. Damit sich ein Streit positiv und konstruktiv auswirken kann, sind ein paar Grundregeln der Kommunikation zu berücksichtigen.

Bei einem gelingenden Streit darf es weder Schuldige noch Sieger oder Verlierer geben. Es ist gut, wenn die Kinder, über die Art, wie Streit im Kindergarten beigelegt wird, lernen, dass es ohne Achtung und Wertschätzung für den Streitpartner keine Lösung geben kann.

Positives Streiterleben macht Kinder stark und gibt ihnen die Gewissheit, dass es sich lohnt, sich für ihre eigenen Bedürfnisse und Wünsche einzusetzen. Gestritten wird überall: in der Ehe mit dem Partner, in der Familie mit den Kindern, im Bekanntenkreis mit Freunden und im Beruf mit Kolleginnen. Überall dort, wo es unterschiedliche Meinungen und Haltungen gibt, wird diskutiert und zuweilen auch heftig gestritten. Streiten ist unvermeidbar und gehört zum Leben. Stellen Sie sich deshalb Ihren Konflikten, anstatt sie zu vermeiden oder vorschnell abzubrechen. Sprechen Sie Ihre Probleme möglichst zeitnah an. Denn Probleme, die verdrängt oder hinuntergeschluckt werden, werden – ebenso wie Ihre Wut und Ihr Zorn – nur noch größer. Denken Sie daran, jedes Problem, dem wir uns als Erzieherinnen entziehen, findet dann über einen Umweg seinen Weg zu uns. Nicht selten werden wir über die Kinder wieder damit konfrontiert.

5. Konfliktverläufe und Anhaltspunkte für eskalierende Konflikte

Kommt es zu einem unauflösbaren Konflikt zwischen Streitpartnern, nehmen Sie sich Zeit für die Ursachenerforschung. Nur so können Sie aus einem sich wiederholenden Konfliktverlauf ausbrechen. Versuchen Sie also zunächst, den Konflikt zu beobachten: Was geschah direkt vor der Eskalation? Schauen Sie auf die Eigenschaften der Streitpartner selbst sowie auf ihre Beziehung zueinander: Wie beginnt der Streit? Worum geht es? Wie zeigt sich das im Verlauf des Streits? Wer schaut dem Streit zu? Wer greift ein? Wie endet der Streit? Was geschieht dann? Wie fühlen sich die Streitparteien danach? Wer profitiert vom Streit? Wo wäre eventuell die Stelle, an der Sie einen Impuls geben könnten, der den Blickwinkel der Streitpartner verändert oder der Zugang schafft zu einer tiefer liegenden Ebene, die für den Streit verantwortlich ist?

Vielleicht ist Benny ja zu Hause immer der, der vernünftig sein muss, und er will jetzt hier im Spiel mit seinen Bedürfnissen auch endlich mal gesehen werden und seinen Kopf durchsetzen. Er selbst kann diesen Zusammenhang so nicht ausdrücken. Er braucht eine Übersetzungshilfe und auch das richtige Angebot, sodass er seinen Konflikt auf neue, für ihn befriedigende Weise zu einer Lösung mit seinem Streitpartner bringen kann.

Es gibt situativ erzeugte, leicht aufzulösende Konflikte und es gibt Konflikte, die sich vertiefen, die immer weiter polarisieren, hinter denen eine Entwicklungsaufgabe lauert, die sich nicht immer leicht erschließen lässt und deshalb von uns Geduld zum Austragen erfordert.

Lassen Sie uns einen Blick auf die Anhaltspunkte werfen, die zeigen, dass sich ein Konflikt zuspitzt: Haben Sie schon einmal die stattfindenden Veränderungsprozesse während eines Konfliktfalles im Wahrnehmen, Vorstellen und Denken aufseiten der Konfliktpartner beobachtet? Haben Sie sich selbst auch schon einmal in einer solchen Verhärtung befunden, die wie ein Strudel, einen immer weiter hineinzieht? Ist Ihnen schon einmal ein Kind begegnet, das Sie als vermeintlich gewieft und böse empfunden haben und von dem Sie glaubten, dass es gegen Sie ist, weil es die ganze Gruppe immer wieder in ihrer entstehenden harmonischen Atmosphäre stört?

In solchen Situationen:

- wird die Aufmerksamkeit der Konfliktpartner selektiv, d. h. manche Dinge werden schärfer und andere gar nicht gesehen.
- wird Bedrohliches deutlicher – anderes übersehen.
- fallen ärgerliche und störende Eigenschaften des Streitpartners auf, gute werden übersehen oder bagatellisiert.
- kommt es zu einer Beeinträchtigung der Zeitwahrnehmung (kognitive Kurzsichtigkeit), wodurch die mittel- und langfristigen Folgen des eigenen Tuns immer mehr aus dem Bewusstsein verschwinden.
- wird die chronologische Reihenfolge der Ereignisse verzerrt und verdreht wahrgenommen.
- werden vielseitige Dinge und Situationen nur noch vereinfacht aufgenommen.
- wird nur noch das gesehen, was der eigenen Meinung und den eingeschliffenen Denkmustern entspricht, d. h. bestehende Vorurteile scheinen bestätigt zu werden und verfestigen sich.

Wie können Sie als Erzieherinnen in solchen Konfliktsituationen, die sich verfestigen, deeskalierend Einfluss nehmen?

- Sie können anregen, ein gemeinsames Vorgehen abzustimmen.
- Sie können eine Sprache einfordern, die eine akzeptierende Grundhaltung vermittelt.
- Sie können dafür sorgen, dass die persönliche Integrität gewährleistet ist.
- Sie können vorgeben, dass in der Sache gestritten wird, ein Vorgehen eventuell verurteilt wird, aber die beteiligten Streitpartner auf jeden Fall grundlegend anerkannt und respektiert werden müssen.
- Sie können Sicherheit garantieren.
- Sie können einfühlsam sein und Verständnis für die Gefühlslage und die Sichtweise der beteiligten Parteien entwickeln.
- Sie können Interessen gleichwertig betrachten.
- Sie können existenzielle Bedürfnisse anerkennen. Denn wird diesen kein Recht gegeben, entstehen Grundkonflikte, die die Lösung eines Sachkonfliktes erschweren.

- Sie können darauf Wert legen, dass die in Ihrer Einrichtung üblichen Verhaltensnormen respektiert werden.
- Sie können dazu beitragen, dass das Gesicht gewahrt werden kann.
- Sie können anregen, dass nach Ausgleich gesucht wird und grundlegende Regeln beachtet werden.

Konflikte lassen sich nicht immer auf direktem Weg lösen. Oftmals wirken hier verborgene Kräfte, die sich unserer rationalen Logik entziehen. Was in der einen Situation ein gutes und hilfreiches Verhalten sein kann, kann in einer anderen Situation in eine schwierige Sackgasse führen.

Konflikt-Eskalation

Zur Eskalation kommt es meist dann, wenn sich die Streitpartner in ihren Bedürfnissen nicht mehr gewürdigt wissen. Sie setzen immer mehr Energie und Druck ein, um den anderen dazu zu zwingen, die eigenen Haltungen zu übernehmen. Die Komplexität des Konfliktes nimmt dann zu und wird zunehmend persönlicher ausgetragen.

Zunächst ergab sich vielleicht ein Konflikt über Sachfragen. Daraus entwickelt sich ein Streit, bei dem es plötzlich um Personen und Beziehungen geht. Im Zweifelsfall gibt es eine Kontroverse über den Konflikt. Oder der Konflikt eskaliert gar zu einer Auseinandersetzung über den Konfliktlösungsprozess. Was tun, wenn sich eine aggressive Grundstimmung zwischen den Kindern, zwischen Kindern und Erzieherinnen etabliert, die nach Zündstoff sucht und nicht mehr von einem einzelnen Konflikt ausgelöst sein kann? An einer solchen Stelle ist es wichtig innezuhalten und genau hinzuschauen, sich der Metaebene zu bedienen.

Es ist ratsam, folgende Beispielfragen im Hinterkopf zu haben:

- Fühlt sich eines der Kinder nicht ausreichend wertgeschätzt, nicht in die Kindergemeinschaft aufgenommen?
- Wird einem der Kinder die Befriedigung eines anderen wichtigen Grundbedürfnisses versagt (Bewegungs- und Erkundungsdrang, Freiräume des Selbsterprobens, Rückzugsmöglichkeiten, klarer Rahmen, Eindeutigkeit usw.)?
- Ist das Verhältnis der Erzieherinnen untereinander angespannt und überträgt sich vielleicht die Spannung auf die Kinder?
- Haben die Kinder in der letzten Zeit evtl. zu eng aufeinander gehockt? Müssten sie vielleicht einfach mal wieder raus, um sich in einem anderen Umfeld und in anderen Konstellationen zu finden?
- Sind die Erzieherinnen zu sehr mit Eigenem beschäftigt und das Kind kann ihre Aufmerksamkeit nicht wecken und versucht es deshalb mit Regelübertretungen?
- Wird das Kind mit seinen Wünschen möglicherweise nicht gehört oder kann es seine berechtigten Wünsche nicht durchsetzen?

- Nehmen die Erzieherinnen die Kinder ernst, hören sie sich ihre Argumente an und lassen sie es zu, dass die Kinder auch einmal mit ihnen etwas aushandeln?
- Gelingt es dem Kind eventuell leichter, mit aggressivem Verhalten statt mit freundlichem Anfragen Wünsche erfüllt zu bekommen?
- Fehlen dem Kind vielleicht die Voraussetzungen, um bestimmte Situationen selbst konstruktiv steuern zu können, bräuchte es auf der Spielebene partnerschaftliche Handlungsimpulse, die die Erzieherin setzt, um dem Kind einen konstruktiven Weg im gemeinsamen Spiel mit anderen Kindern zu eröffnen?

6. Unausgewogene Erziehungsstile als Ursache für Konflikte

Zu hartnäckigeren Konfliktkonstellationen kommt es z. B., wenn die Kinder bislang nur einseitige, wenig bewegliche Beziehungsmodelle kennengelernt haben. Vielfach wird die Entwicklung der Kinder auch durch die im Folgenden genannten Erziehungsstile beeinträchtigt:

Vernachlässigung

In diesem Fall sind die Eltern ihren Kindern gegenüber gleichgültig und desinteressiert, kümmern sich kaum um sie und überlassen sie sich selbst. Sie bieten ihnen nur wenig Zuwendung, Wärme und Zärtlichkeit, befriedigen ihre Bedürfnisse nicht und stehen als Vertraute nicht zur Verfügung. So fühlen sich die Kinder verlassen, isoliert, abgelehnt, ungeliebt und sind frustriert. In diesen Fällen werden sie als Störenfried, als Hindernis für die eigene Selbstverwirklichung oder als Konkurrent um die Liebe des Partners aus Elternsicht gesehen. Oft sind Eltern auch aufgrund ihrer Erwerbstätigkeit, ihrer Freizeitaktivitäten und ihrer gesellschaftlichen Verpflichtungen so ausgelastet, dass kaum Zeit für die Kinder bleibt.

Verwöhnung

In anderen Familien wird den Kindern jeder Wunsch erfüllt. Die Eltern versuchen, ihnen alle Versagungen zu ersparen und unterfordern sie damit meist. Oft sehen sie in der exklusiven Kleidung, dem teuren Spielzeug und den kostspieligen Freizeitaktivitäten ihrer Kinder neue Statussymbole. Die Kinder können jedoch unter solchen Umständen nicht das Bewusstsein entwickeln, dass derartige Güter erarbeitet werden müssen. Sie werden verweichlicht, sind wenig leistungsorientiert, können ihre Fähigkeiten und Kraft nicht erproben, haben keine Möglichkeit zur Selbstbewährung und entwickeln kaum Selbstvertrauen.

Überbehütung

Hier ergreifen Eltern Besitz von ihren Kindern, lassen ihnen keine Freiräume und keine Privatsphäre, binden sie an sich und erdrücken sie mit ihrer übermäßigen

Liebe. Sie sind überbesorgt und mehr als fürsorglich. Sie verstricken die Kinder in symbiotische Beziehungen und opfern sich für sie auf. In diesen Fällen bleiben die Kinder von ihren Eltern abhängig, können sich nicht weiterentwickeln oder regredieren. Sie können kein Selbst ausdifferenzieren, lösen sich nicht von ihren Eltern ab und bleiben unselbstständig.

Autoritäre Erziehung

Auch in dieserart strukturierten Familien werden die Neugier und der Forschungsdrang, der Eigenwille, die Individualität und die Eigenständigkeit der Kinder unterdrückt. So lenken die Eltern sie durch Ge- und Verbote sowie durch Befehle und Anweisungen, mit deren Hilfe sie die Kinder nach bestimmten Leitbildern prägen wollen. Sie kontrollieren fortwährend ihr Verhalten und wollen ihren Gehorsam durch Strenge und harte Strafen erzwingen. Abweichende Reaktionen werden besonders stark bestraft, wenn sie als Ausbruchsversuch oder Bedrohung verstanden werden. Generell zeigen diese Eltern wenig Verständnis und Einfühlungsvermögen. Sie machen nur selten von Bestätigung, Ermutigung und Lob Gebrauch.

Antiautoritäre Erziehung

Bei diesem Erziehungsstil verzichten Eltern bewusst auf Regeln und Strafen. Sie setzen dem Verhalten ihrer Kinder keine Grenzen und wollen ihnen auf diese Weise uneingeschränkte Entfaltungsmöglichkeiten bieten. In solchen Fällen nutzen die Kinder oft die Nachgiebigkeit der Eltern aus, manipulieren sie, bestehen auf ihre Rechte und wollen totale Freiheit bezüglich der Schlafenszeit, der Lautstärke der Musik usw. Sie überschätzen die eigene Macht, können sich nicht einordnen, haben wenig Leistungsmotivation und werden egozentrisch.

Normenlose Erziehung

Vor allem bei konfliktreichen Ehe- oder Partnerschaftsbeziehungen können sich die Eltern oft nicht auf Verhaltensregeln und Erziehungsziele einigen. Manchmal stacheln sie die Kinder sogar verdeckt zur Rebellion gegen die von dem Partner gesetzten Normen auf. Die Vorschriften können hier aber auch so unklar formuliert sein, dass sie von den Kindern nicht registriert werden. Die Verhaltenskontrolle erfolgt in diesen Fällen fortwährend durch Hinweisreize, Bitten, Anordnungen und Strafen.

Unbeständige Erziehung

Haben die Eltern unterschiedliche Erziehungsziele und setzen sie verschiedene Erziehungspraktiken ein, so wirkt ihre Erziehung wechselhaft, widersprüchlich oder gar chaotisch. Manche Eltern wechseln auch immer wieder zwischen einem autoritären und einem freizügig-gewährenden Erziehungsstil.

Bei der kritischen Aufzählung ungleichgewichtiger Erziehungsstile im Elternhaus darf man nicht außer Acht lassen, dass pädagogische Fachkräfte ebensolche Fehler in der Begleitung der Kinder machen können. Auch Sie können sich im Team vielleicht nicht einigen, haben keine gemeinsamen Werte oder kein gemeinsames Menschenbild entwickelt, das für alle eine Handlungsleitfaden sein könnte usw. Wichtig ist, dass man bei fehlgeleiteten Ansätzen und scheinbar festgefahrenen Situationen, den Kopf nicht in den Sand steckt. Auch hier gibt es immer die Möglichkeit, einen anderen Weg auszuprobieren und die Dinge in die richtige Bahn zu lenken.

7. Prinzipien der Konfliktlösung

Hilfreiche Prinzipien bei der Konfliktlösung sind:

- Man sollte sich auf die Interessen und nicht auf die Positionen beziehen. Es geht also nicht darum, eine Vormachtstellung oder Ähnliches zu erkämpfen, sondern sich an einem fairen und organisch wachsenden Interessenausgleich zu beteiligen.
- Es soll immer zwischen den Menschen und dem Problem unterschieden werden.
- Es ist hilfreich, sich ein breites Feld an Handlungsmöglichkeiten offenzuhalten. Es soll nicht nur der eigene nächste Schritt, sondern auch eine Reihe von Schritten und Gegenbewegungen durchdacht werden – auch die des Konfliktpartners.
- Wenn es zu einem gemeinsamen Ergebnis kommt, ist darauf zu achten, dass das Ergebnis allgemein verbindlichen Kriterien genügt.
- Es gibt immer mehrere Wahrheiten.
- Es ist wichtig, das Zusammenspiel von den eingesetzten Mitteln im Verhältnis zum Ziel zu betrachten und den Mut zu haben, sich selbst in der Wahl der Mittel zu korrigieren.
- Man sollte stets auf der Grundlage eigener Werte und Prinzipien handeln und diese transparent machen. Es sollen nur solche Ziele verfolgt werden, die sowohl für einen selbst, wie auch für die andere Seite gut sind – auch wenn die sich evtl. nicht entsprechend verhält.
- Macht zu haben, beinhaltet die Fähigkeit, eigene Ziele zu erreichen, sie sollte nicht in Versuchung führen, andere zu bestrafen.

Wenn Sie sich die aufgeführten Prinzipien noch einmal vor Augen führen, dann werden Sie schnell merken, dass Ihnen eine Idee zugrunde liegt: Es ist wichtig, die Dinge im respektvollen Miteinander zu lösen. Es schimmert aber auch hindurch, dass es Strategien gibt, die genau das Gegenteil machen, nämlich z. B. sich mit Macht über den anderen hinwegzusetzen. Hier seien im Folgenden noch einmal einige klassische konstruktive und weniger konstruktive Konfliktlösungsstrategien benannt:

- *Konsens:* Jeder ist ein Gewinner. Leitlinien dieser Strategie sind: Absprachen treffen und Abstimmungen durchführen.

- *Kompromiss:* In dieser Form der Einigung gibt es einen kleinen Gewinner. Zu den Leitlinien gehören hier: Verhandlungen führen und Vereinbarungen treffen.
- *Delegation:* Hier kommt es zu einer Einigung darüber, dass keine Einigung möglich ist. Delegation ist hier als Leitlinie festzuhalten.
- *Unterordnung:* Bei dieser Strategie gilt es, sich dem anderen zu fügen.
- *Hierarchie:* Die Entscheidung wird einer anderen Instanz überlassen, die in dem Machtgefüge weiter oben angesiedelt ist.
- *Kampf, Vernichtung:* Aus dieser Strategie gehen Gewinner wie Verlierer hervor.
- *Flucht – Rückzug:* Diese Strategie beinhaltet zurückziehendes Verhalten, aussitzen oder einigeln.

Die meisten Menschen sehnen sich nach einer *Konsenslösung.* Da wollen wir als selbstbestimmte und freie Menschen hin. Und wenn sie gelingt, stellt sich große Zufriedenheit ein, da beide Seiten ihre Interessen optimal befriedigt sehen. Beide Konfliktparteien zeichnen sich dadurch aus, dass sie gut zuhören können und ihre Interessen angemessen vertreten können. Sie sind idealerweise offen für kreative Lösungsansätze, welche sie zielführend zu stabilen Beziehungen untereinander führt.

Die wenigsten Konflikte werden aber im Konsens gelöst. Deshalb ist es wichtig, Verhandlungsfähigkeit zu üben, um wenigstens zu tragfähigen *Kompromissen* zu kommen. Zum Verhandeln braucht es klare Ich-Positionen und die Anerkennung der anderen Partei mit ihren gleichberechtigten Interessen. Außerdem braucht es Verhandlungsspielraum und Flexibilität bei der Verhandlungsführung. Manchmal ist in dem Prozess der Kompromissfindung ein Vermittler nötig, aber niemals ein Entscheider. Es ist eine selbstbestimmte Form der Konfliktlösung. Am Ende sind beide Parteien trotz kleiner Einbußen noch Gewinner. Sie haben zwar nicht das Optimale erreicht, aber die wesentlichen Interessen haben sie ohne Gesichtsverlust befriedigen können.

Wenn Menschen in direkter Kommunikation grundsätzlich nicht zu einer Kooperation fähig sind, sie aber durch Dritte dazu in die Lage versetzt werden, geschieht dies über *Delegation.* Beide Seiten einigen sich, dass die Verhandlungen zu keinem Ergebnis geführt haben, und verständigen sich darauf, die Lösung zu delegieren. Sie unterwerfen sich damit bis zu einem gewissen Grad dem Spruch des externen Entscheiders. Bei Tarifverhandlungen ist das der Schlichter, bei Kindern einer Tagesstätte die Erzieherin. Durch die Delegation an eine dritte Partei können die beiden Parteien trotzdem koordiniert werden und bleiben über den Dritten in Verbindung. Zu dieser Delegation muss man aber innerlich bereit sein.

Unterordnung ist im sozialen Zusammenhang ein wichtiges Element und eine häufig – unbewusst – praktizierte Methode der Konfliktlösung. Dabei entschließt sich eine Partei, ihre bisherige Position aufzugeben und sich unterzuordnen. Durch das Nachgeben weicht die Verhärtung auf und der Entscheidungsprozess kommt wieder in Fluss. Vorausgesetzt, dass die Machtverhältnisse ausgeglichen sind und das Unterordnen abwechselnd auf beiden Seiten stattfindet, ist es eine faire Angelegenheit. Nicht mehr erträglich wird es, wenn immer eine Partei auf Kosten der anderen versucht, sich durchzusetzen. Wenn die kleine Maja beispielsweise, immer macht, was die große Conny will, um sie nicht zu verlieren, dann ist das Pendel aus dem Gleichgewicht geraten, spätestens dann, wenn es Maja bewusst wird, wird es Zoff geben. Die sich unterordnende Partei gibt einen Teil ihrer Selbstbestimmung auf, gewinnt durch die Unterordnung vorläufig jedenfalls noch an Sicherheit bzw. Zugehörigkeit und trägt zur Befriedung der Situation bei. Bei vielen Konflikten in der Arbeitswelt gilt es, die hierarchische Struktur zu beachten. Diese *Hierarchie* kann aufgrund ihrer formal definierten Macht in einen Konflikt eingreifen und sogar unabhängig von der Zustimmung oder dem Zustand der Konfliktparteien eine Entscheidung androhen oder herbeiführen, wie z. B. der Träger im Hinblick auf einen Streit unter den Erzieherinnen. Im politischen Leben haben Parteivorsitzende durch ihr Mandat solche Richtlinienkompetenz, was am Ende so viel bedeutet, wie, dass sie mehr zu sagen haben als andere. Eltern wie auch Erzieherinnen über die Zeit in der Einrichtung wird ein solches Recht über ihre Kinder ebenso zugesichert.

Im *Kampf* ist das Ziel, sich durchzusetzen und den Gegner durch Kampfmittel aller Art zur Aufgabe und zum Rückzug zu zwingen. In seiner extremsten Form bedeutet es, die Vernichtung des Gegners oder zumindest seiner Basis. Der Kampf kann dabei offen, sichtbar oder verdeckt geführt werden. Beide Parteien sind in der Regel nicht bereit, Zugeständnisse zu machen. Sie wollen aus ihrer Sicht das für sie maximale Ergebnis erreichen und zahlen dabei einen hohen Preis. Denn der Kampf hinterlässt oft gebrochene Beziehungen oder erschüttertes und nicht wieder herstellbares Vertrauen. Die Grundlage von Kampf ist Konkurrenz, die das Monopol zum Ziel hat. Durch die Vernichtung des Gegners wird Entwicklung in sehr starkem Ausmaß gefährdet, da selten nur ein Gegner unrecht hat. Die nur durch die Opposition möglichen Alternativen werden unterdrückt, ausgeschaltet oder vernichtet.

Flucht und Kampf sind in einem Konflikt oft parallel und komplementär. Sie sind Zwillinge, die einander ergänzen. Oft neigt eine der beiden Parteien zum Kampf, wohingegen die andere Partei zur Flucht oder zum Rückzug neigt. Im Arbeitsalltag können wir dem Grundmuster Flucht häufig begegnen, wenn Konfliktparteien nicht den direkten Weg zueinander suchen. In Konflikten ist oft der erste spontane Impuls, die Sache zu vertagen und sie zu überdenken, wobei Zeitgewinn und die Distanz zur Sache Vorteile sind. Bleibt der Konflikt unverarbeitet auf lange Zeit liegen, wird dieses Verhalten als ein sich einigeln, aussitzen oder verdrängen erlebt, was in Beziehungen auf der Gegenseite Aggression und somit Kampf bewirken kann. Flucht als Muster kann sich jedoch auch als innere Kündigung oder sogar äußere Kündigung mit Aufgabe des Arbeitsplatzes und eines Trägerwechsels auswirken.

Die Nachteile der Lösung liegen darin, dass sich Konflikte ohne unser aktives Zutun selten in Wohlgefallen auflösen; auch initiiert dieses Modell keine Lernprozesse. Im Gegenteil: In der Regel schenkt uns das Leben in seiner Großzügigkeit eine weitere Lektion.

Ob das Ergebnis einer Konfliktlösung als gut bezeichnet werden kann und ob die Lösung den Tag überdauert, lässt sich an folgenden Prüfsteinen festmachen. Gute Lösungen sind:
- **klar,** d. h. eindeutig in ihrer Auslegung;
- **realisierbar,** d. h. kein Luftschloss;
- **fair,** d. h. niemand wird übers Ohr gehauen;
- **zweckdienlich,** d. h. vorteilhaft für alle.

Streiten will gelernt sein

Positionieren Sie sich nicht gleich als Gegner, sondern nehmen Sie Ihre eigene Haltung zurück, um etwas über die Haltung des anderen zu lernen. Hierbei sind sogenannte Türöffner hilfreich. Sie setzen sie in Gesprächssituationen ein, in denen Sie Ihrem Gesprächspartner Gelegenheit geben wollen, sich mitzuteilen. Sie müssen sich dabei im Klaren darüber sein, dass es dann hinterher Zeit braucht, ein solches Gespräch in Ruhe zu Ende zu führen. Um die Gefühle und Empfindungen eines anderen einigermaßen verstehen zu können, müssen Sie sich in seinen persönlichen Bezugsrahmen hineinversetzen können. Da es aber keinem vollständig gelingt, die Dinge ganz aus dem Blickwinkel des anderen zu sehen, ist im besten Fall ein annäherndes Verstehen möglich.

Diese Türöffner haben einen tastenden Annäherungscharakter in Richtung Verstehen:

Du hast das Gefühl, dass …
- Von deinem Standpunkt aus …
- Es scheint dir …
- Wie du es siehst, …
- Aus deiner Perspektive …
- Du denkst, dass …
- Wenn ich dich richtig verstehe, …
- Du bist traurig/enttäuscht/verärgert/sauer/glücklich/weil …
- Mit anderen Worten: …
- Du meinst, …

Wenn Ihnen nicht klar wird, was gemeint ist, können Sie Klärungsfragen stellen:
- Könnte es sein, dass …
- Ich frage mich, ob …

- Gefällt dir die Idee, …
- Sag mir, ob ich mich irre, wenn ich denke, dass du im Moment …
- Trifft es zu, dass …
- Es scheint, dass …
- Es hört sich an, als ob du …
- Irgendwie habe ich das Gefühl, dass …
- Ich habe den Eindruck, dass …
- Hab ich dich richtig verstanden, …

Setzen Sie auf eine Strategie, bei der es nur Gewinner gibt. Dann, und nur dann, fällt es nämlich beiden Konfliktpartnern leicht, einzulenken. Die wesentlichen Unterschiede zwischen der Strategie, bei der es nur Gewinner gibt, und einer Strategie, bei der es Verlierer und Gewinner gibt, wollen wir Ihnen an dieser Stelle vor Augen führen:
- Die Konfliktbeteiligten sehen sich als Partner im Gegensatz zu Rivalität und Gegnerschaft unter den Beteiligten.
- Die Konfliktparteien üben Machtverzicht anstatt zum Mittel des Machteinsatzes zu greifen.
- Es beginnt eine gemeinsame Suche nach einer für alle Konfliktbeteiligten akzeptablen Lösung, anstatt Machtkämpfe mit vorprogrammierten Lösungen zu initiieren.
- Gewinner-Strategien sind gekennzeichnet durch kreatives Denken der Beteiligten bis zur Erreichung von maximalen Gewinner-Positionen anstatt auf einseitige Schnell-Schuss-Lösungen zu setzen.
- Gewinner-Strategien zeichnen sich durch die Benutzung eines bestimmten Problemschemas aus, im Gegensatz zu einem Weg ohne strukturellen Konfliktlösungsprozess, der i. d. R. ins Chaos führt.
- Im Ernstfall kosten Win-Win-Strategien mehr Zeit, auf Dauer bringen sie eine Zeitersparnis, da weniger zeitraubendes Sabotage- und Widerstandsverhalten auftritt. Insgesamt wächst die Kooperationsbereitschaft.
- Es entsteht größere innere Verpflichtung und Motivation zur verbindlichen Ausführung im Gegensatz zu einem Grundgefühl der lästigen Pflicht auf dem Hintergrund einer Niederlage.
- Die Win-Win-Position profitiert von der Kreativität und Erfahrung aller Beteiligten und erhöht die durchschnittliche Qualität der Entscheidungen.
- Sie verbessert die Beziehungen, macht sie offener, vertrauensvoller und wärmer im Gegensatz zu mehr Angst, Misstrauen, Rückzug, Desinteresse und Mobbing.
- Alteingefahrene Beziehungen bekommen eine Chance zum Neuanfang im Gegensatz zur weiteren Festschreibung von fixierten Bildern, die auf Dauer zu Trennungen führen.

Wer konstruktiv streiten will, der muss konfliktfähig sein, d. h., dass man:
- Konfliktphänomene in sich selbst und in seiner Umgebung früh und deutlich wahrnehmen kann.
- versteht, welche Mechanismen zur Intensivierung der Konflikte und zur Verstrickung beitragen.
- in Konfliktprozessen aktiv zu ihrer Verlangsamung beitragen kann.
- vielfältige Methoden anwenden kann, mit denen man sein Anliegen zum Ausdruck bringen kann, ohne die Situation wesentlich zu verschlimmern.
- Wege kennt und Mittel anwendet, die zur Klärung von Standpunkten und Situationen beitragen.
- erkennt, wo die Grenze des eigenen Wissens und Könnens liegen und wo man Hilfe von außen holen kann.

Gesprächsregeln für Konfliktparteien

Oft sind wir in unserer Verstrickung davon überzeugt, dass wir alles dafür getan haben, dass sich eine Konfliktsituation auflösen kann. Nicht selten meinen wir dabei, dass geäußerte Wunsch-Apelle bereits zur Lösung beitragen. Hier ist es hilfreich, folgende Gesprächsregeln zu berücksichtigen:
- *Sachverhalte beschreiben, statt zu bewerten:* Mit Situationsbeschreibungen beginnen, möglichst konkrete Beobachtungen ansprechen, keine Globalaussagen treffen.
- *Gefühle direkt formulieren statt indirekt äußern:* Von den eigenen Gefühlen sprechen, die das Verhalten eines anderen bei mir auslöst. Nicht davon ausgehen, dass dies auf alle Menschen so wirkt, oder dass der andere diese Gefühle beabsichtigt hat. Nicht: »Das kann niemand vertragen, dass man ihm dauernd seine Tasse wegnimmt!« Sondern: »Es ärgert mich, wenn ich meine eigene Tasse nicht habe, wenn ich sie brauche. Das wirkt auf mich unsozial bzw. das macht mich wütend.«
- *Eigene Wünsche offen ansprechen:* Nicht allgemeine Appelle formulieren, sondern genau sagen, was der andere konkret tun oder ändern soll. Beispiel: Nicht: »Es ist unmöglich, wenn man ständig nicht trinken kann.« Sondern: »Ich möchte, dass du, Thomas, künftig nicht mehr meine Tasse benutzt, sondern deine eigene.«

Menschen, die streiten, können oft unterschiedlichen Streittypen zugerechnet werden. Diese zu erkennen, hilft, das Verständnis für die Streitpartner zu erhöhen. Machen Sie sich bewusst, was Sie selbst für ein Streittyp sind und um was für einen Streittyp es sich bei Ihrem Gegenüber handelt:

a) Weicher Verhandlungspartner:
- will keine persönlichen Konflikte,
- sucht Harmonie und friedliche Lösungen,
- macht Zugeständnisse,

- gibt schnell nach,
- klingt im Nachklang von Verhandlungen oft bitter,
- für ihn besteht die Gefahr, ausgenutzt zu werden und sich überfahren zu lassen.

b) Harter Verhandlungspartner:
- ist auf Vorteil bedacht,
- für sie/ihn ist jede Situation ein Kampf,
- Nachgeben wird als Niederlage erlebt,
- konkurriert in jedem Fall,
- will sich durchsetzen und siegen,
- wird am Ende allein dastehen,
- es besteht die Gefahr, dass Beziehungen kaputtgehen.

Vergessen Sie nie das Ziel eines Streits: Gemeinsame Ideen für eine allseits annehmbare Problemlösung zu entwickeln. Dabei sind alle beteiligt – jeder erweist damit den anderen seinen Respekt. Die Verantwortung ist auf alle verteilt, keiner muss alleine für etwas zuständig sein und keiner muss allein alles wissen und lösen.

Aushandeln als Strategie zur Konfliktlösung kann gelernt werden. Diese Fähigkeit braucht man sein Leben lang, zu Hause, in der Kita, in der Schule und auch später im Beruf. Aushandeln kann, richtig angewendet, sehr viel Spaß machen. Aushandeln führt oft zu idealen, kreativen und vielfältigen Lösungen. Gemeinsames Aushandeln zeigt, dass wir aufeinander vertrauen und allen etwas zutrauen. Alle sind fähig zu denken, Ideen und Lösungen zu entwickeln. Die Beschlüsse, die von allen gefasst werden, werden auch eher von allen eingehalten. Durch Aushandeln gewinnt man letztendlich Zeit, da alle Beteiligten motivierter sind, mitzumachen. Widerspenstige müssen nicht wie *schwere Sandsäcke* mitgeschleift werden.

Perspektivenwechsel und Konfliktbewältigung

Streit kann viele Auslöser, Anlässe oder Ursachen haben. Was alle Streitereien gemeinsam haben, ist, dass normalerweise jede Konfliktpartei in der Regel nur eine Seite des Problems sieht. Unter Umständen handelt es sich dabei um eine Sichtweise, die sich den anderen am Streit Beteiligten verschließt. Es kann also davon ausgegangen werden, dass jeder der Streitpartner einen ganz speziellen Blick auf das Problem hat, einen je subjektiven Leidensdruck in Bezug auf den Konflikt empfindet und, damit verbunden, auch eine ganz eigene Vorstellung davon hat, wie der Wunsch nach Veränderung umgesetzt werden könnte. Unter dem Gesichtspunkt der Beteiligung sind die Konfliktpartner als Betroffene natürlich am besten geeignet, besser als die Erzieherinnen (für die Kinder) oder der Träger (für die Erzieherinnen) oder irgendjemand anderes, auch die Richtung für konfliktlösende Schritte anzugeben – nur wissen sie das selbst noch nicht.

Den Konfliktpartnern selbst sollte also eine Schlüsselstellung in Hinblick auf Veränderungsprozesse und auf mögliche Konfliktlösungen zukommen. Erster Schritt der Erzieherinnen kann sein, die Interessen und Anliegen zu erkunden, die hinter den verhärteten Positionen beider Seiten stehen. Diese Interessen beruhen in der Regel oft auf einer kundigen Einsicht in das Geschehen in der Tagesstätte mit all seinen Rollen und Gleichgewichten oder beruhen auf vielfältigen gewachsenen Beziehungsthemen – nur merkt man das den Streithähnen meist nicht gleich an. Wenn beide Seiten die guten Gründe sehen können, die der jeweils andere für sein vielleicht wenig konstruktives und kränkendes Verhalten hatte, dann fällt es ihnen leichter, erste Schritte mit Versöhnung aufeinander zuzugehen, um gemeinsam eine Lösung zu erarbeiten, in der die Anliegen beider Seiten aufgehen. Es geht also zunächst darum, den unterschiedlichen Perspektiven, die die einzelnen Beteiligten im Hinblick auf das Konfliktgeschehen einnehmen, Aufmerksamkeit zu schenken. Dabei ist das Erleben der Betroffenen die zentrale Ausgangslage. Das Erleben schließt die Fülle aller Sinneseindrücke, das Empfinden und die Gefühle mit ein. Es ist der Nährboden der unterschiedlichen Sichtweisen. »Ich habe etwas erlebt«, heißt konkret: »Ich habe zu dem Geschehenen, zu den Vorgängen auf mehreren Ebenen eine Beziehung aufgebaut und diese Beziehungsfacetten haben sich mir eingeprägt.« Das Erleben muss also im Vordergrund stehen, denn wer einen anderen Menschen als hinderlich erlebt, der hat einen Konflikt mit ihm – unabhängig von scheinbar objektiven Fakten.

Wer etwas bewusst erlebt, hat Zugang zu seiner subjektiven Art, den Dingen Bedeutung zu geben. Das Erlebnis verbindet die Qualitäten des Geschehens mit der erlebenden Person. Das ist für jeden Menschen das eigentliche In-der-Welt-Sein: an einem Platz, von dem aus die Umgebung in seiner bestimmten Ordnung erscheint. Wer sich bewegt, erfährt diesen ordnenden und damit Heimat schaffenden Zusammenhang umso überzeugender. Ich bewege mich und die Welt um mich verändert ihr Aussehen in nachvollziehbarer Weise.

Durch Änderung meines Standpunktes erkenne ich die Zusammenhänge meiner Umgebung und erfahre an mir selbst, dass die Welt aus anderen perspektivischen Blickwinkeln anders aussieht. Aus dieser eigenen Erfahrung resultiert auch die soziale Kompetenz, Standortveränderungen bei anderen zu erkennen sowie die Fähigkeit des Perspektivenwechsels für andere Personen vorzunehmen.

Im Konflikt kommt diese Fertigkeit abhanden. Die eigene Bewegung gelangt zum Stillstand, die eigene Position wird verhärtet. Anscheinend untrennbar verknüpfen sich die Personen und ihre Standorte. Die Aufforderung, diese Verknüpfung aufzugeben, weckt unter Umständen massive Ängste vor Selbstaufgabe und Identitätsverlust. Da die Empfindungen im Konflikt intensiv sind, wird das Subjektive ins Extreme gesteigert und eingeengt. Denn das eigene Gefühlsleben beschränkt sich immer stärker auf die Anteile, die sich auf den Konflikt beziehen. Sie werden dadurch in einer fast übernatürlichen Weise heraus vergrößert. Der schmale Ausschnitt steht so dicht vor dem inneren Auge, dass er das gesamte Blickfeld einnimmt. Appelle zu einem weiträumigeren Blick sind fruchtlos. Dies gilt für jede Konfliktpartei und je weiter der Konflikt eskaliert, desto mehr verhärten die Positionen.

Bei hohem Eskalationsniveau und hoher Eskalationsdynamik bzw. bei verhärteter Konfliktsituation muss sehr genau hingeschaut werden. In der Konfliktbearbeitung sind dazu zwei Schritte wichtig: Erstens dem einzelnen beteiligten Kind zu Bewusstsein zu bringen, was sein eigenes Erleben in Bezug auf den Konflikt war und wie sich der Konflikt entwickelt hat. Zweitens beide Kinder oder Kindergruppen dahin zu führen, dass sie zumindest für kurze Zeit erleben können, wie die Welt aus der Perspektive der anderen aussieht.

Die Perspektive eines Betroffenen zu erfragen, bedeutet, ihn zu unterstützen, das eigene Erleben zu betrachten. Über diese Form der Reflexion findet eine Art von Entäußerung statt, die es ermöglicht, gerade so viel Abstand zum Konflikt zu gewinnen, wie für einen genaueren – und den Konflikt lösenden – Blick *Not*wendig ist. Und der andere bekommt gerade so viel Einblick, um sich mit der Position und dem Erleben des anderen vertraut machen zu können.

Den haltenden Rahmen der Unterstützung bilden die Fragen, denen es zu folgen gilt: Was ist geschehen? Wie ist es geschehen? Wie ging es dir dabei? Wie geht es dir jetzt? Wie stehst du zu den anderen und wie wirkt der andere auf dich? Wo gibt es noch Verbindung zwischen euch?

Der Perspektivenwechsel erscheint in der Konfliktbearbeitung als eine Art magischer Moment. Er lässt sich fördern, unterstützen aber nicht erzwingen. Wenn er gelingt, erscheint dem Betroffenen plötzlich alles in einem anderen Licht. Dieses Erleben geschieht oft blitzartig und hat große Kraft. Ohne das Erleben meiner eigenen Seite zu entwerten, sehe und erlebe ich die ebenso authentische andere Seite. Daraus entsteht ein gänzlich neues Gesamtbild. Auch der bisherige Blick auf die Dinge erscheint nun anders. Die Erkenntnis aus dem Perspektivenwechsel bringt die Befreiung aus der zunehmenden Beschränkung und Verzerrung der Wahrnehmung.

Und sie bringt eine Art Weisheit – die Weisheit, beide Sichtweisen zu kennen und zu überwinden. Von jetzt ab kann man auf der Basis beider Perspektiven ganz neue Wege suchen. Lösungen, die so erarbeitet wurden, wurzeln im Erleben beider Parteien und im Perspektivenwechsel. Sie haben für ihre Verwirklichung die gesamte Energie des Erlebens als Schubkraft hinter sich. Insgesamt hängt die Art der Konflikthandhabung in der Kindertageseinrichtung entscheidend davon ab, ob genug Ruhe und Gelassenheit da ist, sich dem Konflikt zu widmen; denn partizipative Problemlösungsvarianten brauchen Aufmerksamkeit.

Konflikte als Chance zur Veränderung

Konflikte weisen auf Probleme in der Kindergruppe hin, die nach Lösungen verlangen und Entscheidungen brauchen. Konflikte verhindern Stagnation im System

Kindertageseinrichtung, regen Interesse an, führen zur Selbsterkenntnis, festigen die Bande eines Gefühls von Gruppenzusammengehörigkeit und sind Anreize für Veränderungen. Am Ende konstruktiver Konflikte finden widerstreitende Haltungen, Positionen, Gegensätze, Gegnerschaften eine gemeinsame Lösung, in der sie sich komplementär ergänzen.

Konflikte können in heißem oder in kaltem Zustand angegangen werden. *Heiße Konfliktsituationen* sind geprägt von: Begeisterung, Aktivität, erhitztes Eintreten für die eigenen Ziele, Wille, die Gegenpartei zu überzeugen, Explosionen, Ausbrüche, Angriff, dem Wunsch nach Begegnung, Übermotivation, Überschreitung von Regeln und Prozeduren, Glaube an die eigene Überlegenheit, Handlung als Bestärkung des eigenen Standpunktes und Ablehnung von Kritik.

Kalte Konfliktsituationen sind geprägt von: äußerlicher Ruhe, innerlicher Angespanntheit, Pessimismus, bremsendem und verhinderndem Verhalten, Implosionen, Rückzug, Pessimismus, Ohnmacht, Ausweichverhalten durch Festlegen von Regeln und Prozeduren, Angst, Selbstvorwürfe, Selbstkritik, dem Gefühl der Handlungsunfähigkeit, wenig Gespür für die Folgen, die für den Gegner entstehen sowie soziale Erosion und Vermeidungszonen.

Weder in der einen noch in der anderen Form können die Konflikte gelöst werden. Zur Lösung werden in der Regel beide Zustandsformen gebraucht und zwar nicht in ihrer ausschließlichen, sondern in ihrer sich verflüssigenden und verbindenden Form.

Hinter Konflikten stehen oft auch Wünsche nach Veränderung, Antriebskräfte, die eine neue Bewegung in Gang setzen wollen. Bewegen sich die Erzieherinnen nicht, bewegen sich die Kinder. Es ist also immer gut, als für das Verhältnis Verantwortliche, die Dynamik und die Gewohnheiten im Blick zu behalten und immer mal wieder neue Impulse einzuspeisen. Machen Sie das aber nicht blind, sondern situationsbezogen und zielgerichtet.

Wenn die Erzieherin mit ihrer Kindergruppe etwas verändern will, muss sie:
- wissen, wen sie vor sich hat.
- wissen, wovon sie ausgeht.
- eine Vorstellung davon haben, wo sie hin will.
- gemeinsam mit allen Kindern der Gruppe an das Neue herangehen.
- Sorge dafür tragen, dass das neue Wissen, das neue Verhalten und das dafür benötigte Können auch eingeübt werden.
- dafür Sorge tragen, dass zwischen den Kindern am rechten Ort zur rechten Zeit die notwendigen Informationen in beide Richtungen fließen, also reger Austausch stattfindet.
- Verantwortung übernehmen für den Fortgang des Veränderungsprozesses.
- sich auf das Neue verpflichten es wirklich einführen und tun.

Wer ein Beziehungsverhältnis steuern und moderieren will, der sollte etwas von den Gesetzmäßigkeiten der zugrunde liegenden Prozesse von Veränderungsanstößen im Gespür haben und als Begleitwissen (um über den momentanen Stand reflektieren zu können) zur Verfügung haben.

Ein typischer Prozessablauf einer internen Struktur- oder Verhaltensänderung weist in der Regel folgende Merkmale auf:

- In der Unsicherheitsphase ist das bisherige Gleichgewicht gestört – nichts ist mehr, wie es war, eingespieltes Verhalten fällt ins Leere, die Kindergruppe oder Teile der Kindergruppe wirken verstört, sie befinden sich in einer Phase der Unsicherheit.
- Nun geht es darum, den Raum zu öffnen für alternative Verhaltensmodelle. Wie könnte darauf reagiert werden? Was wäre ein angemessenes Verhalten darauf?
- Wenn alle möglichen Alternativen durchgespielt sind, kann mit Bedacht die Auswahl eines neuen Verhaltens getroffen werden.
- Dann kommt der viel schwierigere Schritt: Die Ausübung des neuen Verhaltens einführen.
- Nun benötigt die Kindergruppe ein Beweiserlebnis, an dem sie erfahren kann, dass das neue Verhalten angewendet wird.
- Schlussendlich will das neue Verhalten, das mit besonderem Augenmerk bei seiner Einführung verfolgt wurde, in die alltäglichen Abläufe integriert werden oder es muss festgestellt werden, dass es sich nicht bewährt und die Kindergruppe doch lieber auf die Einführung verzichtet.
- Mit Sicherheit, war das nicht das letzte Mal, dass das gruppeninterne Gleichgewicht gestört wird und so können sich die Kinder auf die erneute Unsicherheitsphase schon einmal einstellen.

Das hört sich alles sehr einfach an, gestaltet sich im Alltag aber oft recht mühsam; schon deshalb, weil es sich nicht um Stufen handelt, hinter die man nicht mehr zurückfallen kann.

Mit jedem Kind wird die Möglichkeit einer neuen, kleinen Welt geboren. Lassen Sie sich auf diese eigenen Welten mit ihren eigenen Gesetzmäßigkeiten ein und lassen Sie sich von den Ihnen anvertrauten Kindern zeigen, wie Sie sie auf achtsame Weise ins Leben begleiten können. Es gibt keine vorgefertigten Handlungsmuster und keine Patentrezepte für die Ausübung erzieherischer Verantwortung. Antworten finden sich nur dort, wo Sie sich auf das Leben der Kinder einlassen. Trotzdem gibt es einiges, was Sie tun können, um in Ihrem Kindergartenalltag sicherer zu werden: Sie können sich Gedanken darüber machen, was die Kinder brauchen. Orientierungsbojen setzend, können Sie die kritische Fahrrinnengrenze für Ihren Dampfer Kindergarten in etwa vorausahnen.

8. Hilfreiche Grundhaltungen für gute Konfliktlösungswege

Hilfreiche Einstellungen um angemessene Konfliktlösungswege einzuschlagen, lassen sich wie folgt zusammenfassen:

- Es bedarf einer Grundhaltung, die anerkennt: Änderung ist möglich, jederzeit.
- Am Anfang steht die Anerkennung des Konflikts. Diese Anerkennung ist notwendig.
- Eigene und fremde Gefühle bewusst wahrnehmen und sich gegenseitig als Ich-Botschaft mitteilen.
- Miteinander ins Gespräch kommen, in die Haut des anderen schlüpfen, um seine Perspektive besser verstehen zu lernen, um zu erkennen und zu verstehen, was ist.
- Dann geht es darum, den Konflikt zu versprachlichen und das Konfliktfeld zu definieren: Was ist das Problem? Wie äußert es sich? Wer ist betroffen? Wen geht es wie an? Wo hat es seine Ursache? Was können wir zu seiner Behebung beitragen?
- In der Phase der Zielbenennung geht es darum, gemeinsam Ziele zu formulieren: Welche Ziele verfolgt jeder Einzelne? Was soll verändert werden? Was sind die Wünsche der Einzelnen? Welches Ziel können alle akzeptieren? Was wäre der kleinste Schritt in Richtung Verbesserung? (Beispiele: Katy will lernen mit ihren Freundinnen weniger ungeduldig und abwertend zu sein; Vera will lernen nicht mehr so stur zu sein und auch zu hören, was die anderen Spielpartner sich wünschen; Viktor hört auf, andere zu kommandieren und mehr das Miteinander zu suchen; die Erzieherin will die Kinder künftig besser einbinden, ehe sie eine Entscheidung trifft.)
- Nach Lösungsmöglichkeiten suchen, ohne zu bewerten. Alle dürfen und sollen alle möglichen und unmöglichen Vorschläge machen.
- Vorschläge zur Problemlösung sammeln: Was könnte jeder Einzelne tun, um die Situation zu verändern?
- Abwägen und Bewerten der Lösungsvorschläge.
- Ehrliche Meinungsäußerung ist in diesem Prozess wichtig. Nur so können Kompromisse gesucht und gefunden werden. Welche Folgen hat jede Lösung? Aus welchen Gründen ist der jeweilige Vorschlag durchführbar bzw. nicht durchführbar?
- Sich auf einen Lösungsvorschlag, mit dem alle zufrieden sind, einigen.
- Jeder übernimmt Verantwortung für die Einhaltung der Abmachung.
- Wer erinnert die anderen, wenn die Einhaltung der Vereinbarung vergessen wird?
- Gemeinsam absprechen, was geschieht, wenn einer die Abmachung nicht einhält.
- Testphase vereinbaren. Die Abmachung ist nicht endgültig, es wird eine Probezeit für eine erste Umsetzungsphase vereinbart, um den Lösungsvorschlag, auf den sich alle geeinigt haben, zu erproben und ihn wirklichkeitsnah zu prüfen.
- Es muss ein konkreter Zeitpunkt für die Rücksprache vereinbart werden.
- Es ist die Aufgabe aller in der Testphase zu beobachten, ob die gewählte Vorge-

henswiese im Alltag funktioniert. Erzieherinnen können z. B., wenn die Vereinbarungen eingehalten werden, ein positives Feedback geben.
- Ein Reflexionstermin im Erzählkreis dient dazu, nach der Probezeit, die Situation zu überprüfen. Wie lief es? Sind alle zufrieden? Was muss eventuell angepasst werden?
- Gegebenenfalls sind neue Vereinbarungen zu treffen oder eine Erweiterung der Ziele ist vorzunehmen.

Kein Kind darf im Schatten eines anderen Kindes stehen. Kein Kind kann gedeihen, wenn ihm ein anderes Kind ständig als leuchtendes Beispiel vor Augen geführt wird. Jedes Kind sollte nur an sich selbst und seinem Einsatz gemessen werden. Ständige Vergleiche, wie z. B. »Max kann aber schon viel besser …«, schüren Konflikte. Kinder können eine Menge einstecken, wenn man sie nur ihre Erfahrungen machen lässt. Ein Verlierer muss ja keiner bleiben, wenn er die Möglichkeit bekommt, auch einmal zu gewinnen.

Fördern Sie individuelle Neigungen und Interessen, so helfen Sie dem Selbstwertgefühl der einzelnen Kinder auf die Sprünge und ermuntern das einzelne Kind, seinen eigenen Weg zu suchen. Kleine Kinder sind genau so verschieden wie große. Keines kann sich gute Eigenschaften vom anderen abschauen. Mit Wut im Bauch hat noch niemand gelernt, sich allein anzuziehen oder anständig mit Messer und Gabel zu essen.

Fragen zum reflektierenden Innehalten für Sie selbst könnten z. B. folgende sein:
- Kommen Sie mit einem der Kinder zurzeit besonders gut aus?
- Seit wann ist das schon so?
- Haben Sie eine Idee, warum das so ist?
- Wie gleichen Sie gegenüber anderen Kindern Ihrer Kindergruppe Ihre Begeisterung für das Kind aus, das Ihnen am nächsten steht?
- Kennen Sie das? Wenn Sie sich eingestehen können, dass Sie ein Kind bevorzugen, können Sie sich automatisch in eine bessere Position bringen, um die anderen zu schützen.
- Beschwert sich immer das gleiche Kind, es werde weniger geliebt?
- Haben Sie vielleicht eines der Kinder Ihrer Gruppe zu sehr aus dem Auge verloren, weil Sie sich zu wenig mit ihm beschäftigen?

Vermitteln Sie Kindern in Konfliktsituationen folgende Botschaft: Ich stehe zu dir, auch wenn wir uns im Moment nicht so gut verstehen oder uns nicht so nahestehen. Fairness heißt nicht, allen das Gleiche zu geben. Erzieherinnen, die sich Unterschiede zugestehen können, entdecken eine neue und befreiende Art, fair zu sein.

Kinder brauchen jemanden, der ihnen bei ihren Gefühlsausbrüchen geduldig zuhört, ohne sich dabei zu erschrecken oder ärgerlich zu werden. Manchmal brauchen sie jemanden, der groß und stark ist, mit dem sie kämpfen können, der sie festhält, und ihre Wut aufnehmen kann. Wenn der Sturm vorbei ist, halten die betreuenden Pädagoginnen dann einen erleichterten und entspannten kleinen Menschen in ihrem Arm, der liebevoll und kooperativ ist und keine Spuren eines destruktiven Verhaltens zeigt.

Das feste Halten ist etwas völlig anderes als Strafe. Es besteht keinerlei Absicht das Kind zu verletzen, es zu erniedrigen, zu bedrohen, es sich seiner zu bemächtigen oder ihm gar Liebe zu entziehen. Die Haltung ist voller Respekt, während zugleich das inakzeptable Verhalten des Kindes wahrgenommen und eingegrenzt wird.

Es gibt viele Möglichkeiten, Kindern dabei zu helfen, ihre Gefühle auszudrücken, wenn sie sich zerstörerisch oder in weiterem Sinne inakzeptabel verhalten, beispielsweise ein spielerischer Umgang, der zum Lachen ermutigt.

Wie kann ich objektiv bleiben, wenn die Kinder kämpfen? Wie kann ich Wahrheiten herausfinden, um gerecht handeln zu können? Muss ich das? Schließlich bin ich keine Detektivin. Wie könnte eine Unterstützung von meiner Seite aus dann aussehen?

Grenzenlose Erziehung macht unsicher. Kinder brauchen Grenzen, auch wenn sie dagegen aufbegehren, können sie sehr wohl den Schutzcharakter von Grenzen für sich empfinden und sich durch die Grenzen auch beschützt fühlen.

Um Kindern die Grenzen angemessen vermitteln zu können, sollten Sie sich unbedingt schon vor der Konfrontation überlegen, was Sie in etwa sagen wollen. Vermeiden Sie Verallgemeinerungen und Übertreibungen (d. h. also Worte wie »nie« oder »immer«). Sagen Sie nicht: »Nie machst du mit«, sondern: »Ich würde mir wünschen, dass du dich mehr beteiligst.«

Sprechen Sie von sich und möglichst viel von Ihren Gefühlen. Formulieren Sie sogenannte *Ich-Botschaften* und beschreiben Sie, wie ein bestimmtes Verhalten der Kollegin oder eines Kindes auf Sie wirkt. Machen Sie keine Vorwürfe, sondern äußern Sie konkret Ihre Wünsche. Sprechen Sie eine konkrete Situation an. Dadurch wird Ihr Anliegen leichter verständlich und Ihr Gegenüber kann sich konkret dazu äußern. Wärmen Sie nicht Vergangenes auf. Lassen Sie alle Beteiligten ausreden und zwingen Sie sich, ihnen gut zuzuhören. Vergewissern Sie sich, ob Sie die Kinder oder die Kolleginnen und ihre Aussagen auch wirklich richtig verstanden haben. Fragen Sie ruhig nach, denn häufig ist es so, dass wir dem Gehörten unseren eigenen Sinn und unsere eigene Bedeutung geben. Dies muss aber nicht mit dem übereinstimmen, was das Kind/die Kollegin gesagt hat bzw. ausdrücken wollte.

Mögliche Aggressionsventile

Kinder brauchen auch Ventile für die Spannungsabfuhr. Werden ihnen solche Blitzableiter erlaubt, kann sich manches auf freundliche Weise entladen. Ein wichtiges Ventil für die Kinder ist z. B. das Rollenspiel. Hier wird geschossen, geworfen, angeschrien, aufgefressen, eingesperrt und notfalls auch einmal totgeschlagen. Denken Sie daran: Das, was das Kind da spielt, tut keinem weh, sondern hilft ihm, mit seinen Gefühlen umzugehen zu lernen. Hier kann es sich aus einer erfahrenen Ohnmachtsituation in eine innerlich erlebte und äußerlich gelebte Machtsituation bringen.

Eine große Entlastung ist es für das Kind auch, wenn Sie ihm seine großen Gefühle bestätigen können. »Ja, jetzt hast du aber eine Mordswut auf Nina. Die hat dich ja auch ganz schön geärgert.«

Manchmal erschrecken die Kinder über die eigenen Gefühle, weil sie sich so entgrenzt fühlen. Sie müssen sich bei der erlebten inneren Mächtigkeit erst wieder vergewissern, dass alles in Ordnung ist. Da helfen Sätze wie z. B.: »Aber merkst du, du hast zwar deine Wut auf ihn gerichtet und warst für einen Moment ganz außer dir, aber es ist ihm nichts passiert.«

Kraftausdrücke und Schimpfwörter gegen fremde Erwachsene zu richten kann nicht erlaubt werden, auch gegen die Eltern oder Erzieherinnen sollte das nicht zum Alltag werden, schließlich verwenden sie den Kindern gegenüber dieses Vokabular ja auch nicht.

Warum sollen Kinder aber nicht untereinander auch einmal spielerisch Kraftausdrücke verwenden dürfen?

Manchmal ist verantwortliches Einmischen in den Konflikt aber auch unausweichlich. Wann sollten sich Erzieherinnen bei Streitigkeiten unbedingt einmischen?

- Wenn grobe körperliche und seelische Verletzungen zu entstehen drohen.
- Bei massiver Unterlegenheit eines Streitpartners.
- Beim allzu mächtigen Auskosten eines Sieges.
- Bei Hänseleien, die auf einen körperlichen, sprachlichen oder motorischen Schwachpunkt zielen.
- Wenn sich eines der Kinder beim Streiten selbst gefährdet.
- Wenn es für die Erzieherin selbst wirklich nicht mehr auszuhalten ist.

Auch aktive Steuerungshilfen können bei Streitigkeiten manchmal sehr hilfreich sein. Im Folgenden seien einige benannt:

- Heute darfst du, morgen er/sie …
- Wer hatte zuerst etwas angemeldet?
- Wessen Interesse erscheint einem im Moment besonders schützenswert?
- Kann derjenige, der etwas Bestimmtes in Anspruch nimmt, dem anderen als Ausgleich für diese Zeit ein besonders begehrtes Spielzeug überlassen?
- Wenn es zu Streit kommt, dann wird das *Corpus Delicti* entzogen.
- Appell, dass die Kinder sich selbst einigen sollen und zwar in den nächsten fünf Minuten (Verantwortung für eine Regulierung den Kindern übergeben).

- Regelungen in einer Kinderkonferenz besprechen.
- Auch Grenzen sind Teil einer gelingenden Streitkultur.

9. Beziehungs- und Kommunikationskultur (auch im Team)

Wie sollen Kinder den fairen Umgang miteinander lernen, wenn die Erwachsenen es selbst nicht können? Daher: Wenn Erzieherinnen sich ihrer eigenen Kommunikationskultur im Team bewusst werden, sind sie schon einen Schritt weiter. Konflikte dürfen und sollen vor den Kindern ausgetragen werden – aber mit gemäßigter Wortwahl, guten Argumenten und in normaler Lautstärke. Manchmal kann es sinnvoll sein, das Streitgespräch zu unterbrechen, um dem anwesenden Kind zu erklären, worum es geht (je nach Alter).

Wer den anderen niederbrüllt oder fluchtartig den Raum verlässt, die Türe hinter sich zuknallt, hat nicht nur bei seinen Kolleginnen verloren, sondern auch bei den ihm anvertrauten Kindern. Schwierige Diskussionsthemen, die Kinder verunsichern könnten, verlagern Sie bitte generell auf einen Zeitpunkt, wo diese nicht anwesend sind, z. B. auf Ihre Teamsitzungen oder in Ihre Supervision.

Wenn es um die Beziehungs- und Kommunikationskultur im Kindergarten geht, müssen Erzieherinnen sich klarmachen, dass sie die Leitwölfe sind und das Klima hauptsächlich prägen über die Art, wie sie gemeinsame Atmosphäre und Stimmung schaffen, Beziehung herstellen und Gemeinschaftsräume pflegen sowie wie sie Geborgenheit und Vertrauen als Grundatmosphäre installieren.

Wenn Sie als Erzieherinnen mit der Beziehungs- und Kommunikationskultur nicht zufrieden sind, glauben Sie bitte nicht, die Kinder oder deren Eltern seien daran schuld. Kinder und Eltern fügen sich in das von Ihnen gestaltete Klima der Kindertagesstätte ein.

Im Mittelpunkt der begleitenden Erzieherinnenrolle steht, dass Erzieherinnen den Kindern und den Eltern offen und mit Interesse begegnen. Dass sie mit wacher Aufmerksamkeit wahrnehmen, was sich an Entwicklungen, an Beziehungsmustern, an Spiel – und Auseinandersetzungssequenzen bei den Kindern und zwischen den Kindern ereignet. Dass sie ein offenes Ohr für die Eltern und deren Anliegen haben. Oft können diese als Übersetzer ihrer eigenen Kinder den Erzieherinnen zu wichtigen Informationen verhelfen.

Es ist gut, wenn die Eltern sich in ihren Sorgen und Nöten verstanden wissen und darauf vertrauen können, dass das, was ihnen auffällt auch Eingang in den Kindergartenalltag findet.

Es ist nicht immer wichtig, dass Erzieherinnen gleich eingreifen und handeln oder gleich eine passende Haltung finden. Viel wichtiger ist, dass sie die jeweiligen Situationen für das jeweilige Kind und auch für den gruppenbezogenen Zusammenhang einschätzen und verstehen lernen. Kunst erzieherischer Begleitung ist es nicht zu erklären, sondern aufzugreifen.

Ansonsten gilt, dass es für die innergruppenspezifische Beziehungs- und Kommunikationskultur grundsätzlich besser ist, wenn es den einzelnen Mitgliedern – Erzieherinnen inklusive – gelingt:
- mitzuteilen, anstatt zu predigen,
- anzubieten, anstatt aufzudrängen
- vorzuschlagen, anstatt zu verlangen.

Ein häufig auftretendes Missverständnis, dem wir fast alle einmal unterliegen, ist, dass wir denken, der andere müsste wissen, was wir wollen und wenn er das nicht erfüllt, ist das ein Beweis, dass er gegen uns ist. Um diese und andere Irrtümer aufzuklären, braucht es immer wieder Gespräche.

Kinder brauchen Gespräche

Miteinander reden ist eine der wertvollsten Möglichkeiten, wie Menschen in Beziehung treten können. Ein Gespräch ist immer ein wechselseitiges Reden und Zuhören, bei dem es auch Kindern erlaubt sein muss, zu widersprechen und eine andere Meinung zu vertreten.

Nehmen Sie sich Zeit zu hören, was das einzelne Kind zu sagen hat, und zeigen Sie Interesse an ihm und an dem, was es beschäftigt. Das ist zwar manchmal ganz schön anstrengend, doch nur so kann das Vertrauen jedes Kindes zu sich und anderen wachsen.

Kinder brauchen Rituale

Rituale können die innerspezifische Beziehungs- und Kommunikationskultur im Kindergarten positiv prägen. Rituale bieten gerade in unruhigen Zeiten, die durch hohe Anforderungen an alle und Alltagsstress gekennzeichnet sind, Halt und Stabilität. Rituale schaffen Begegnung und Gemeinsamkeiten, die ansonsten im Alltag untergehen bzw. vernachlässigt werden. Rituale erzeugen ein starkes Wir-Gefühl und bedeuten für Kinder, dass sie sich auf etwas freuen können, das sie auffängt, auch wenn der Tag mal weniger schön war. Sie erzeugen Ordnung und Orientierung, sorgen für Regeln und Grenzen, sie gestalten Formen, in die hinein sich kindliche Lebenskraft ergießen kann.

Worauf kommt es bei Ritualen an? Wichtig ist, dass sie allen Spaß machen und nicht künstlich von den Erzieherinnen geschaffen bzw. mit der Hammermethode eingeführt werden. Ausnahmen mit Abweichungen sollten auch mal erlaubt sein. Wichtig ist, dass die Rituale zu der jeweiligen Kindergruppe und ihrer individuellen Situation passen und sich gut in den Alltag integrieren lassen. Wenn Sie und die Ihnen anvertrauten Kinder merken, dass eine immer wiederkehrende Handlung der ganzen Gruppe (z. B. Kreis- und Singspiele) gut tut, dann wird sie fast automatisch zum Ritual. Auch kleine Gesten und Aufmerksamkeiten können sich zu wertvollen Ritualen entwickeln, die helfen, den Tag zu strukturieren.

Achten Sie darauf, dass Sie wiederum nicht dazu neigen, das Gruppenleben in allzu feste Schemata einzuteilen, die das Miteinander leblos und zwanghaft machen. Denken Sie daran, es muss etwas Spielerisches bleiben.

10. Grenzen und Grenzüberschreitungen

Zu einer gelingenden Streitkultur gehört auch, dass Erzieherinnen einen Rahmen setzen, in dem das Ereignis Kindergarten stattfindet. Hierbei geht es nicht um willkürliche Grenzsetzungen, sondern um Grenzen, die der Kindergruppe bzw. dem Kindergarten gut tun. Wir können nicht alles jeden Tag neu aushandeln, wir brauchen verlässliche Ansatzpunkte. Wir benötigen also Regeln und Grenzen, an denen wir uns orientieren können und die eine gewisse Tagesstruktur, aber auch bestimmte Umgangsformen vorgeben, die für alle Beteiligten Messlatte sein sollten.

Kinder brauchen Grenzen, denn Grenzen geben ihnen Halt. Das Kinderbettchen, der Kinderwagen, die Puppenecke, die Bauecke, der Malraum oder der Toberaum geben Halt und schaffen eine für das Kind überschaubare Umgebung. Spielt ein Kind in einem sehr großen Raum, wird es sich dort ein Eckchen suchen oder bauen, damit es die Übersicht behält.

Grenzen sind für Kinder im positiven Sinne Orientierungshilfen. Der Mensch kommt psychosozial betrachtet als Frühgeburt zur Welt. Kinder können zwar ihre Bedürfnisse äußern, aber sie brauchen schon Eltern und Erzieherinnen, die ihnen Halt und Orientierung geben und überschaubare Räume des Erprobens für sie vorbereiten, sonst sind sie verloren.

In einem Kindergarten arrangieren sich viele Menschen. Sie haben unterschiedliche Interessen und Bedürfnisse und müssen vieles regeln, von Schlaf- und Essenszeiten über den Speiseplan bis hin zu den Pflichtaufgaben, die in einem Kindergartenalltag nun einmal anfallen. Wie auch immer diese Regeln lauten, es ist wichtig, dass sie eingehalten werden. Das gilt für Kinder genauso wie für Erwachsene. Man muss also keine autoritäre Prinzipienreiterin sein, um Grenzen zu setzen. Es geht eigentlich vor allem um die Organisation des Zusammenlebens zwischen mehreren großen und vielen kleinen Menschen.

Kinder lernen so, dass mitmenschliches Leben an gemeinsam vereinbarte Regeln gebunden ist – und diese Regeln bewirken Grenzen, die sie tagtäglich erfahren. Regelgrenzen gelten für alle, für die Erzieherinnen, genauso wie für die Kinder und müssen sich immer wieder neu den Bedürfnissen des Kindergartens anpassen.

Erzieherinnen können durchaus mit dem Anheben ihrer Stimme einer ihnen wichtigen Sache Nachdruck verleihen. Natürlich können Erzieherinnen auch einmal mit der Hand auf den Tisch hauen, wenn sie das Gefühl haben, dass das sein muss, um sich Gehör zu verschaffen – vorausgesetzt, dass sie dabei nicht kopflos agieren. Wenn Emotionen der Erzieherin hochkochen, warum sollen sie keinen gesteuerten Ausdruck finden dürfen? Das Kind merkt dann, woran es ist. Das gibt auch Klarheit. Manchmal hilft auch ein schön klingendes unaufdringliches Glöckchen.

Zu viele Worte bei Grenzübertretungen oder die Pädagogisierung der Fehlhandlung sind wenig hilfreich. Das Vormachen der Erzieherinnen und das Nachmachen der Kinder sind meist hilfreicher. Vergessen Sie nie: Damit Regeln und Grenzen funktionieren, müssen sie ganz oft, häufig über viele Jahre, mindestens über viele Monate hinweg, eingeübt und eingefordert werden, ehe sie als eingeschliffen gelten können.

Welche Vereinbarungen im Kindergarten gelten, dafür gibt es kein pauschales Regelwerk. Jeder Kindergarten, fast jede Kindergruppe, hat ihre eigenen Regeln, und das ist auch gut so. Regeln und Grenzen sollten keinem theoretischen Ideal folgen, sondern im praktischen Alltag bestehen können. Ob Essen, Spielen, angeleitetes Freispiel, Streiten oder Projektarbeit – Sie müssen schon selbst herausfinden, wie Sie Ihr Zusammenleben regeln wollen. Nur, wenn Sie Regeln festlegen, dann sollten Sie auch auf deren Einhaltung bestehen. Und: Wer Regeln aufstellt und Grenzen aufzeigt, muss die selbst gestellten Regeln natürlich auch selbst befolgen. Wenn die Erzieherin (was hoffentlich sehr selten, besser gar nicht vorkommt) im Streit mit wüsten Beschimpfungen um sich wirft, kann sie von den Kindern schlecht einen gepflegteren Umgangston erwarten und einfordern.

Drohen Sie Konsequenzen und Strafen nicht an, sondern klären Sie über die Konsequenzen, die bestimmte Verhaltensweisen der Kinder nach sich ziehen, rechtzeitig auf. Machen Sie deutlich, warum es zu diesen Konsequenzen kommen muss. Kündigen Sie dabei bitte nur solche Konsequenzen an, die Sie dann auch umzusetzen bereit sind. Stellen Sie nur Regeln auf, die Sie auch durchsetzen wollen. Sollten Sie sich im Eifer Ihrer eigenen Empörung einmal nicht an diese grundsätzlichen Regeln gehalten haben, nehmen Sie sich die Freiheit und nehmen Sie die im Eifer des Gefechts ausgesprochenen Drohungen zurück. Kinder spüren sehr genau, ob es uns um das Einhalten von Grenzen oder um das Durchsetzen von Macht geht.

Schauen Sie dem Kind in die Augen, wenn Sie mit ihm sprechen, machen Sie klare und verbindliche Ansagen. Halten Sie die Klärungssituation aus und aufrecht, bis das, was Sie wollen, beim Kind auch angekommen ist und aufgenommen wurde. Denn nicht alles, was Sie sagen, wird automatisch auch gehört, geschweige denn verstanden.

Machen Sie konsequent darauf aufmerksam, wenn Vereinbarungen nicht eingehalten werden. Loben Sie das Kind aber auch, sobald es einer Aufforderung folgt. Freuen Sie sich öffentlich darüber, wenn das Kind von sich aus Verantwortung für eine Sache übernimmt.

Grenzüberschreitungen sind normal und das nicht erst in der Pubertät. Während ihrer Trotz- und Quengelphasen probieren Kinder gern aus, wie weit sie gehen können. Das ist völlig normal und kein Anlass zur Sorge. Sie werden Grenzen immer wieder deutlich machen müssen, erinnern Sie sich nur daran, wie oft kleine Kinder hinfallen, bis sie laufen können. Mindestens genauso oft werden Sie einen Grenzübertritt bemerken, ihn ansprechen und korrigieren müssen. Es ist also unumgänglich, dass Sie die Kinder immer wieder durch Ihren Fingerzeig frustrieren. Beobachten Sie dabei genau, ob es sich um konstruktive und hilfreiche Frustration handelt oder um destruktive Frustration.

Die konstruktive Frustration ist lebenserweiternd, sie setzt Wachstum von innen und außen in Gang. Wachstum sucht schöpferische und aktive Auseinandersetzung mit dem Leben, zielt auf Differenzierung und Integration, betont den Reifungs- und Vertiefungsaspekt. Die erfahrene Grenze wird als Herausforderung erlebt, als Aufgabe, die es zu bewältigen gilt. Hier wird Leben zur Lebensaufgabe und reicht weit über den Entwicklungsraum Kindergarten hinaus.

Die destruktive Frustration, die überfordert, die auf die Brechung der Kräfte und des Willens zielt, die klein machen will und vernichten will, diese Frustration ist lebenszerstörend. Das gebrochene Individuum verzagt an den Herausforderungen des Lebens. Es weckt in uns Erzieherinnen ein tiefes Erschrecken, wenn wir uns bewusst machen, dass wir die Macht haben, ein Kind in eine solch dauerhafte destruktive Frustration zu stürzen. Gut, wenn uns dieses Erschrecken nicht lähmt, sondern die Achtung vor dem kleinen Wesen wachsen lässt und unsere Vorsicht anspornt.

Erzieherinnen können sich noch so bemühen, kein Kind dem anderen vorzuziehen, ihre Liebe so gleichmäßig wie möglich zu verteilen, fair zu sein und keinem Kind Lob und Anerkennung vorzuenthalten; wie das Kind die Situation subjektiv selbst erlebt, kann von dem Glauben der Erzieherin, es gut zu tun, weitgehend abweichen. Empfinden ist und bleibt eine subjektive Sache. Gerechtigkeit findet man nicht unbedingt über den Weg der Gleichbehandlung. Deshalb schulen Sie Ihr Spürbewusstsein!

11. Alltägliche Konflikte

Alltagskonflikte kennt jeder. Meist werden sie als lästig und unnütz empfunden oder auch als Energiefresser gebrandmarkt. Alltagskonflikte haben oft überhaupt keine tiefgründigen Hintergründe. Sie ergeben sich einfach aus der Nähe, die die Gruppenmitglieder miteinander haben. Denn Nähe erzeugt Reibung. Mit dieser Art von Alltagsreibereien müssen Erzieherinnen leben.

Reibereien im Alltag, das ist Kita-Alltag. Wiederholen sich aber bestimmte Alltagskonflikte regelmäßig zwischen denselben Kindern, ohne dass sich eine Befriedung einstellt, kann es sinnvoll sein, einmal genauer hinzuschauen.

Manchmal führen ja auch unsere überfordernden oder sich widersprechenden Vorstellungen von Gemeinschaftsatmosphäre und Zusammensein zu untergründigen Störungen, die sich dann in Alltagskonflikten zeigen.

Alltagskonflikte können aber manchmal auch auf tiefer liegende Konflikte bzw. Störungen hinweisen.

Konflikte laufen dann nach ganz bestimmten Interaktionsmustern ab. So nehmen unter Umständen Gruppenmitglieder im Konfliktgeschehen immer wieder dieselben Positionen ein, wie z. B. die des Anklägers, des Beschwichtigers, des Rationalisierenden oder des Ablenkers. Mit diesem Verhalten zwingen sie die anderen zu voraussagbaren Reaktionen, sodass fest eingefahrene Kommunikationszyklen entstehen. Zudem werden die einmal gefundenen Positionen einfach beibehalten, weil sie oft zum Erfolg führen: So zwingt z. B. der Ankläger andere Menschen zu einem bestimmten Verhalten, indem er sie in Angst versetzt, während der Beschwichtiger dieses durch Hilflosigkeit erreichen mag. In lebendigen und aneinander interessierten Beziehungszusammenhängen werden aber auch solche Rollen immer wieder gewechselt oder in der Kita mithilfe der Erzieherin in Bewegung gebracht.

In jedem Fall ist es nötig, Kinder darauf aufmerksam zu machen, wie sie miteinander umgehen und sie auf Alternativen hinzuweisen. Dabei kommt es auf die richtige Dosis an. Wenn Sie zu viel pädagogisieren, schalten die Kinder auf Durchzug. Lassen Sie ihnen Raum, bieten Sie ihnen aber auch Beziehungsformen an, in die hinein sie ihre Aggressionen lenken lernen können. Helfen Sie ihnen dabei, zu begreifen, dass es in einem Konflikt die Fähigkeit braucht, die eigene Position im richtigen Moment um der Sache willen loslassen zu können und die eigene Rolle preiszugeben. Zunächst gehört Mut dazu, so zu handeln, wer es aber öfter schon erlebt hat, wie dieses Vorgehen weiterführt, der wird es fest als brauchbares Handlungskonzept integrieren wollen, wenn ihm an Lösungen und am Miteinander gelegen ist.

12. Kommunikationen mit Konfliktpotenzial

Um das eigene Konfliktpotenzial möglichst gering zu halten, seien Sie sich folgender Maxime bewusst:

- Gedacht ist noch nicht bewusst gedacht.
- Bewusst gedacht ist noch nicht gesagt.
- Gesagt ist noch nicht gehört.
- Gehört ist noch nicht verstanden.
- Verstanden ist noch nicht einverstanden.
- Einverstanden ist noch nicht durchgeführt.
- Durchgeführt ist noch nicht erfolgreich durchgeführt.
- Einmal erfolgreich durchgeführt ist noch nicht auf Dauer erfolgreich eingeführt.

In vielen Fällen reicht hier bereits das bewusste Wahrnehmen dieser Unterschiede, um zu einer besseren Kommunikation zu finden. Es geht überhaupt mehr um Haltung denn darum, etwas richtig oder falsch zu tun.

Stellen Sie sich nun folgende Alltagskonflikte vor:

- Ein Kind Ihrer Gruppe beschädigt oder beschmutzt mit Absicht Gegenstände, macht sie funktionsuntüchtig oder mindert ihren Wert.
- Ein Kind nimmt einem anderen Kind etwas weg und gibt es nicht mehr her.
- Ein Kind fügt einem anderen Kind absichtlich Schmerzen zu, indem es das Kind schlägt, umwirft, zwickt, stößt, bewirft, ihm ein Bein stellt o. Ä.
- Ein Kind droht einem anderen Kind aus der Gruppe mit Strafe, wenn es dies oder das nicht tut. (»Gib mir sofort den Laster, sonst kriegst du Haue!« »Wehe du sagst das Clara, dann kannst du was erleben!«)
- Ein Kind bringt einem anderen Kind gegenüber Ablehnung und Geringschätzung zum Ausdruck, indem es abrückt, wenn es kommt, sich absichtlich abwendet, ihm nicht antwortet, Ekel und Verachtung in der Mimik zum Ausdruck bringt, sich bei dessen Anwesenheit die Nase zuhält oder andere Kinder dazu ermuntert, dieses Kind auszugrenzen.
- Ein Kind reagiert auf Ihren Wunsch, etwas zu tun, jemandem zu helfen oder eine Aufgabe zu erledigen feindselig, passiv, negativ, reagiert mit Schmollen (»Immer ich!«), mauert und beharrt auf Hilflosigkeit.
- Ein Kind reagiert mit beleidigenden Schimpfwörtern, mit Schimpftiraden oder Verwünschungen mit entsprechender Mimik und Gestik. Es streckt die Zunge heraus, zeigt den Stinkefinger, tippt sich mit dem Finger an die Stirn und verdreht die Augen.

Wie reagieren Sie darauf? Ignorieren Sie das Vorgehen? Mischen Sie sich ein? Schützen Sie die schwächeren Kinder? Was ist Ihr Ziel dabei? Worauf kommt es Ihnen an? Wohin soll der Weg in solchen Situationen führen und wie erreichen Sie das am besten? Nehmen Sie sich Zeit und machen Sie sich bitte ernsthaft Gedanken darüber. Denn nur, wenn Sie für sich eine eindeutige Richtung haben, können sich die Vorgänge, in die Sie eingreifen, auch ordnen.

Was löst das für Gefühle bei Ihnen aus, wenn Sie z. B. folgende Sätze hören und wie reagieren Sie darauf?

- »Das ist gemein!«
- »Lass los, du blöde Kuh!«
- »Das ist meins!«
- »Frau Steiner, der Sven ärgert mich schon wieder!«
- »Herr Müller, der Felix haut mich immer!«
- »Maike hat mich in die Backe gezwickt!«
- »Gar nicht wahr!«
- »Jetzt bin aber ich dran!«
- »Na warte, das zahl ich dir heim!«

- »Kevin lässt mich nicht in Ruhe.«
- »Ich will aber auch keinen Mittagsschlaf machen – wie Milena!«
- »Warum kriegt Mark mehr vom Saft als ich?«
- »Immer darf Kathrin neben ihrer Freundin schlafen und ich nie!«
- »Och menno, bist du doof!«
- »Glotz nicht so doof!«
- »Hau ab, du stinkst!«
- »Jungen sind stark, Mädchen sind Quark! Du darfst bei uns nicht mitspielen.«
- »Jungen wissen, Mädchen sind beschissen!«
- »Petze, Petze ging in' Laden, wollte etwas Petze haben, Petze, Petze gab es nicht, Petze, Petze ärgert sich.«
- »Was kann ich dafür, dass der so blöd ist?«

Haben Sie die nachfolgenden Appelle und Aussagen auch schon einmal verwendet? Was denken Sie, wie solche Sätze von den Kindern aufgenommen werden?
- »Müsst ihr euch denn immer streiten?«
- »Vertragt euch doch endlich!«
- »Warum zankt ihr euch denn jetzt schon wieder?«
- »Anna, kannst du jetzt einfach mal damit aufhören?«
- »Wie oft muss ich euch das eigentlich noch sagen?«
- »Wenn jetzt nicht Schluss ist, fällt der Besuch im Zoo endgültig aus!«
- »Ihr müsst doch nicht immer gleich in die Luft gehen!«
- »Musst du immer gleich losheulen?«
- »Sagt mal, man kann doch über alles reden!«
- »Jetzt lass halt den Timo in Ruhe.«
- »Pack schlägt sich, Pack verträgt sich.«
- »Wenn du jetzt nicht mithilfst beim Aufräumen, kriegst du kein Eis!«
- »Versöhnt euch endlich, sonst erzähle ich das beim Abholen deinem Papa.«
- »Wie ihr euch wieder aufführt!«
- »Wenn ich das noch einmal sehe, dann setzt es was!«
- »Ihr seid ja schrecklicher als heulende Wölfe!«
- »Gebt endlich Ruhe!«
- »Reißt euch zusammen!«
- »Ihr seid schlimmer als Hund und Katze!«

Sie sehen schon, sowohl die beklagenden oder verletzenden Aussagen der Kinder an die Adresse der Erzieherinnen oder an die anderen Kinder, wie auch die Appelle der Erzieherinnen an die Kinder sind nicht lösungsorientiert, sondern schreiben die Situation fest, wie sie ist oder bieten zumindest nichts an, was den Horizont erweitert. Im Alltag werden sie trotzdem ständig eingesetzt und nehmen Einfluss auf das Klima.

Deshalb ist es so wichtig, immer wieder genau hinzuschauen und die alltäglichen Geschehnisse achtsam wahrzunehmen.

Kindern ist es oft genug langweilig. Ist ein anderes Kind in der Nähe, wird mal dieses oder jenes geärgert und am Ende spielt der Verursacher das liebe Kind. Seine Taktik: Die Kinder gegeneinander aufbringen und wenn es zum Konflikt kommt, schnell verschwinden. Wenn die Erzieherinnen dann kommen, schimpfen sie mit jedem, nur nicht mit dem Verursacher, denn der ist längst abgetaucht. Wie reagieren Sie auf solch ein Verhalten?

Was machen Sie, wenn ein Kind in der Nase bohrt, mit den Fingern isst, alles fallen lässt, zwei linke Hände hat, faul ist, unzuverlässig oder unpünktlich scheint?

Kinder reagieren zwar oft mit direkter Aggression, also mit Schlagen, Kratzen, Beißen, Treten, Hauen, Umwerfen, unflätigem Beschimpfen, Kämpfen, Konkurrieren o. Ä. Sie reagieren aber fast genauso oft mit indirekter Aggression, also z. B. mit Lügen, gegenseitigem Ausspielen, gegenseitigem Ausgrenzen, scheinbarem Überhören, passiver Verweigerung etc.

Unterschätzen Sie bitte auch nicht den Anteil an Situationen, in denen die Kinder auch mit Aggressionen, die sie gegen sich selbst richten, reagieren, z. B. sogenannte Unfallkinder, die gegen Türen rennen, die auf die Straße springen, die sich selbst wehtun, Kinder die Nagel kauen, Haare ausreißen oder sich die Haut aufritzen.

Dabei können Aggressionen eine Antwort auf Grenzüberschreitungen von außen oder auf innere Prozesse bzw. Widerstände (z. B. Angst vor dem nächsten Entwicklungsschritt) sein. Aggressionen können durch eigenes Scheitern entstehen oder über Verletzungen und Kränkungen durch andere verursacht werden.

Die realistische Einschätzung der eigenen Fähigkeiten (Selbstkonzept), der eigenen Handlungsmöglichkeiten (Internalität), die empfundene, eigene Abhängigkeit in Bezug auf das Ganze (Externalität) sowie die empfundene Abhängigkeit vom Schicksal (Fatalismus) kann aggressiv machen, wenn der jeweilige Posten als einschränkend erlebt wird. Konfliktbewältigung zu lernen heißt auch starke Gefühle handhaben zu lernen.

Es gibt widerstreitende Gefühle, die sich in einer Person abspielen und nach einem Ventil suchen (intrapersonale Konflikte). Es gibt Konflikte, die sich zwischen Personen abspielen (interpersonale Konflikte): Ob dabei konstruktiv-gewaltfrei gehandelt wird oder gewaltförmige Handlungsweisen eingesetzt werden, hängt entscheidend davon ab, wie Situationen wahrgenommen werden. Wie sie gefühlsmäßig erlebt und kognitiv interpretiert werden; wie das Verhältnis der eigenen Person zur anderen Person erlebt wird und wie die eigenen Handlungs- und Entwicklungsmöglichkeiten gesehen werden.

Das Beste ist also, wenn es Ihnen gelingt, ein unterstützendes und einander tragendes Kindergartenklima zu erzeugen. Wenn doch gewaltförmige Handlungsweisen eingesetzt werden, lassen Sie niemals auf Dauer und unhinterfragt bzw. unkorrigiert

Formen von Gewalt als Instrument der Konfliktlösung zu. Egal, ob es sich dabei um verbale, psychische, körperliche oder strukturelle Gewalt handelt.

Aber bedenken Sie auch: Jedes Kind erlebt seine Gefühle aktiv und kann nicht den nötigen Abstand zu seinen Gefühlen haben wie Erwachsene. Deshalb sehnt sich auch jedes Kind nach Erwachsenen, nach Vorbildern, die ihren geordneten und ungeordneten Gefühlen Beziehung anbieten und ihnen standhalten. Nur so können diese inneren Ambivalenzen kultiviert werden, sich weiterentwickeln und zu konstruktiven Formen finden.

Vom Kind können Erwachsene lernen, wie man für elementare Bedürfnisse einsteht, ihre Befriedigung einfordert, wie man um Zuwendung, Anteilnahme und Interesse ringt, das sich auf einen richtet und wie wichtig es ist, dass das eigene Mitteilungsbedürfnis Gehör findet.

Das Wort *Aggression* kommt vom lateinischen Verb *aggredi,* was so viel bedeutet wie *an etwas herangehen, etwas Neues beginnen* und beinhaltet damit im positiven Sinne also auch den Mut zum Wagnis, den unmittelbaren Drang, in seiner Entwicklung Fortschritte zu machen. Der Mensch ist auf Entwicklung angelegt, um zu werden, was er im Keim schon ist.

Kinder erleben sich einerseits als schwach, ohnmächtig, hilflos, überfordert etc. Sie erleben sich aber auch stark, fordernd und machtvoll. Und sie erleben, dass sie ständig unterschiedlich gewertet und bewertet werden, oftmals für ein und dasselbe Verhalten mit ganz unterschiedlichen Haltungen. Und die Bewertungen sind schmerzhaft, beschämend, verletzend, ganz im Gegensatz zu einem Verhalten, das eine Befindlichkeit deutlich macht.

Jede Bewertung von Gefühlen ist letztendlich ein Schutz der Erwachsenen vor sich selbst. So kann vieles abgetrennt, verschlossen, eingemauert bleiben, was zum eigenen Menschsein dazu gehört. Damit wird aber auch ein Stück Lebendigkeit und Wagnis auf Leben eingefroren.

Wichtig ist, dass sich die Erwachsenen der Auseinandersetzung mit den Kindern stellen. Sprich, dass sie deutlich machen, was sie meinen, was sie wollen und warum sie es wollen.

13. Grundprinzipien des Konfliktmanagements

Die erfolgreiche Bearbeitung eines Konfliktes bedarf als Grundlage: die Konfliktbejahung. Das heißt, es gilt auch, die positiven Aspekte eines Konfliktes anzuerkennen und täglich eine Konfliktkultur zu pflegen. Es sollte davon ausgegangen werden, dass alle Beteiligten eines Konfliktes Mitverursacher sind und dass es nicht darum geht, Schuldige zu finden, sondern jeden in die Verantwortung in Bezug auf den Konflikt zu stellen, die zu ihm gehört. Gut ist, wenn sich ein Konflikt so lösen lässt, dass alle dabei gewinnen.

Menschen treffen vollständigere und deshalb bessere Entscheidungen, wenn sie die Gefühle, die durch Konflikte entstanden sind, bewusst wahrnehmen und in die Entscheidungen integrieren. Deshalb sollten ausgelöste Gefühle in die Konfliktschlichtung einbezogen und – wo möglich – bereinigt werden.

Es ist klug, Konflikte unverzüglich zu bearbeiten, solange sie *noch heiß sind*. Der Umgang im Konflikt sollte von Direktheit und Offenheit gekennzeichnet sein. Die Erzieherinnen sollten der Selbsthilfe so oft wie möglich Vorrangigkeit einräumen. Sollte ihre Fremdhilfe nötig werden, ist es gut, ein Prinzip der abgestuften Maßnahmen zu verfolgen.

Folgendes Beispiel verdeutlicht diesen Sachstand: Sascha und Merlin verstricken sich in der Bauecke in einen handfesten Streit, der soweit eskaliert, dass sich die beiden am Boden wälzen und sogar anfangen sich zu zwicken und zu schlagen. Die Erzieherin war einen Moment im Toberaum und wird durch den lauten Tumult herbeigelockt. Sie sieht die beiden am Boden liegen, die anderen Kinder sind alle an ihren Spielplätzen geblieben und schauen neugierig und betroffen auf das, was da geschieht. Zunächst fordert die Erzieherin die beiden Jungen auf, sie sollen sich voneinander lösen und das körperliche Austragen des Streites einstellen. Doch die Kinder hören nicht auf sie. So greift sie selbst handfest ein, schnappt jeweils einen Arm der Beteiligten und zieht sie auseinander. Sofort geht eine gegenseitige Beschuldigung los: »Der Sascha hat aber angefangen!« – »Nein, der Merlin hat angefangen!« Die Erzieherin spürt, die beiden sind sehr gefangen vom Siegen und Recht haben wollen und keineswegs dazu zu bewegen, sich aufeinander zu zu bewegen. So bittet sie alle Kinder in den Stuhlkreis. Die beiden Raufbolde, die ihren Streit verbal fortsetzen wollen, bittet sie darum zunächst einmal zu schweigen. Sie richtet sich an die anderen Kinder und will wissen, warum sie alle brav auf ihren Stühlen und in ihren Spielecken geblieben sind; ob sie finden, dass das normal ist, dass sich zwei Kinder in der Kita auf diese Weise hauen? Die Kinder wirken etwas betroffen und schauen auf den Boden. Rudi sagt: »Was hätten wir denn tun sollen, wenn wir da dazwischen wären, hätten wir auch nur eine abbekommen.« »Was hättet ihr denn sonst noch für Möglichkeiten gehabt, wenn ihr merkt, ihr könnt das unter euch nicht lösen?«

Da meldet sich Kyralin zu Wort: »Wir hätten dich rufen können!« »Stimmt genau«, sagt die Erzieherin. Thilo antwortet darauf: »Ich war aber wie gelähmt, auf die Idee bin ich gar nicht gekommen.« »Ob wir das das nächste Mal besser hinkriegen? Es ist ja jetzt auf den ersten Blick Gott sei Dank keine schlimme Verletzung entstanden.« Die Kinder nicken stumm. »Hat einer eine Idee, worum es bei dem Streit ging?«, fragt die Erzieherin. »Merlin hat sich einfach ungefragt den Lastwagen von Sascha genommen und der wollte ihn zurückhaben. Aber Merlin hat ihn nicht zurückgegeben, sondern gesagt: ›Hol' ihn dir doch‹«, berichtet Gregor. »Aha«, stellt die Erzieherin fest und wendet sich an die beiden Beteiligten: »Stimmt das, ihr beiden?« Die beiden nicken mit dem Kopf »Hätte es da keinen anderen Weg gegeben?« »Der

Merlin nimmt mir aber immer, …« »Stopp«, ruft die Erzieherin. »Im Moment will ich nicht schon wieder Vorwürfe hören. Was meint ihr anderen?« »Was hätten die beiden tun können?« »Sich z. B. abwechseln, sich absprechen wer, wann, wie lange den Laster bekommt.« »Geht das wirklich, wenn man so ein Grundsatzthema miteinander hat, dass einer der beiden immer haben will, wonach ihm ist, egal wie der andere darüber denkt?« »Nein«, sagt Ruth, die Sascha besonders mag, »ich glaube, die zwei müssten erst mal darüber reden, ob sie überhaupt noch Freunde sein wollen, Wenn ich Sascha wäre, hätte ich überhaupt keine Lust mehr dazu. Sascha, du kannst ruhig mit uns spielen!« Die Erzieherin greift das auf und spricht Merlin direkt an: »Merlin, kannst du verstehen, warum Ruth so harte Worte spricht?« Merlin nickt mit dem Kopf und ergänzt, »Ich weiß auch nicht, warum ich das immer mache. Tut mir echt leid. Sascha, magst du es nochmal mit mir probieren?« Sascha nickt mit dem Kopf und verlangt: »Aber nur, wenn du das in Zukunft lässt!«

Die Erzieherin bedankt sich bei den Kindern für ihre Hilfe und sie gehen alle wieder ihren Spielen nach.

Grundsätzlich sind Aushandlungen eher erfolgreich, wenn die Streitparteien ihre Beziehung nach dem Streit fortsetzen müssen oder wollen, als wenn sie danach keine Beziehung mehr zueinander haben. Ersteres ist im Kindergarten in der Regel eindeutig der Fall.

Erzieherinnen können die Kinder mit einem schwelenden Konflikt konfrontieren oder sie können einen wahrgenommenen Konflikt umgehen. Sie können im Hinblick auf den Konflikt dafür sorgen, dass alle miteinander kooperieren und an der Lösungsentwicklung partizipieren. Sie können einen Konflikt zu einem für alle gangbaren Kompromiss führen.

Wer einen Konflikt bearbeiten will, muss ihn beschreiben und benennen. Die Konfliktpartner müssen sich mögliche Lösungen überlegen und irgendwann eine Wertung der erarbeiteten Lösungsvorschläge vornehmen. Nicht zuletzt müssen sie sich auf eine für alle Seiten optimale Lösung verständigen und gemeinsam dazu beitragen, dass die gewählte Lösung auch in die Realität findet. Schön, wenn die Beteiligten die gemeinsame Anstrengung anerkennen und sich am gemeinsamen Erfolg erfreuen können.

Bestrafungen gehen oft über den Konflikt hinweg, bügeln ihn nieder und erzeugen Sekundärkonflikte. Meist hält die Wirkung von Bestrafungen nur so lange an, wie die Kontrolle da ist. Kinder sind bereit, ihr Verhalten zu verändern – auch ohne Bestrafungen –, wenn sie erleben, dass das Verhalten der Erzieherinnen ihnen gegenüber fair und respektvoll ist.

Verbote, die nicht nachvollziehbar sind, erzeugen Widerstand. Kinder brauchen von uns Erwachsenen Informationen und vernünftige Begründungen, um selbst ihr Verhalten überprüfen zu können.

Eine grundsätzlich strafende und bestimmende Haltung der Erzieherinnen führt oft dazu, dass Kinder anfangen zu lügen, um sich Strafen zu ersparen, oder dass sie nichts mehr erzählen, um nicht verurteilt zu werden. Der vertrauensvolle Kontakt zwischen Erzieherin und Kind ist dann gestört. Es lohnt also durchaus, sich Gedanken über Strategien der Konfliktbehandlung zu machen.

Alltagsverlorene Konfliktbehandlung und Alternativen

- Sie üben Druck auf Ihr Kind aus.
  Alternativ: Sie versuchen stattdessen zu überzeugen.
- Sie greifen eines der Ihnen anvertrauten Kinder persönlich an.
  Alternativ: Sie stellen stattdessen das Problem, das Sie mit dem Kind haben, in den Mittelpunkt.
- Sie versuchen selbst zu gewinnen und sich durchzusetzen.
  Alternativ: Sie suchen einen gemeinsamen Weg zur Lösung des Problems.
- Sie legen sich bei Ihrer Meinungs- oder Urteilsbildung zu früh fest.
  Alternativ: Sie bleiben für Argumente, die Sie überzeugen, auch weiterhin offen.
  Sie sind auf bestimmte Positionen festgelegt.
  Alternativ: Sie bekunden stattdessen auch für andere Sichtweisen Interesse.
- Es gibt für Sie nur ein entweder – oder, die Möglichkeiten sind dadurch begrenzt.
  Alternativ: Sie nutzen für sich und die Kinder eine breite Palette an Möglichkeiten.
  Sie versuchen den Willen des Kindes zu brechen.
  Alternativ: Sie versuchen das Kind stattdessen mit Sachargumenten zu überzeugen.
- Sie setzen das Kind unter Druck (z. B. Zeitdruck) und lassen ihm keine Rückzugsmöglichkeiten.
  Alternativ: Sie gewähren stattdessen Momente der Nachdenklichkeit und der Besinnung.

Oft präsentieren sich die Kinder leidend oder auch mit starkem Appellcharakter und bauen so unausgesprochen Druck bezüglich ihrer Erzieherin auf.

Prüfen Sie die nachfolgenden Aussagen nicht allzu streng daraufhin, ob die Aussagen wirklich dem Alter der Kinder entsprechen. Richten Sie Ihr Augenmerk auf die untergründig mittransportierten Botschaften, die eine bestimmte Antwort der Erzieherin nahelegen. Durchbrechen Sie immer wieder solche Automatismen.

Was können Sie tun, wenn …

… die Kinder Ihrer Gruppe alles verallgemeinern?
(Tim ärgert seinen Freund Roko ununterbrochen. Keiner scheint es zu bemerken.)

Roko: »Niemand interessiert sich dafür, wie ich mich fühle!«
Erzieherin: »Sag uns, wer von uns sich mehr um dich kümmern soll.«
Roko: »Tim macht mich immer ganz verrückt!«
Erzieherin: »Sag uns ein Beispiel, wie er das schafft. Was macht er da? Wir wollen das gern besser verstehen lernen.«

... die Kinder Ihrer Gruppe andere Kinder beschuldigen und in Du-Botschaften kommunizieren
(Der zwei Jahre ältere Said nimmt seiner Freundin Ronja die Haarbürste weg und hält sie hoch in die Luft – zur Strafe, weil sie ihn ihre Limo nicht hat austrinken lassen.)
Ronja: »Du hast mich schon wieder geärgert, du bist immer so gemein zu mir!«
Erzieherin: »Sag uns, wie er das fertigbringt und was er in Zukunft anders machen soll.«

... die Kinder Ihrer Gruppe so fragen, dass die Antwort, die sie für richtig halten, schon als Aussage in der Frage enthalten ist?
(Pascal fängt an zu essen, obwohl noch gar nicht alle am Tisch sitzen. Sina ärgert das.)
Sina: »Ist das nicht asozial, damit zu beginnen, ehe alle da sind?«
Erzieherin: »Wie fühlst du dich denn aufgrund seines Verhaltens?«
Erzieherin nachfassend: »Du meinst also, dass das nicht recht ist, was er getan hat?«
Erzieherin weiter nachfragend: »Wie hättest du dir denn sein Verhalten gewünscht?«

... die Kinder Ihrer Gruppe sich selbst bemitleiden?
(Diana und Emma spielen *Mensch ärgere dich nicht*. Die kleine Nina würde gern mitspielen.)
Nina: »Immer werde ich ausgeschlossen, das kränkt mich.«
Erzieherin: »Du hast die Hoffnung schon ganz aufgegeben, dass es auch einmal anders sein könnte? Wie kommt es denn dazu? Was tun die anderen dazu und was tust du dazu, dass es so ist? Wann genau ist die Situation jetzt eben wieder entstanden, dass du dich so fühlst und durch was?«

... die Kinder Ihrer Gruppe sich auf andere beziehen und deren Autorität zu Hilfe holen?
(Maike wirft Ralf vor, dass er immer anfängt mit Streiten und unterstreicht, um Recht zu behalten: »Wilfried und Martin sagen das auch.«)
Maike: »Wilfried und Martin denken genauso!«
Erzieherin: »Sei so lieb und sprich für dich, die anderen können für sich selbst reden!«

... die Kinder Ihrer Gruppe für andere sprechen?
(Silja, die ältere Freundin, springt für ihren Freund Finn in die Bresche und übersetzt ihn, weil die anderen nicht gleich auf ihn reagieren.)

Silja: »Ich glaube, was Finn euch sagen will, ist Folgendes …«
Erzieherin: »Schön, dass du Finn unterstützen möchtest, aber glaubst du nicht auch, dass er für sich selber sprechen kann?«

… die Kinder Ihrer Gruppe ein anderes Gruppenmitglied unterbrechen?
(Frauke unterbricht Lina, während diese ein für sie wichtiges Erlebnis aus der Schule erzählt.)
Es ist gut, wenn Erzieherinnen in dieser Situation dem unterbrechenden Kind nicht zu viel Aufmerksamkeit schenken.
Erzieherin: »Du Frauke, im Moment ist Lina dran, ja? Nachher will ich gerne deine Meinung dazu hören.«

… die Kinder Ihrer Gruppe sich zurückziehen?
(Sarah sitzt stillschweigend und teilnahmslos da und zieht sich mehr und mehr zurück.)
Erzieherin: »Sarah, es wäre schön, wenn du auch sagen könntest, wie es dir mit der Situation jetzt geht. Ich habe den Eindruck, dass du mit deiner Position nicht so richtig gesehen und berücksichtig wirst, kann das sein?«

Erzieherinnen sollten darauf achten, welche Gruppenpositionen sie durch ihr Verhalten im Konfliktfalle stärken und welche sie schwächen, ob das dem Gesamtzusammenhang der Kindergruppe dient und ob es für das einzelne Kind gut oder schlecht ist. Auch ist es wichtig zu sehen, welche Leistungen ein Kind erbringen muss, um eine bestimmte Lösung zu realisieren.

Spiegeln Sie Anerkennung, wenn Sie wissen, wie herausfordernd eine Lösung für eines der Kinder ist. Überlassen Sie den Kindern nicht die grundsätzliche Deutungshoheit über Konflikte, sondern nehmen Sie Einfluss darauf, wenn Sie die Rechte eines der Kinder nicht gewahrt sehen oder die Gesamtbalance gefährdet ist. Achten Sie darauf, dass keines der Kinder einen Gesichtsverlust erleiden muss. Wenn eine Situation von einem Kind doch so empfunden wird, sprechen Sie es an und zeigen Sie Ihre Wertschätzung.

Umgang mit Rollenkonflikten

Konflikte in Kindertageseinrichtungen sind oft vielschichtig. Überall treten unzählige Faktoren in beinahe unübersehbaren Verflechtungen auf. Es ist Aufgabe der Erzieherinnen an über längere Zeit fixierten Wahrnehmungen, Haltungen, Absichten und Verhaltensweisen der Konfliktparteien zu arbeiten bzw. zur Arbeit an diesen Problemen aufzurufen. Gefestigte Rollen und Beziehungen müssen wieder aufgelockert und ggf. die Kindergruppenkultur umgestaltet werden.

Erzieherinnen werden bis zum Äußersten gefordert, um die gruppeninternen

Ereignisse in all ihrer Komplexität zu überblicken und zu durchschauen. Sie sind jederzeit der Gefahr ausgesetzt, durch Geschehnisse mitgerissen zu werden und dabei den Boden unter den Füßen zu verlieren. In Konflikten wird ihre ganze Person angesprochen, ihr ganzes Fühlen, Denken und Wollen wird ständigen Versuchen, sie zu unterlaufen, ausgesetzt. Dies führt zu einem Handeln, das nicht mehr von ihrem eigenen Ich getragen wird. Weil sie sich selbst verlieren, verlieren sie den Halt und können keinen Halt mehr geben. Anstatt selbst zu handeln, werden sie gedrängt und geschoben. Sie werden als betroffene Erzieherin mit all ihren widersprüchlichen Licht- und Schattenseiten konfrontiert. Sie müssen sich den ungeläuterten Seiten ihrer Persönlichkeit oder ihrer Gruppensituation stellen.

Konflikte führen Erzieherinnen immer wieder in persönliche Grenzsituationen, in denen alles davon abhängt, wie sie sich zu sich selbst stellen – und in welchem Menschen- und Weltbild sie sich verankert wissen.

Konflikte sind an sich nichts Schlechtes und gehören zum menschlichen Alltag. Angesichts ihres gewaltigen Eskalationspotenziales und der damit verbundenen Folgen für die betroffenen Menschen wird aber deutlich, dass der Prävention, dem vorausschauenden Handeln also, ein hoher Stellenwert zukommt. Kindertageseinrichtungen tun deshalb gut daran, ihre Konfliktkultur immer wieder kritisch zu hinterfragen, zu überdenken und, wenn nötig, zu modifizieren. Ein externer Berater, z. B. der Mitarbeiter einer Erziehungsberatungsstelle, kann bei diesem Prozess unterstützen. Nicht die Kindertageseinrichtung ist gescheitert, die eine solche Hilfe in Erwägung zieht, sondern die, die denkt, sie muss alles allein schaffen, obwohl sie sich verrannt hat.

Anlässe für Konflikte

Oft sind es Nichtigkeiten, die Anlass für einen Streit geben. Hinter diesen Nichtigkeiten verbergen sich aber oftmals Vorgeschichten, die nicht immer mit der Situation zu tun haben müssen. Um zu verdeutlichen, was damit gemeint ist, hier einige Beispiele:

- Seit Tagen geht es zwischen Jan und Judith darum, dass Jan in Ruhe gelassen werden will und Judith ihn immer wieder gegen seinen Willen aufsucht. Nun sitzen Jan (fünf Jahre) und Judith (vier Jahre) beim Mittagstisch und warten auf das Essen. Judith rutscht mit ihrem Ellbogen aus Versehen auf Jans Seite, dieser rastet wie von der Tarantel gestochen aus, pufft sie mit dem Ellbogen brutal in die Seite und brüllt: »Bleib gefälligst auf deiner Seite, das ist mein Platz.«
- Pierre kommt gereizt von der Schule in die Kindertageseinrichtung, er hat mal wieder eine schlechte Note zurückbekommen, außerdem wurde er in Englisch abgefragt und es lief nicht so gut. Ivette ist beschwingt und gut gelaunt von der Schule eingetroffen. Es geht ihr gut, sie hat nette Freundinnen und genießt den Schulalltag. Am Mittagstisch schöpft sich nun Ivette vor Pierre von der leckeren Lasagne auf ihren Teller. Pierre brüllt: »Musst du dich denn immer vordrängen!?«

- Paul (acht Jahre) spielt nach den gemachten Hausaufgaben den ganzen Nachmittag mit Niklas und Nico. Die sechsjährige Marleen findet es spannend, den großen Jungen beim Spielen zuzuschauen, und ist neugierig. Immer wieder nimmt sie Anläufe, um mitspielen zu können. Doch die Jungs weisen sie zurück. Paul verliert irgendwann die Geduld, weil sie überhaupt nicht aufhören will, und fährt sie recht heftig an, sie solle endlich dorthin gehen, wo der Pfeffer wächst und sie in Ruhe lassen. Die Drei wollen offensichtlich mit der Kleinen an diesem Nachmittag nichts zu tun haben. In der Abschlussrunde verteilt die Erzieherin an jeden eine kleine Süßigkeit, die Tims Mutter mitgebracht hat. Paul nimmt sich heimlich zwei. Marleen sieht das, und obwohl sie den Paul eigentlich sehr bewundert und ihn vor allem und jedem in Schutz nimmt, ruft sie: »Du sollst nicht zwei Süßigkeiten nehmen, das weißt du doch!« Sie will ihm was heimzahlen. Ihr Hinweis führt tatsächlich für Paul zu großem Ärger mit der Erzieherin.

Konfliktlandschaften

Verschiedene Streitereien in Kindergruppen stellen nicht selten das Schlachtfeld eines Beziehungsstreites dar. Wenn wir die Konfliktlandschaften ausmalen und vertiefen, werden wir des Öfteren entdecken, dass sich hinter bestimmten Streitthemen und Konfliktmustern Kernfragen verbergen, die entdeckt werden wollen. Das Streitthema ist demnach nur ein Symptom. Die Erzieherin versucht also den Konflikt durch Arbeit am Symptom zu beseitigen, anstatt danach zu graben, was sich dahinter verbirgt. Ist der Konflikt im Hintergrund nicht zu erhellen, dauert es meist nicht lange, bis dann derselbe Konflikt unter einem anderen Namen (Symptom) wieder auftaucht.

Der wirkliche Konflikt wird meist erst im Laufe der Zeit sichtbar. Nicht selten ist sein Inhalt als Konfliktstoff tabuisiert. Dort genau aber gilt es hinzuschauen, wenn man den Konflikt dauerhaft lösen will. Wichtig bleibt dabei trotzdem, dass auch die Ebene des Symptomkonfliktes einer Lösung zugeführt wird und man das über die Aufnahme des Kernproblems nicht vergisst.

Die Anlässe, Auslöser und Ursachen, die zu Streitigkeiten führen, können dementsprechend ganz verschieden sein und finden auf ganz unterschiedlichen Ebenen statt. Einige dieser denkbaren Streitebenen möchten wir an dieser Stelle darlegen, um deutlich zu machen, dass es sich lohnt, das Streiten im Kindergarten zu kultivieren. Denn in jedem Streit liegt Entwicklungspotenzial, das geweckt und erlöst werden möchte. Wer streitet, ist nicht einfach nur böse oder egozentrisch, sondern verfolgt ein für ihn wichtiges Ziel. Kinder wiederholen bestimmte Streitabläufe und Streitthemen nicht selten so oft, bis die Erzieherinnen im Laufe der Zeit begreifen lernen, worum es in diesen Streitsituationen tatsächlich geht.

Eine erste mögliche Streitebene wäre beispielsweise damit zu beschreiben, dass die Kinder aufgrund ihres Alters ihre Handlungen noch nicht richtig steuern können oder die Wirkung ihres Verhaltens auf andere nicht richtig einschätzen können.

Die Älteren machen schon ausgefeiltere Spiele als die Jüngeren und so tapsen die Kleinen dazwischen, stören und machen kaputt, wo sie doch einfach nur mitspielen wollen. Kleine Kinder sind oft noch nicht in der Lage, ihre Konflikte allein zu lösen. Besonders in der Phase, in der das jüngste Kind noch sehr wenig verstehen kann und durch die Spiel-Arrangements der größeren Kinder krabbelt, nach allem grabscht oder auch etwas kaputt macht, ist das größere Kind in einer Ohnmachtsposition. Hier brauchen die Älteren die Unterstützung durch die Erzieherin, weil sie mit der Situation maßlos überfordert sind. Hier müssen Erzieherinnen Brücken bauen, gemeinsame Spiele anregen, dem Größeren Verständnis entgegenbringen und dem Kleineren Grenzen setzen.

Daneben kommt es zu Streitigkeiten, weil Kinder die Grenzen und Möglichkeiten einer Beziehung herausfinden wollen, verbunden z. B. mit der Frage, wie weit kann oder darf ich gehen und wo ist die Grenze. Simon ärgert z. B. Sarah so lange, bis sie überkocht. Er treibt sie regelrecht zur Weißglut. Obwohl er deshalb eine ganz schöne Abreibung bekommt, genießt er den ganzen Spaß. Er hat sich beim Ärgern von Sarah ganz schön mächtig erlebt.

Kinder wollen sich nicht nur, aber auch, machtvoll erleben, sich in den Beziehungen zu den anderen Kindern oder auch zu den Erzieherinnen mindestens ab und zu behaupten und durchsetzen. Das ist oft nur schwer auszuhalten. Erzieherinnen haben häufig haben Angst davor, das Ganze könnte eskalieren – was ja prinzipiell durchaus auch geschehen kann. Sie sorgen sich, sie könnten die Kontrolle über ihre Gruppe verlieren. Aber selbst wenn eine Situation einmal entgleitet, woher rührt dieses eigene Misstrauen, als Erzieherin nicht mehr in die rollengemäße Verantwortung zu finden? Die Verhältnisse sind doch eigentlich klar und im Zweifelsfall können Erzieherinnen jederzeit ordnend eingreifen. Wahrscheinlich leiden Erzieherinnen auch unter der Lieblosigkeit, die sie in solchen Momenten unter den Kindern erleben, und ihre ganze schöne Vorstellung von Harmonie und gegenseitigem Verständnis bröckelt. Denken Erzieherinnen vielleicht auch, dass sie sich schuldig machen oder ihre Aufgabe als Erzieherinnen schlecht wahrnehmen, wenn die ihnen anvertrauten Kinder ständig oder oft streiten?

Vergessen Sie nicht, auch gut gemeintes, konfliktvermeidendes Verhalten kann Streit verursachen. Wenn Sie vor lauter Angst jeden entstehenden Konflikt bereinigen oder unter den Teppich kehren wollen, nehmen Sie den Kindern die Chance, ihre eigenen Konflikte miteinander zu lösen.

Auf einer weiteren Konfliktebene suchen Kinder, die sich zu nah sind und sich in ihrer Unterschiedlichkeit nicht mehr eindeutig wahrnehmen können, Abgrenzung und Distanz, indem sie einen Streit miteinander anzetteln. Im Streit entlädt es sich auch, wenn sie zu wenig Platz haben oder sich aus Angstgefühlen nicht trauen, den Spielpartner zu wechseln. Obwohl sie mit dem vielleicht eine Sache, die ihnen Spaß macht, viel besser verfolgen könnten.

Es kann aber auch zu Streitigkeiten kommen, die sich aus Eifersucht in Bezug auf die Erzieherinnen ergeben. Jedes Kind will sich gegenüber den Erzieherinnen in Abgrenzung zu den anderen Kindern positionieren. Natürlich bleibt da ein Buhlen um die Zuwendung der Erzieherinnen nicht aus.

Des Weiteren müssen sich alle Kinder, aber auch Erzieherinnen immer wieder eigenen Entwicklungsherausforderungen stellen, die nicht selten auch in Entwicklungskrisen führen können. Die damit verbundenen Stimmungen wie Angst zu scheitern, Ungeduld mit sich selbst, Selbstzweifel oder aber auch euphorische Sprünge in Großartigkeit, wenn mal wieder etwas gut geklappt hat, werden dabei selbstverständlich in die Beziehungen des Kindergartens hineingetragen.

Natürlich bringt auch die Erzieherin manchmal schlechte Stimmung mit, die sich in der Kindergruppe entlädt. Das kann z. B. passieren, wenn eigentlich schon länger im Hinblick auf die eigenen Entwicklungsmöglichkeiten im Betrieb ein klärendes Gespräch mit dem Chef ansteht und sie es wieder einmal nicht geschafft hat, den richtigen Moment abzupassen oder wenn gerade ein Konflikt mit dem Träger bezüglich inhaltlicher Fragen schwelt.

Immer wieder kommt es in der Dynamik von Beziehungen auch zu eingespielten Verhaltensverhärtungen, meist bedingt durch unflexible oder einseitige Rollenzuschreibungen, die ein ungutes Gleichgewicht begünstigen. So wird es von den Kindern als furchtbar ungerecht empfunden, wenn Erzieherinnen sich immer auf die Seite des Schwächeren stellen oder immer dasselbe Kind Vorbild für die anderen sein soll.

Einer der schwierigsten Streitebenen ist die, in deren verborgenen Untergrund Kinder im Auftrag der Erzieherinnen agieren oder mit einer Erzieherin ein besonderes Bündnis eingehen oder Gegenbündnisse kreieren. Da diese Konfliktherde für alle Beteiligten am wenigsten zugänglich sind, liegt in der Lösung dieser Konflikte die größte Herausforderung.

Selbstverständlich gibt es auch jede Menge Störfeuer, das Kinder wie auch Erzieherinnen von außen aus ihren Familien mit in die Kindergruppe hineintragen.

Wie Erzieherinnen in der Kindergruppe Macht demonstrieren und auch Macht ausüben, spielt eine entscheidende Rolle in der Art und Weise, wie Konflikte ausgetragen werden. Wenn wir Konflikte unterdrücken oder Streitende bestrafen, dann geht das Spiel hinter unserem Rücken weiter. Streit muss ausgetragen werden, sonst kann er nicht zu einem Ende finden.

D Fallbeispiele: Konfliktfelder in Kindertageseinrichtungen

Individualismus ist für uns die Lebensform, die das Eingefügtsein der einzelnen Menschen in das Kollektive lockert und den scheinbar unvordenklichen Absolutismus des Gemeinwesens infrage stellt, in dem sie jedem Menschenwesen eine gewisse Souveränität zuspricht. Erkenne ich Individualismus als Haltung an, schließt das besitzergreifende Überformung aus und fordert von mir ein ständiges Wachsein in Bezug auf mein Gegenüber und ein Aushandeln mit demselben, der auch *wer* ist.

Es steht Pädagoginnen und verantwortlichen Begleitpersonen deshalb gut, sich in Verwunderung in dem Sinne zu üben, dass sie sich selbst in ihrer Form und Fassung als Person überschreiten lassen, in dem sie sich für das *andere* des Kindes öffnen und sich vom Erstaunen ergreifen lassen, was natürlich initiierte Bewegung im Eigenen einschließt. Einfacher ausgedrückt: Begegnung bewegt auch die Pädagogin in ihrem Eigensein und führt zu persönlichen Veränderungen.

Dass eine Gemeinschaft oder Gruppe sich auch Bedrohungs- und Angstthemen aus sich selbst heraus erschafft, um aus der gefühlten Bedrohung eine Art Selbsterhaltungsstress zu erwecken, der einen Prozess der Identitätsbildung als Gemeinschaft anstößt, ist selbstverständlich. Sicher ist jedem, der prozessual mit Gruppen arbeitet, auch vertraut, dass sich dadurch Konflikte ins Innere hinein bilden und sich Veränderungs- und Beharrungskräfte gegeneinander aufstellen. Für diese stehen dann einzelne Kinder oder Erzieherinnen mit ihrer Person, um die Gemeinschaftsidentität auszudifferenzieren.

Eine Kindergruppe ist im Grunde ein sozialer Großkörper, der hinter dem scheinbar stabilen Ganzen auf vielerlei individuellen Kraftfeldern beruht. Genauer gesagt, auf selbststressierenden, permanent nach vorne stürzenden Sorgen-Systemen, die letztendlich doch im Ganzen kooperieren möchten (Peter Sloterdijk, *Stress und Freiheit,* 2011). Wir verlieren unser Gleichgewicht, fallen aus der Gruppe, werden verstört und setzen nun unsere Kräfte ein, um wieder zu uns selbst zu finden oder um wieder in das Gefühl zu kommen, zur Gruppe zu gehören.

Die Kraftfelder brauchen neben den eindeutigen Bemühungen um den Erhalt des Gleichgewichts immer auch einen Unruhe-Tonus, damit sich die Gruppe fortschreitend immer wieder neu (er-)finden kann. Auf diesem Hintergrund entstehen dann auch situationsbedingte Konflikte, Interventionen oder Projekte.

Die nach innen sich entfaltenden Stresskräfte wirken dem Zerfall des scheinbar unversammelbaren Kollektivs in ein Patchwork aus introvertierten Kleingruppen und sich vom Kollektiv abwendenden Kleinsozialsysteme entgegen. Ein gesundes Kollektiv regt sich auf und indem es sich aufregt, beweist es, was es beweisen soll, nämlich, dass es unter Stress in sein Optimum kommt. Konflikte tragen also dazu bei, dass sich Menschen wieder mehr aufeinander beziehen müssen, um sich als Gruppe neu zu finden.

Wir suchen die Begegnung mit anderen Menschen und vor allem die Liebe als die stärkste Kraft. Das empfundene Glück, das sich einstellt als Erlebnis der Begegnung mit einem uns nahestehenden Kind, lässt viele Schwierigkeiten vergessen und überwinden.

Kinder lernen von Beginn ihres Lebens an, ihr eigenes Verhalten mit dem der geliebten Mitmenschen abzustimmen. Manche Menschen entwickeln in dieser Abstimmungsfähigkeit eine gewisse Meisterschaft. Sie sind entsprechend sehr gute *Konfliktlöser.* Sie finden schnell heraus, was die anderen möchten und wie sie sich selbst dazu verhalten könnten. Sie sind in der Lage, die Gefühle, Wünsche und Ängste der anderen zu *lesen* und darauf angemessen zu reagieren. Es findet ein – oft sogar unausgesprochenes – Aushandeln statt, das intuitiv die Möglichkeitsräume des aktuellen Beziehungszusammenhangs erschließt und darauf reagiert. Es werden Alternativen des Handelns mehr oder weniger bewusst durchgespielt und die Konsequenzen der Handlungen in Gedanken vorweggenommen.

Es geht also um ein Wahrnehmen der Signale des anderen, um eine Interpretation der Signale, um das Verständigen auf gemeinsame Ziele, um mögliche Handlungsentwürfe, um die Entscheidung für einen Handlungsstrang als Antwort. Dem folgt das entsprechende Beziehungsverhalten und eine Bewertung bzw. Reaktion durch das andere Kind. So durchläuft das Kind – betrachten wir das Ganze in Zeitlupe – einen sozial-emotionalen Regulierungsprozess in mehreren Schritten, der in eine mehr oder weniger gemeinsame Handlung mündet.

Unsere Erfahrung mit Kindern lehrt uns, dass Kinder, deren Eigenverantwortung gefördert und unterstützt, ja angeregt wird, fast wie von selbst instinktiv ein hohes Maß an Verantwortung entwickeln und all die Eigenschaften wie Hilfsbereitschaft, Einfühlsamkeit und Rücksichtnahme, die wir damit in Verbindung bringen, an den Tag legen. Wenn sich die soziale Verantwortung vor diesem Hintergrund entwickelt, dann tritt sie nicht als Selbstaufopferung, sondern als bewusste Mitverantwortung zu Tage, die für die *Gleichwürdigkeit* aller Sorge trägt. Mit Gleichwürdigkeit meinen wir nach Jesper Juul (*Das kompetente Kind,* 2003) das Recht auf gleiche Würde und Respekt für alle, das sich immer wieder neu dynamisch erschließen muss.

Es ist Aufgabe der Eltern und Erzieherinnen, Selbstgefühl und Selbstverantwortung zu stärken, damit das kindliche Gleichgewicht zwischen persönlicher und sozialer Verantwortung in der Balance bleiben kann.

Der Prozess der Interaktion wird von uns Erwachsenen oftmals unbewusst gesteuert oder geprägt durch: unsere Persönlichkeit, unsere bewussten oder unbewussten Konflikte mit uns selbst und anderen, durch die Gefühle und Störungen, die wir unterdrücken oder ignorieren, unsere Stimmungsschwankungen, die wir selbst nicht wahrnehmen, durch unseren übertriebenen Eifer, das Richtige zu tun und unsere Angst, das Falsche zu tun.

Das ist die uns in die Hände gelegte Macht, die wir über die uns anvertrauten Kinder haben. Unabhängig von deren Anlagen, mit denen sie auf die Welt kommen, üben wir Macht aus über den Prozess der Interaktion, der entscheidend ist für ihre Entwicklung und Lebensqualität, bis sie eines Tages erwachsen sind und das Muster übernehmen. Machen wir uns das wirklich bewusst, dann wissen wir, dass wir vor allen Dingen mit Selbsterziehung beschäftigt sein sollten, wollen wir den Kindern die Räume des Handelns und Interagierens *größer* und *weiter* machen.

Wir sind aufgerufen eine ethische Grundhaltung zu entwickeln, die uns die Sinne für die Fehler schärft, die wir zwangsläufig begehen, und die es uns zeitgleich ermöglicht, ganz offen die Verantwortung für diese Fehler zu übernehmen. Nur so können sich die Kinder frei und gesund entwickeln.

Glücklicherweise können wir jederzeit damit beginnen, hellhörig zu werden für das kompetente, kindliche Feedback, das uns fortlaufend ungefragt gegeben wird, und uns daran orientieren, wenn wir nicht weiterkommen.

Kinder wollen zuarbeiten, einer Sache dienen, sich erreichen lassen, sie wollen unbedingt kooperieren. Wenn Kinder damit aufhören, dann wurde entweder ihre Kooperationsbereitschaft überstrapaziert, ihre Fähigkeit überschätzt oder ihre Integrität verletzt. Es geschieht niemals, weil sie nicht kooperieren wollen.

In dem nachfolgenden Praxisteil geht es um die alltäglichen Konflikte, für die wir aufgrund von Stress oder Alltäglichkeiten den Blick verlieren, die uns oft in eine innere wie äußere Situation von lähmendem Druck- und Gegendruckverhältnis bringen, die wir uns durch Innehalten erst wieder *aufschließen* müssen. Und es geht dabei nicht nur um Situationen mit Kindern, sondern auch um Situationen zwischen den Erzieherinnen, mit den Eltern oder mit dem Träger. Es handelt sich um Situationen, die wir als Autoren entweder selbst so erfahren haben oder über die Supervision kennengelernt haben.

1. Die Beziehung zum Kind und mögliche Konfliktpotenziale

Das Nesthäkchen Lotte

Lotte ist knapp drei Jahre alt, als sie in eine Kindertageseinrichtung kommt. Sie ist das Jüngste von sechs Kindern. Zur Vorgeschichte muss man wissen, dass sie von allen verwöhnt wurde, jede Menge Aufmerksamkeit bekam und von ihren fünf Geschwistern zu allem Möglichen und Unmöglichen ermutigt wurde. Alleinsein kannte sie gar nicht.

Im Grunde strotzt das Mädchen vor Selbstbewusstsein. Es fällt ihr deshalb zunächst auch nicht schwer, einen Platz im Kindergarten zu finden. Die Kinder mögen sie, sie ist ideenreich und immer für einen Spaß zu haben. Allerdings versucht sie auch ständig die Erzieherin zu gewinnen, sie will sich die Sonderrolle, die sie von zu Hause her kennt, auch hier im Kindergarten schaffen. Wann immer ein Kind die Aufmerksamkeit der Erzieherin bekommt, schaltet sie sich dazwischen und versucht, eben diese abzuziehen und auf sich zu richten. Sie tut sich auch sehr schwer, wenn sie mit einem Spielvorschlag nicht durchkommt und die anderen ihr keine Resonanz geben. Außerdem bringt sie sich nicht so gern ein, wenn eine Spielbewegung von einem anderen Kind angestoßen wird und die anderen Kinder begeistert mitgehen.

Die Erzieherin spürt die Einsamkeit und Not des Kindes, dem es schwerfällt, sich den anderen Kindern auf der gleichen Ebene zu öffnen und das gemeinsame Vorgehen miteinander auszuhandeln. Die Erzieherin weiß allerdings auch, dass sie das nicht mit Brachialgewalt zu einem Ende bringen kann, sondern dass sie Lotte vorsichtig dort hinführen muss, schließlich ist die zukünftige Rolle ja auch mit einem Bedeutungsverlust für Lotte verbunden, den sie sicher erst im zweiten Schritt als hilfreich erleben wird.

Nun will es der Zufall aber, dass eine Halbjahrespraktikantin ein sehr enges Verhältnis zu Lotte aufbaut und diese damit ein ähnliches Rollengefüge wie zu Hause in der Kita wiederfindet. Der Erzieherin bleibt nun nichts anderes übrig, als immer wieder einzugreifen und damit die Sonderrolle Lottes etwas abzufangen. So soll z. B. die Praktikantin mit einigen Kindern zum Einkaufen gehen – natürlich will Lotte unbedingt mit. Da sie aber beim letzten Mal schon dabei war und nun auch einmal andere Kinder an der Reihe sind, greift die Erzieherin ein und sagt: »Nein Lotte, heute nicht. Du warst schon das letzte Mal dabei. Heute sind andere Kinder dran.« Lotte weint und bekommt einen Wutanfall. Nach ein paar Minuten beruhigt sie sich aber wieder. Interessanterweise hängt sie hinterher sehr an der strengen Erzieherin – fast so, als ob sie eine solche Grenzsetzung gesucht hätte.

In der Mittagspause spricht die Praktikantin die Erzieherin auf ihr Eingreifen an und will wissen, warum sie so streng mit Lotte war. Sie erklärt ihr, dass Kinder sehr wohl merken, wenn sie einen Platz von den Erwachsenen zugesprochen bekommen, der ihnen eigentlich so nicht zu steht, und dass es wichtig ist, den *erlaubten Platz* immer wieder im Hinblick auf das Wohl des Kindes auszutarieren. Denn so ein Kind sucht zwar einerseits die Bevorzugung, spürt aber natürlich unbewusst, dass es sich etwas nimmt, was ihm so dauerhaft nicht zusteht. Das kann beim Kind durchaus zu unbemerkten Schuldgefühlen führen.

Clara, die Wütende

Käthe, die Erzieherin, kommt mit Clara überhaupt nicht gut klar. Wann immer sie diese zu etwas auffordert, wird Clara sehr wütend. Bei jedem Versuch, sich ihr anzunähern – auf welche Weise auch immer – explodiert Clara und fühlt sich angegriffen. Irgendwann beobachtet sich die Erzieherin, wie sie anfängt, einen großen Bogen um Clara zu machen. Irgendwie fühlt sie sich schuldig, empfindet aber auch selbst Wut auf das Mädchen. Selbst wenn alle das Mädchen in Ruhe lassen und sie am Tisch sitzt und Perlen auf Ketten auffädelt, kann es plötzlich passieren, dass sie anfängt zu schreien, als ob sie jemand abstechen wollte. Erst nach und nach wird deutlich, dass sie auf sich selbst wütend ist, weil sie das nicht so hinbekommen hat, wie sie es sich vorgestellt hat.

Typisch sind auch solche Situationen, in denen sie die Puppenecke plötzlich ganz für sich haben will und alle anderen Kinder laut schreiend weggeschickt werden. So manche Erzieherin erschrickt sehr, wenn Clara giftig keift und um sich schlägt, weil sie gebeten worden ist, mit aufräumen zu helfen. Auch bei Kreisspielen oder bei Erzählkreisen weigert sich Clara oft mitzumachen.

Käthe, die Erzieherin, stellt fest, dass das Mädchen von sich aus eigentlich nie ein Kind aufsucht, um mit ihm zu spielen. Sie sitzt am liebsten allein. Zunehmend ebbt ihre eigene Wut auf Clara ab und sie fängt an, sich um das Kind zu sorgen. Sie ist sich sicher, dass das Alleinsein nicht wirklich das tiefe Bedürfnis des Mädchens sein kann. Sie sucht das Gespräch mit der Mutter. Diese kann sich auf die Fragen der Erzieherin kaum einlassen. Käthe bekommt das Gefühl, dass sie gar nicht spürt, was ihre Tochter braucht und will, sie scheint sehr im eigenen Dunstkreis zu verweilen. Ob Clara denn zu Hause auch Wutanfälle hätte, will Käthe wissen. Ja, ständig würde sie das ganze Haus zusammenbrüllen und sie hätte alle Hände voll zu tun, um ihre Tochter wieder zu beruhigen.

Käthe spürt schnell, die Mutter ist zu weit weg von ihrer Tochter, sie kann keine Nähe herstellen, sie kann keinen Halt geben, sie kann die Kinder nicht wärmen. Ufert etwas aus, ist sie die erste, deren Gefühle selbst über die Ufer treten, und so kann sie den Kindern auch keinen Gefühlsrahmen vermitteln, in dem sich die Geschehnisse wieder ordnen lassen. Die Erzieherin stellt fest, dass die Mutter aus ihrer Unsicherheit heraus anfängt, an allen möglichen und unmöglichen Stellen zu lachen. Käthe selbst nimmt wahr, wie sie das irritiert. Versucht sie mit der Mutter einzelne Reaktionen der Tochter zu reflektieren und in einen Bedeutungszusammenhang zu stellen, sagt die Mutter schnell: »Ja, stimmt schon.« Aber die Erzieherin merkt, dass sie auf dieser Ebene nicht wirklich erreichbar ist. Plötzlich kann sie verstehen, wie sich Clara fühlen muss: Sie trägt jede Menge Gefühlssensationen in sich und niemand hilft ihr dabei, diese zu ordnen. Niemand versteht sie, niemand verbindet sich mit ihr. So ist es fast nachvollziehbar, dass das Mädchen jede Art von Auseinandersetzung zu vermeiden und die Dinge lieber mit sich selbst auszumachen versucht.

Die Erzieherin weiß nach diesem Gespräch, dass die Mutter sie nicht unterstützen kann, Clara weiterzuhelfen. Diese Einsicht macht neben der Ohnmacht dem Mitgefühl Platz – von Wut ist nun endgültig nichts mehr zu spüren.

Zu Hause durchsucht Käthe die Kinderbücher ihrer Tochter. Sie hat so eine Ahnung, dass da noch ein paar Kinderbücher herumliegen, in denen es um Gefühle geht und wie man mit diesen fertigwerden kann, wie man mit den Gefühlen einen Weg zu sich und zum anderen finden kann. Tatsächlich fällt ihr das Buch *Anna und die Wut* von Christine Nöstlinger in die Hand: Da geht es um ein Mädchen, das wegen allem und jedem Wut bekommt, hochrot anläuft und dieses Gefühl nicht steuern kann. Die anderen Kinder lachen sie schon aus und nehmen sie nicht mehr ernst: »Schaut mal, die Anna hat mal wieder ihre Wut [...].« Anna versucht die Wut herunterzuschlucken oder zieht sich zurück, damit die Wut sie nicht mehr findet. Sie fängt nichts mehr an, damit sie nichts falsch machen kann und dann auch nicht wütend werden kann auf sich selbst usw. Da bekommt sie von ihrem Opa eine Trommel geschenkt und er schlägt ihr vor, wann immer sie wütend ist, die Trommel zu schlagen. So entwickelt sie nach und nach ein gewisses Geschick mit dem Instrument. Die Kinder bewundern ihre Künste und das Auslachen ebbt ab. Im Laufe der Entwicklung kann sie dann irgendwann ganz auf die Trommel verzichten.

Die Erzieherin Käthe nimmt das Buch mit in den Kindergarten und bietet Clara an, es ihr vorzulesen. Und siehe da, das Thema Wut spricht das Mädchen scheinbar an und sie willigt neugierig ein. Clara hat damit einen ersten Schritt gemacht, sich mit ihrer grenzenlosen Wut auseinanderzusetzen.

2. Konflikte zwischen zwei Kindern begleiten

Nico und Jordan, zwei Bestimmer

Nico (fünf Jahre) und Jordan (fünf Jahre) streiten sich ständig. Jeder will der Bessere sein und dem anderen etwas beweisen. Es geht darum, wer den Spielverlauf bestimmen darf, wessen Spielideen sich durchsetzen, wer entscheidet, wer mitspielen darf usw.

Die hauptverantwortliche Erzieherin der Gruppe ist total genervt und greift oft sehr impulsiv und überformend in die Streitigkeiten ein. Sie will sie einfach vom Tisch haben.

Die Gruppenkollegin, die etwas mehr Abstand hat, weil sie nur Teilzeit arbeitet, spricht sie nach längerem Zuschauen an. »Hör mal Karin, wie kann ich dich denn unterstützen? Ich habe das Gefühl, die Konfliktszenen zwischen Nico und Jordan in Verbindung mit deinen Konfliktlösungsangeboten haben sich ordentlich verhakt. Es gibt kaum einen Morgen, an dem sich das nicht hochschaukelt und irgendwann zur Explosion kommt. Hast du eine Idee, warum es den beiden so wichtig ist zu gewinnen?«

Die beiden Erzieherinnen unterhalten sich recht ausführlich, kommen aber nicht wirklich zu einem Ergebnis. So beschließen sie, dies in einer der nächsten Kinderrunden zum Thema zu machen: Karin fragt die Gruppe, ob sie denn auch schon bemerkt haben, dass es da immer wieder Konflikte zwischen Nico, Jordan und ihr gibt. Die Kinder wissen sofort, wovon sie spricht, weshalb sie weiterfragt: »Was glaubt ihr, woran das liegt?« »Die wollen beide die Bestimmer sein«, sagt eines der Kinder. »Habt ihr eine Idee, warum das so wichtig ist, dass jemand der Bestimmer ist?« »Wer Bestimmer ist, kann sagen, was gespielt wird. Seine Vorlieben kommen öfter dran. Außerdem kann er entscheiden, was er beim Spielen sein möchte – Polizist, Räuber oder Baby.« »Ich glaube, eigentlich wären wir alle gern mal die Bestimmer«, sagt Max. »Aber da muss man ja dann auch aushalten, dass die anderen auf einen sauer sind«, sagt Lena. »Ich will deshalb lieber keine Bestimmerin sein«, sagt Maike.

»Und wie wäre es, wenn ihr, Jordan und Nico, euch einfach beim Bestimmen abwechseln würdet? Ihr könntet im Wechsel einen Jordan-Bestimmer-Tag und einen Nico-Bestimmer-Tag machen? Wollt ihr das mal probieren?«

Die Öffnung des Problems für die Gruppe ermöglicht beiden Jungs, etwas Abstand zum Konflikt zu gewinnen. Sie können sich so besser auf den Vorschlag der Erzieherin einlassen.

Anne-Suse und die kleine Hiltrud

Die sechsjährige Anne-Suse hat sich in der letzten Zeit die zweieinhalbjährige Hiltrud als Spielgefährtin ausgesucht. Anne-Suse spielt gern Mama und versorgt ihr Baby Hiltrud. Es bekommt das Fläschchen, wird gewickelt, geschaukelt, es werden ihr Liedchen gesungen, sie wird im Kinderwagen spazieren gefahren usw. Da beide Kinder großen Spaß dabei haben und die Erzieherin froh ist, dass die eher schüchterne Hiltrud so in ein Spiel mit einem Kind eingebunden ist, sind zunächst alle zufrieden.

Das Spiel entwickelt sich aber dann zunehmend zu einem Spiel, bei dem es vor allen Dingen darum geht, dass Hiltrud mal wieder ins Höschen gemacht hat und eine frische Windel braucht. Als Anne-Suse dann auch noch anfängt, Hiltrud richtig auszuziehen und ihre Geschlechtsorgane zu untersuchen, hat die Erzieherin das Gefühl, dass sie wohl besser einmal in das Spiel eingreifen soll.

Sie schnappt sich auch einen Kinderwagen mit einer Puppe drin und setzt sich zu Anne-Suse und deren Baby. »Hallo, habe ich Sie nicht schon öfter hier am Spielplatz mit Ihrem Baby gesehen? Kann das sein? Wie heißt es denn?« Anne-Suse antwortet: »Es ist meine kleine Hiltrud.« »Mein Baby heißt Selma«, erwidert die Erzieherin. »Stellen Sie sich vor, meine Selma hat einen richtigen Entwicklungssprung gemacht, sie hat sich vorgestern das erste Mal aufs Töpfchen gesetzt. Wie ist das denn bei Ihrer Hiltrud? Bei ihr habe ich manchmal das Gefühl, als ob sie sich nicht weiterentwickle, sie wirkt immer noch so babyhaft. Soll ich Ihnen mal einen Tipp geben?« »Nein, nein, das ist nicht nötig. Wir kriegen das schon hin«, lehnt Anne-Suse dankend ab.

Die Erzieherin nimmt daraufhin Anne-Suse zur Seite und sagt ihr: »Anne-Suse, ich glaube es ist besser, wenn ihr beim Wickeln und Aufs-Klo-Gehen nur noch so tut als ob. Du würdest ja sicher auch nicht wollen, dass dich die Hiltrud vor allen Kindern nackt auszieht.«

Die Erzieherin ist in eine passende Rolle geschlüpft, um aus dieser Rolle heraus einen Anstoß zu geben und das Spiel in eine andere Richtung zu bewegen. Die beiden Mädchen finden so wieder einen Rahmen, in dem sich beide wohlfühlen, ohne dass die Erzieherin vermittelt, dass etwas nicht in Ordnung sei.

In einer anderen Kindergartengruppe ziehen sich drei Mädchen auf den Dachboden zurück und fangen an, sich mit dem Klangstab der Triangel zu untersuchen. Hier bleibt den Erzieherinnen nichts anderes übrig, auch wegen der Verletzungsgefahr, das Experimentieren zu unterbinden. Die Kolleginnen überlegen sich ein *Körper-Projekt,* bei dem sich die Kinder auf Papier in voller Größe aufmalen und die Körperteile, die sie von sich kennen, einzeichnen.

Nacktsein und Sexualität oder scheinbar sexuelle Handlungen lösen natürlich auch aufseiten der Eltern oftmals Irritationen oder Redebedarf aus. In die kindliche Neugier hinein wird oftmals die erwachsene Sexualität gemischt und so das Experimentieren als anstößig empfunden. Außerdem empfinden die Eltern den Kindergarten als öffentlichen Raum, während die jüngeren Kinder diesen Unterschied zwischen privat und öffentlich oft noch nicht vornehmen.

In einer anderen Kindertageseinrichtung verschanzen sich drei Mädchen auf einem Zwischenstock mehrerer kleinräumig angelegter Spielebenen und spielen dort *Doktorles.* Sie ziehen sich gegenseitig aus und untersuchen sich. Die Erzieherinnen haben ebenfalls Sorge, die Kinder könnten Gegenstände einführen, die Verletzungen verursachen. Sie kommen auf die Lösung, auf der Zwischenebene ein Fenster einzubauen. So können sie immer mal wieder nach dem Rechten schauen und die Kinder können trotzdem ihrer Neugier nachgehen.

Benjamin und Dörthe

Benjamin, ein eher ängstlicher fünfjähriger Junge, und die ebenfalls schüchterne Dörthe, ein vierjähriges Mädchen, finden aus unerfindlichen Gründen zusammen. Benjamin spielt meist den wilden Starken, der Dörthe beschützen muss, während ihr die Rolle der Beschützten gefällt. Allerdings beginnt Benjamin zunehmend, Dörthe zu sagen, was sie zu tun und zu lassen hat. Er lässt sich regelrecht von ihr bedienen und nutzt das Machtgefüge, um ihr Angst zu machen oder sie zu erschrecken.

Was zunächst beiden gut getan hat, entwickelt sich schließlich zum Gegenteil und der Erzieherin wird klar, dass sie das so nicht weiterlaufen lassen kann. So sagt sie zu Benjamin, als der er sich erneut vor Dörthe aufbaut: »Benjamin, du bist mir ja ein schöner Beschützer. Erst erschleichst du ihr Herz und ihr Vertrauen und jetzt ärgerst du sie selbst. Merkst du nicht, dass sie Angst hat?« Zu Dörthe hätte sie auch sagen können: »Dörthe, jetzt hat er dich aber ganz furchtbar erschreckt. Überleg dir mal gut, ob du mit dem noch so weiterspielen willst.« Später holt die Erzieherin die zwei zu sich und spricht mit ihnen: »Ich finde es wunderbar, dass ihr euch zum Spielen gefunden habt, aber ich möchte gern, dass ihr besser aufeinander aufpasst. Du Dörthe, solltest schauen, ob dir auch wirklich alles gefällt, was der Benjamin mit dir macht. Und du Benjamin, solltest dir mal überlegen, ob es wirklich richtig ist, so mit Dörthes Angst zu spielen. Würdest du das gut finden, wenn das jemand mit dir macht?«

Damit ist der Konflikt sicher nicht für alle Zeiten gelöst, hat aber für einen Moment die Aufmerksamkeit der Kinder gefunden.

Lothar und Kai

Lothar und Kai spielen gern und oft zusammen. Am liebsten verbringen sie die Freispielzeit im Garten. Kai, der Wildere von beiden, fordert Lothar immer wieder auf, ihm alles nachzumachen. Die Erzieherin spürt, dass Kai Lothar an seine Grenzen bringt. Zunächst schaut sie dem zu, weil sie sieht, dass Kai Lothar gut tut und er durch ihn seine übergroße Vorsicht zu überwinden lernt. Dann sieht sie aber auch, dass es Lothar zu viel wird. Immer mal wieder schaut sie nach den beiden und fordert Lothar auf, sich nicht mehr zuzutrauen, wie er wirklich will und kann. Es entwickeln sich etwas festere Rollen: Kai, der Mutige, und Lothar, der Vorsichtige.

Die Erzieherin entscheidet, mit den beiden das Gespräch zu suchen. »Habt ihr das auch gemerkt, dass ihr euch das ein bisschen aufteilt. Kai ist derjenige, der sich mehr traut und Lothar ist immer öfter derjenige, der sich nicht wagt. Beides ist wichtig, ihr solltet gut prüfen, was ihr schon könnt. Gibt es Situationen, wo ihr euch schon mal zu viel zugetraut habt? Was könnt ihr tun, dass sich das nicht wiederholt? Kai, was würdest du denn noch alles machen, wenn der Lothar nicht bremsen würde? Hättest du für dich überhaupt eine Grenze?«

Die Erzieherin nimmt sich vor, das Thema Mut, Wagemut, Vorsicht und Angst zum Thema in der Kindergruppe zu machen. Dabei sollen Fragen gestellt werden, wie z. B.: Wenn die Eltern oder andere Erwachsene nicht da sind, wer passt dann auf die Kinder auf? Wer sagt dann Nein oder Stopp? Sie will darüber sprechen, dass dann die Kinder selbst spüren müssen, wo ihre Grenze ist und diese bei jedem an einer anderen Stelle ist. »Es ist wichtig, dass ihr euch da nicht auslacht oder euch übergeht, sondern ganz genau auf euch aufpasst und für euch sorgt. Manchmal kann der eine vom anderen etwas Mut lernen, manchmal kann aber der eine vom anderen auch ein gesundes Angstgefühl abschauen.«

Die Erzieherin unterstützt die Kinder in diesem Gespräch, sich über das Mutigsein mal Gedanken zu machen und sich zu trauen, mit einem Nein auch einmal für sich selbst zu sorgen.

Jasmin und Charlotte

Jasmin und Charlotte spielen des Öfteren miteinander. Immer wieder entstehen dabei Situationen, in denen es um einzelne Gegenstände geht. Sie streiten sich: »Das hab aber ich zuletzt gehabt.« Sie können dann gar nicht aufhören zu streiten. Beide bleiben hart und können nicht nachgeben, was dazu führt, dass das gemeinsame Spiel abbricht und beide sich schmollend zurückziehen. Die Erzieherin versteht zunächst nicht ganz, woher der Streit rührt. Was verbirgt sich hinter der Sache?

»Was könnt ihr machen, wenn ihr etwas habt, was ihr beide haben wollt? Könnt ihr euch nicht abwechseln? Was spricht denn dagegen?«, fragt die Erziehern. Als die Erzieherin spürt, dass die Kinder das nicht annehmen können, lässt sie sie zunächst weiter schmollen.

Am Ende des Vormittags geht sie auf die beiden noch einmal zu und fragt sie, wie es ihnen denn jetzt geht. Ob das jetzt jeden Morgen so sein soll oder ob es einen Weg gibt, auf den anderen wieder zuzugehen. Da die Kinder nicht wirklich auf die Bemühungen der Erzieherin reagieren, beginnt sie darüber nachzudenken, wieso die Kinder nicht zusammenfinden können oder wollen. Sie sucht das Gespräch mit den Müttern und schildert ihnen die Situation, wie sie sich fast täglich ergibt. Die Mutter von Jasmin zeigt sich sehr erstaunt und berichtet der Erzieherin, dass sie im Moment mit ihrem Mann einen ganz ähnlichen, unbeweglichen Konflikt hat. Sie würde gern noch eine Ausbildung zur Ergotherapeutin machen, aber ihr Mann sieht den finanziellen Spielraum dafür nicht. Und so käme es immer öfter dazu, dass sie sich in diesem Konflikt miteinander verhaken. Jeder beharre auf seiner Position.

Ein Spielverbot für die beiden Mädchen hätte den Konflikt der Eltern nicht sichtbar machen können. Die Gespräche mit den Eltern aufzunehmen war hingegen die richtige Entscheidung. Mit diesem Verständnis kann die Erzieherin die Situation zwischen Jasmin und Charlotte besser einordnen und gezieltere Hilfe anbieten.

Sicherlich besteht im Rahmen von Entwicklungsgesprächen noch einmal großräumiger die Möglichkeit zu schauen: Mit wem spielen die Kinder? Was spielen sie? Was sind ihre Themen? Welche Themen wiederholen sich, vielleicht auch in unauflösbarer Weise und wie können der Kindergarten und das Elternhaus dazu beitragen, dass hier ein hilfreicher Entwicklungsimpuls gesetzt werden kann? Das Wissen um ein bevorstehendes Entwicklungsgespräch schafft oftmals erst den Aufmerksamkeitsfokus, sich solche Situationen genauer anzuschauen und sich mit ihnen reflektierend zu beschäftigen.

3. Die Kleingruppe

Dominik, Florian und Frederik

Dominik und Florian sind seit über eineinhalb Jahren im Kindergarten und in dieser Zeit richtig gute Freunde geworden. Sie haben zusammen gespielt – in der Bauecke, im Garten, sich Höhlen gebaut oder haben gemeinsam in der Turnhalle getobt.

Ihre Freundschaft veränderte sich etwas, als Frederik im Sommer in die Gruppe aufgenommen wurde. In dieser Phase wurde Florian krank. So kam es dazu, dass Dominik viel mit Frederik gespielt hat. Als Florian zurück kam, war sein Platz an Dominiks Seite belegt.

Die Erzieherinnen hatten zu dieser Zeit etwas Ärger mit ihrem Träger. Verschiedene unschöne Neuerungen standen an und so hatten sie die Kinder nicht so aufmerksam im Blick wie sonst.

Mit der Zeit spielte es sich ein, dass Dominik mit dem Kind spielte, das zuerst in der Gruppe war – entweder Frederik oder Florian. Und er begann, die Situation auszukosten, wenn einer der beiden nicht mitspielenden Jungen fragte, ob er auch mitmachen könnte. Er stellte Bedingungen: »Florian, du kannst heute nur mitspielen, wenn du das Baby bist.« Oder: »Frederik, wenn wir heute Räuber spielen, kannst du nur mitmachen, wenn du dich von uns gefangen nehmen lässt.« Letztendlich gipfelte es in einer Erpressung: »Nur wenn du mir morgen eine Schokolade mitbringst, darfst du mitspielen.«

Eines Tages sprach die Mutter von Florian die Erzieherin an und teilte ihr mit, dass Florian zunehmend ungern in den Kindergarten gehe. Er wolle ganz dringend immer der Erste sein, was sich aber einfach nur ganz schlecht mit ihrem Alltag verbinden lasse, weil sie erst einmal ihre Schulkinder auf den Weg bringen müsse. Sie fragte die Erzieherin, ob sich denn etwas im Kindergarten verändert habe. Diese erwiderte, dass ihr noch nichts aufgefallen sei, aber dass sie in den nächsten Tagen mal darauf achten werde. In den folgenden Tagen beobachtete die Erzieherin das Dreiecksgeschehen der Jungen, das ihr überhaupt nicht gefiel. Einmal, als Florian wieder ausgegrenzt wurde, nahm sie ihn an die Hand und sagte zu ihm: »Schau mal Florian, da drüben ist der Fabian, der sucht auch noch nach einem Spielpartner. Magst du nicht mal mit ihm spielen?«

Es klappte. Mit etwas Unterstützung fanden die beiden ins Spiel. Florian schöpfte neuen Mut und aus dem unschönen Sich-ausgeschlossen-Fühlen wurde eine Bewegung, die ihn ermutigte, auch mit anderen Kindern zu spielen und sich für diese zu öffnen.

Dominik bemerkte, dass seine Erpressungen nicht mehr wirkten, und so lies er nach einiger Zeit von seinen Machtkämpfen ab. Seitdem kam Florian wieder gern in den Kindergarten – egal wann.

4. Einzelne Kinder bestimmen die Gruppendynamik

Bastian, der Indianerhäuptling

Seit Fasching spielen die Kinder immer wieder Cowboy und Indianer. Dabei setzt sich Bastian in der Jungengruppe als Anführer der Indianer durch. Sein Ziel ist es, die Mädchen einzufangen und sie an den Marterpfahl zu binden. Dort werden sie bedroht und malträtiert.

Länger schon überlegen die Erzieherinnen, wie sie dem Spiel eine andere Nuance geben könnten. Sie bringen Indianergeschichten mit, die über das Leben der Indianer erzählen und bauen ein Indianerzelt im Garten. Sie stellen indianische, rote Farbe zum Bemalen her und sie führen in die Tradition ein, ein Kriegsbeil zu begraben, um wieder Frieden herzustellen. Ihre Bemühungen, die Kinder von der Fokussierung auf den Marterpfahl abzulenken, scheitern jedoch. Bastian reißt die anderen Kinder immer wieder mit. Für die Erzieherinnen ist das oft sehr anstrengend. Manchmal sind sie schon richtig sauer auf Bastian.

Eine der Kolleginnen aus der Nachbargruppe beobachtet das Treiben gespannt und findet, die Kolleginnen seien nicht zu beneiden. Da die Gruppe gerade auch nach einer Projektidee sucht, berichtet sie von dem Kindergeburtstag ihrer Tochter: Sie gingen mit ca. zehn Kindern in einen Wildpark in der Nähe und übernachteten dort in Indianerzelten. Sie beobachteten ein Wolfsrudel mit ca. vierzig Wölfen bei Nacht. Selbst sie sei vom Heulen der Wölfe bei Nacht sehr beeindruckt gewesen.

Nach einigen Überlegungen gefällt den Erzieherinnen der Gedanke, dieses auch mit ihrer Gruppe zu erleben, und sie erkundigen sich vorsichtig bei den Eltern, was die davon halten würden, einen solchen Übernachtungsausflug zu unternehmen. Einige Väter reagieren begeistert und so haben sie schnell, ohne dass sie danach hätten fragen müssen, einige freiwillige Eltern zusammen, die mit übernachten würden. Jetzt sind sie fest entschlossen, das Projekt in Angriff zu nehmen. Auch die Kinder sind alle begeistert von der Idee – bis auf Bastian. Der wird plötzlich etwas leiser. Als ihn eine Erzieherin darauf anspricht, antwortet er, »Doch, ich freu mich.« Aber sie spürt, dass etwas nicht stimmt. In einer ruhigen Minute, als die beiden allein sind, sucht sie noch einmal das Gespräch mit ihm. Plötzlich wird deutlich, dass Bastian Angst hat. Angst davor, nachts draußen im Dunkeln zu schlafen, aber auch überhaupt Angst davor, nicht zu Hause in seinem Bett einschlafen zu können. Er offenbart, dass er deshalb noch nie irgendwo anders geschlafen hat. Die Erzieherin spricht ihm Mut zu und sie überlegen gemeinsam, wer neben ihm liegen könnte, damit er sich sicher fühlt. Außerdem verspricht sie ihm, ein Auge auf ihn zu haben. Ganz im Gegensatz zu sonst spielt er nicht den Starken.

Beim Ausflug, am Lagerfeuer, sprechen ihn andere Kinder darauf an. Auch ihnen ist sein Anderssein nicht verborgen geblieben. Jessica sagt zu ihm: »Bastian, du bist auf einmal so anders. Jetzt macht es viel mehr Spaß mit dir!«

In den nächsten Tagen wollen die Kolleginnen von den Erzieherinnen natürlich wissen, wie es war. Eine Erzieherin erzählt ganz begeistert: »Wisst ihr, selbst wenn Bastian jetzt wieder mal den Häuptling spielen muss, ich habe was Grundlegendes verstanden und deshalb wird es mich nicht mehr so nerven. Es ist, als ob ich eine Art Zugangsschlüssel zu ihm gefunden hätte. Und für ihn bin ich richtig froh, dass er in seiner Rolle etwas mehr variieren kann und seine Schwächen oder Ängste in Zukunft hoffentlich auch mal offenbaren kann. Ich werde ihn jedenfalls darin unterstützen.«

Lukas und die anderen Großen

Lukas hat zu seinem Geburtstag ein interessantes, aber nicht ganz einfaches Würfelspiel geschenkt bekommen. Da man mindestens vier Kinder zum Spielen braucht und er zu Hause nur einen kleinen Bruder hat, bittet er die Erzieherin, das Spiel mit in den Kindergarten bringen zu dürfen.

Mit einigen anderen Kindern, die auch im Sommer in die Schule kommen, fängt er an mit großer Freude zu spielen. Einige der Kleineren sehen das und wollen auch unbedingt mitspielen und nerven die Großen mit ihrem ständigen Drängeln. Das Spiel ist aber tatsächlich nicht ganz einfach und es ist klar, dass die Kleinen es noch nicht können. Die Großen fühlen sich deshalb noch größer und die Kleinen fühlen sich dumm und ausgeschlossen.

Die Jüngeren fangen nun aus ihrer Kränkung heraus an, den Größeren die Spielfiguren und die Kegel umzuwerfen und ihnen das Spiel zu zerstören. Diese ständigen Streitereien fallen der Erzieherin natürlich auf. Sie ärgert sich ein wenig, da sie das Spiel ja selbst im Kindergarten erlaubt hat und die Probleme wohl sonst nicht aufgetreten wären. Nach und nach wird ihr aber auch klar, dass die Altersunterschiede und die damit in Zusammenhang auftretenden Schwierigkeiten generell bestehen. Natürlich gehen die Großen im Sommer weg und die Kleinen bleiben zurück, das liegt in der Natur der Sache. Ebenso ist es nur selbstverständlich, dass die älteren Kinder manches dürfen, was die Kleinen noch nicht dürfen oder können. Das weckt natürlich die Neugier und den Ehrgeiz.

Die Erzieherin nimmt sich fest vor, in den nächsten Tagen im Stuhlkreis mit den Kindern darüber zu reden. In der Situation selbst bleibt sie bei ihrem Versprechen, den Spielraum der Großen von den Kleinen freizuhalten.

Am nächsten Tag fragt sie die Kinder, wie sie das gestern eigentlich fanden und ob sie finden, dass das alles so gut war. »Wie habt ihr euch eigentlich gefühlt, als euch die Großen so zurückgewiesen haben? Habt ihr das als gemein, als böse oder einfach nur als blöd empfunden? Spielen nicht immer mal Kinder ein Spiel und andere können nicht mitmachen? Warum hat euch das so besonders geärgert?«

Nach einigen Rückmeldungen der Kinder fasst sie dann zusammen: »Ich glaube ehrlich gesagt, über das Spiel ist plötzlich sichtbar geworden, wer bald geht und die anderen haben gespürt, dass sie verlassen werden. Kann das sein?«

Je länger die Erzieherin darüber nachdenkt, desto klarer wird ihr, dass es wichtig ist, dass sich die Kinder an ihren Unterschieden reiben. Indem ich merke, dass ich etwas kann, was der andere nicht kann, kann ich mich einordnen und bekomme auch eine Idee von mir, in dem Sinne, dass ich spüren lerne, was mich ausmacht. Und einen Sechsjährigen machen manche Dinge aus, die ein Dreijähriger noch nicht zur Verfügung hat. Auch wenn es reibungsfreier wäre, solch eine Situation nicht zu ermöglichen, weiß die Erzieherin, dass das gleiche Thema sich dann an anderer Stelle zeigen würde. Einer Kollegin aus einer anderen Einrichtung, mit der sie befreundet ist, erzählt sie das Ganze und diese antwortete ihr prompt: »Wie kann man nur so blöd sein, wo du keine Probleme hast, holst du sie dir auch noch selbst ins Haus.« Da kann sie plötzlich versprachlichen, was sie nur aus dem Gefühl heraus als richtig empfunden hat: »Du würdest also glatt das, was den Kindergarten ausmacht, dass er nämlich ein Lernfeld für Kinder darstellt, sich als ein Forschungslabor für Beziehungserfahrung den Kindern anbietet, einfach verflachen, damit du es bequemer hast?« An der Stelle bricht das Gespräch abrupt ab und sie ist sich plötzlich ganz sicher, dass es richtig ist, diesen Konflikt zu haben.

Malte in der Schminkecke

Malte hat Pech, all seine Freunde sind in die Schule gekommen, er ist der Einzige der Jungengruppe, der noch ein Jahr im Kindergarten bleiben muss. In der Gruppe gibt es zwar noch ein paar andere Jungen, aber die sind zu »pippi« für ihn, die sind erst drei und nur zwei von ihnen vier Jahre alt. Er wird aber schon bald sechs Jahre alt. Dafür gibt es aber sieben Mädchen im Alter zwischen fünf und sechs Jahren. Die halten sich gern in der Schminkecke auf, verkleiden sich, spielen Friseur etc. Hin und wieder rufen sie ihn, ob er nicht mitmachen will, aber diese Art zu spielen gefällt ihm nicht wirklich.

Eva-Katharina, die Erzieherin, nimmt besorgt wahr, wie Malte sich zunehmend zurückzieht. Mit wem soll er herumtoben, mit wem soll er sich die schaurigen Räubergeschichten ausdenken? Sie spürt, dass er sich allein fühlt. Manchmal kann sie Malte ermutigen, dem Gärtner ein bisschen zu helfen, aber so richtig ausgelastet ist der Junge damit nicht. Als sich beim Träger ein junger Mann als Praktikant bewirbt, wittert sie eine Chance für Malte. Sie legt sich ins Zeug, damit Patrick ihr Praktikant wird.

Malte freut sich über Patrick, der die Idee einbringt, ein kleines Gartenhaus für die Kinder zu bauen. Schnell sind auch andere Kinder eingebunden und dann geht es auch schon richtig los.

Gemeinsam haben alle großen Spaß beim Bauen. Zunehmend vergisst Malte den Altersunterschied zum Praktikanten und fühlt sich wieder wohl. Er gefällt sich sogar in der Rolle des Großen, der den Kleineren etwas zeigen kann. Als das Haus fertig ist, schlägt Malte vor, sie könnten ein Fest veranstalten und die anderen Kinder ins Haus zu einer Besichtigung einladen. Sie schmücken das Haus aus, einige backen Plätzchen und sie bereiten ein buntes Fest vor. Patrick, der Praktikant, kommt auf die Idee, zweimal in der Woche schaurig-schreckliche Gespenster- und Gruselgeschichten in dem Häuschen vorzulesen. Die Lesestunden finden immer mehr Anklang, auch einige der Mädchen fühlen sich angesprochen und so gibt es jede Menge Gelegenheit für Rollenspiele, in denen die Geschichten mit der eigenen Fantasie ausgeschmückt werden. Eva-Katharina, die Erzieherin, ist froh, sie hatte sich das Jahr mit Malte schwieriger vorgestellt.

Es gibt Gruppenkonstellationen im Kindergarten, die in sich schon so angelegt sind, dass sie für einzelne Kinder schwierig sind. Es empfiehlt sich, das im Auge zu haben, denn schnell wird ein unzufriedenes Kind zum störenden Symptomträger und man hat die Verbindung zur Ursache verloren.

5. Kulturelle und ethnische Konfliktfelder

Der Familienclan

Im folgenden Fallbeispiel geht es um mehrere Kinder aus dem arabischen Kulturkreis, die alle miteinander verwandt sind. Sie bilden in der Kita eine Art Gruppe in der Gruppe und folgen dabei ihren eigenen Regeln. Die Kinder bringen als fast in sich geschlossene Gruppe eine sehr starke Eigendynamik mit, die dazu führt, dass mindestens zeitweise die Grundordnung der Kita verloren geht. Im Nachhinein ist man natürlich schlauer und man hätte die Kinder eventuell in verschiedene Kitas verteilt, aber nicht umsonst heißt es: Aus Erfahrung wird man klug. Das Beispiel kommt aus unserem Erfahrungsschatz und will nur bedingt Allgemeingültiges über fremde Kulturkreise ableiten, dafür ist unser Erfahrungshorizont mit anderen Kulturkreisen zu klein und nicht alltäglich genug.

Es handelt sich aus unserer Sicht um ein Beispiel, das nicht allein individuell am und mit dem Kind gelöst werden kann, das ohne die konstruktive Mitarbeit der Eltern der betroffenen Kinder wie auch der Elternschaft insgesamt nicht zu lösen ist.

Die beschriebene Alltagssituation stellt grundsätzliche Fragen an Träger und Politik: Wie viel Integration ist möglich? Wo braucht es vielleicht besondere Voraussetzungen, um ein Integrieren vorzubereiten und zu ermöglichen? Die neue Denkrichtung der Inklusion fordert, jedes Kind wie selbstverständlich in den Kulturraum aufzunehmen und als Teil desselben wahrzunehmen. Die grundlegende Frage ist doch aber: Ist das überhaupt ohne verstärkten und intensiven Einsatz möglich?

Das Fallbeispiel ist zu komplex, um es im Eins-zu-eins-Kontakt zwischen Kind und Erzieherin zu lösen. Einblick in eine andere Kultur zu bekommen ist eigentlich sehr wertvoll, aber mit einer solchen Ausgangssituation liegt es auf der Hand, dass die Erzieherin eher das Negative sieht als das Positive wahrzunehmen. Zu sehr ist sie gefangen in diesem unlösbaren Konfliktfeld.

Aishe und Fatma, zwei der sieben Kinder, sind Geschwister. Aishe ist in der von uns beschriebenen Situation fast sieben Jahre alt, wird aber aufgrund einiger Entwicklungsverzögerungen noch nicht eingeschult. In einigen Bereichen, insbesondere Sprache und im sozial-emotionalen Bereich, ist sie auf dem Entwicklungsstand einer Dreijährigen. Diese Lücke lässt sich auch in drei Jahren Kindergarten nicht schließen. Nicht zuletzt deshalb, weil die vorhandenen Mittel und personellen Ressourcen des Kindergartens hierfür nicht ausreichen. Eine eigens für das Mädchen tätige Integrationshilfe kann nicht helfen, weil das Kind zu den vereinbarten gemeinsamen Terminen meist nicht in der Kita erscheint. Es ist insgesamt sehr schwer, mit den Eltern eine Verbindlichkeit über die Bring- und Abholzeiten herzustellen.

Die Schwester Fatma ist vier Jahre alt. Fatma ist in einigen Punkten weiter entwickelt als ihre Schwester. Sie ist aber erst ein Jahr im Kindergarten und in manchem dadurch verunsicherter als Aishe. Die anderen Kinder aus ihrem familiären Umfeld wollen mit ihr in der Kita nichts zu tun haben. Für Kontakte mit anderen Kindern ist Fatma zu unsicher. Ohne ihre Schwester Aishe ist sie sehr ängstlich.

Mit Angeboten aus dem naturwissenschaftlichen Bereich, bei dem die Kinder vielfältig experimentieren können, sind sie am leichtesten zu gewinnen. Mit Lebensmittelfarben und Wasser handwerkeln sie gern oder sie vergnügen sich mit Blubberblasen und Seife. Außerdem spielen sie ab und an Familie, z. B. spielt Aishe die Mama, pflegt das Baby, deckt den Tisch, kocht usw.

Wenn die Kinder in einer Sache uneins miteinander sind, ohrfeigen sie sich gegenseitig. Es wird wenig verbal ausgetragen, sondern sie versuchen gleich, sich mit körperlichem Einsatz durchzusetzen. Das ist ganz klar ein Abbild des Umgangs der Mutter mit den Kindern.

Eine der beteiligten Erzieherinnen beschreibt eine Situation beim Abholen: Die Kinder sind an der Staffelei und malen etwas, die Mutter kommt einfach, nimmt sie an die Hand und zieht sie ohne Worte weg. »Ich bin jetzt da. Es reicht, kommt endlich«, wird unausgesprochen durchgesetzt.

Die Erzieherinnen können nicht feststellen, dass die Mutter den Kindern auch nur ein einziges Mal wertschätzend oder lobend begegnet. »Das hast du aber gut gemacht« oder »Ist das schön, kann das die Mama haben?« sind keine Formulierungen, weder sprachlich noch gestisch, die die Mutter an die Kinder richtet.

Der Vater ist eine Mischung aus gleichaltrigem Spielgefährten und autoritärem Führer. Er pflegt insgesamt einen zugewandteren, liebevolleren Umgang als die Mutter – aber nicht immer von dem notwendigen Abstand väterlicher Fürsorge getragen. Wenn die Kinder nach seinem Verständnis getadelt werden von den Erzieherinnen, bekommen sie zu Hause harte Strafen. Der Vater kann um einiges besser Deutsch als die Mutter. Die Eltern wirken immer irgendwie überfordert, aber es bleibt letztendlich offen, ob dies an der fremden Kultur, an der Partnerschaft oder an der Art und Weise, wie sie den Umgang mit den Kindern gestalten, liegt. Eine Fachkollegin mit hoher interkultureller Kompetenz hätte dafür bestimmt eine einleuchtende, naheliegende Erklärung. Was aber, wenn man damit erstmalig in diesem Ausmaß konfrontiert wird?

Die hauptsächlich betroffene Erzieherin beschreibt gegenüber ihren Kolleginnen die Kinder als gewieft. Als schwierig erlebt sie, dass sich die Kinder mit Blicken wortlos verständigen und sich gegen die Erzieherinnen und deren Anordnungen stellen. Die Kinder grinsen sich bei der Aufforderung, in den Morgenkreis zu kommen, gegenseitig an und unterlaufen das Ordnungsbestreben der Erzieherin. Sie albern herum und bleiben nicht still. Es ist ihnen unmöglich, einem erzählenden Kind zuzuhören. Aber das liegt natürlich auch an ihrer Sprachbarriere. Die Kinder können nicht verstehen, was andere Kinder erzählen, und da sie untereinander in ihrer Sprache reden können, ist die Anpassungsnotwendigkeit gering. Sie leben sozusagen in ihrer eigenen kleinen Welt und sind nicht bereit oder nicht in der Lage, Rücksicht auf andere und das Gruppengeschehen zu nehmen. Auf Gehorsam begründetes Einfordern von den Kindern, sich mit ihrer Dynamik zurückzunehmen und sich in den Ordnungsrahmen einzufügen, bringt keine Besserung. Es macht im Gegenteil deutlich, dass die Kinder sich schwer tun, sich selbst zu steuern und zu führen. Auch Spielen als solches haben sie nicht wirklich gelernt.

In späteren Gesprächen ergänzt die betroffene Erzieherin, dass sie sich oft sehr hilflos fühlt und in Verbindung mit dem bei ihr ausgelösten Ärger den Kindern Mutwilligkeit unterstellt. In weiteren Situationen wird der Erzieherin klar, dass die Kinder sie als Hilfs-Ich brauchen, um die Steuerungsfähigkeit auf diesem Wege »nachreifen« zu lassen. Teilweise ist es notwendig den Kindern zu zeigen, was man z. B. mit einem Auto alles machen kann: in die Garage einparken, um die Wette fahren, von einem Punkt zum anderen kommen, sich dort zu verabschieden und dort zu begrüßen, einen Unfall zu haben, das Auto reparieren müssen, weil es nicht mehr fährt usw. Nur durch die Anbahnung möglicher Spielvarianten im Rollenspiel, an dem sie sich selbst beteiligt und die Führung übernimmt, kann die Erzieherin die Kinder darin unterstützen in eine Spielfähigkeit mit anderen Kindern zu finden.

Eine Patentlösung gibt es wohl kaum, denn solche Umstände brauchen viel Fingerspitzengefühl, interkulturelle Kompetenz und Geduld aufseiten der Fachkräfte. Wichtig dabei ist, die Not der Kinder nicht aus den Augen zu verlieren: Sie bewegen sich in einem Feld, dessen Regeln sie nicht kennen und schon gar nicht verstehen und dessen Anforderungen vielleicht auch nicht befolgt werden können, weil diese Art der Selbststeuerungsfähigkeit, die eingefordert wird, bei ihnen gar nicht ausgebildet ist.

Eine zweite Gruppe bilden Zeynep und Hamadhi, Cousine und Cousin von Fatma und Aishe. Neben diesen beiden gibt es noch drei Geschwisterkinder.

Zeynep kam mit drei Jahren in den Kindergarten und sie steht jetzt mit ca. sechs Jahren kurz vor der Einschulung. Dank der Unterstützung durch eine Integrationshilfe hat sie sich im Gegensatz zu Aishe gut entwickelt. Sie bekam unterstützend Ergotherapie, Logotherapie und Krankengymnastik.

Der sechsjährige Hassan kann sich sehr gut ausdrücken. Er hat ein Elternhaus, das sehr viel besser integriert ist. Er vermittelt oft zwischen den beiden Gruppen und bringt den Erzieherinnen auch einige Wortfetzen aus der arabischen Sprache bei.

Den wirklichen Hauptkonflikt hat die Kita mit Hamadhi. Er ist einer der Jüngsten in seiner Familie. Sichtbar wird diese Rolle dadurch, dass er sich als Kleiner immer an die Großen seiner Familienmitglieder anhängt, was den Großen aber nicht gefällt. Die Erzieherinnen ärgern sich nicht nur über ihn, sondern machen sich auch große Sorgen um ihn. Er schafft es, die Erzieherinnen durch sein unbedachtes, riskantes und selbst gefährdendes Verhalten und mit seiner aggressiven und herrschsüchtigen Art unter Strom zu setzen, sodass keiner gern für ihn die Verantwortung übernehmen will – auch wenn er so mancher Erzieherin irgendwie leid tut, weil er keine Ruhe in sich finden kann. Er wirkt auf sie wie ein Getriebener.

Zu Hause werden sehr viele gewalttätige und kriegerische Computerspiele gespielt. Darüber hinaus fährt die Familie in Ferienzeiten immer wieder in ihr Heimatland, in dem Kriegszustände herrschen.

Mit dem Jungen ist kaum ein Gespräch möglich. Auch die anderen Kinder fürchten sich vor ihm. Das führt dazu, dass eine Erzieherin sich seiner besonders annehmen muss. Er spuckt sie an, droht mit seinem Vater oder damit, dass er aus dem Fenster springt. Manchmal braucht er auch gegen seinen Willen einen haltenden Rahmen, um wenigstens einmal verschnaufen zu können. Im Laufe der Zeit kann er das Gehalten werden auch besser annehmen, weil er spürt, dass es ihm hinterher etwas besser geht.

Die Komplexität der Aufgabe macht es nötig, nicht zu vergessen, dass nicht nur die Kinder integriert werden sollen, sondern auch die Eltern integriert werden müssen. Wie aber sollen sich die Eltern integrieren, wenn es keine Elterngemeinschaft gibt (sie ist recht bunt zusammengewürfelt und sie haben alle mit sich selbst genug zu tun)? Es gibt damit also keinen Raum, der auf dem Hintergrund einer stabilen Werteübereinkunft und einer stabilen, kulturellen gemeinsamen Grunderfahrung dazu beitragen könnte, dass die Eltern sich an unsere Kultur herantasten können, ohne bewertet zu werden, wenn ihre – von unserer abweichende – Kultur sichtbar wird und eventuell sogar sich in Widerspruch zu dieser stellt.

Die Erzieherinnen bemühen sich um positive Integrationsentwicklung. So können sie nach einigen Anläufen einen der kulturfremden Elternteile als Brückenglied zu den anderen gewinnen. Der Vater von Hassan übersetzt die Elternbriefe und Informationsschreiben und trägt auch an den Elternabenden zur gelingenden Verständigung durch Übersetzungshilfen bei. Daneben gelingt es mit seiner Hilfe, dass die arabischen Eltern bei einem Fest über ihre Kultur und ihre Bräuche erzählen. Sie bringen verschiedene arabische Spezialitäten mit. Die Loyalitätskonflikte der Kinder zwischen Kita und elterlicher Kultur werden durch die Annäherung weniger und die Kinder müssen sich den Gewohnheiten des Kindergartens nicht mehr gar so häufig entziehen.

Das Beispiel zeigt, wie komplex und differenziert die Sachverhalte sein können, die sich hinter der Beziehung zwischen Erzieherin und Kind verbergen. Diese aufzuschließen und die Kinder zu gewinnen, sich einzufädeln und zu kooperieren, und dann auch noch in eine gewisse Festigung bezüglich des eigenen kulturellen Handelns zu führen, ist eine schweißtreibende Aufgabe, die nicht immer erfolgreich gelöst werden kann. Hier besteht Professionalität auch darin, seine eigenen Grenzen zu akzeptieren und sich nicht persönlich dafür verantwortlich zu machen, dass mehr nicht möglich ist. Das Kind wird es den Erzieherinnen danken, wenn sie es nicht zu persönlich nehmen, wenn sie mit ihm nicht überein kommen. Denn sonst würde es sich für ihr vermeintliches *Versagen*, das sich durch es ergibt, auch noch schuldig fühlen.

Themen und Auswirkungen, die nachwirkten

Ein großes Themenfeld, das sich auftut, je nach kultureller oder auch andersartiger Verschiedenheit von Familienherkunft, ist mit Sicherheit die Frage nach der Ausübung von Autorität, Führungsstil, Bestrafung, Grenzsetzung, Rollenverständnis als Erwachsene gegenüber Kindern. Nicht immer herrscht Einklang darüber, auch wenn unser Grundgesetz davon ausgeht, dass Kinder eigenständige Persönlichkeiten sind und ihrem Wesen gemäß Unterstützung von erwachsener Seite im partnerschaftlich-führenden Sinne brauchen.

In einer demokratischen Kultur gilt es als selbstverständlich, dass ein Erwachsener versucht dem Kind altersgemäß zu erklären, warum er ein Gebot oder Verbot für das Kind ausspricht. Dabei wird er mit zunehmendem Alter des Kindes auch einen gewissen Verhandlungsspielraum für das Kind eröffnen, damit das Kind nicht nur quasi von außen eine Struktur mit Gewalt aufgezwungen bekommt, sondern sich im Hineinwachsen in die vorgegebenen Grenzen diese auch kritisch prüfend zu eigen machen kann. Die eine Grenzsetzung gründet auf Gehorsam und Angstauslösung, die andere wirbt um Verständnis und Einsicht. Letztere wird auch in Abwesenheit von kontrollierenden Erwachsenen zum Tragen kommen.

Im Kindergartenalltag erleben die Erzieherinnen unter Umständen aber eine sehr viel breiter gestreute Erziehungsgrundhaltung aufseiten der Eltern, die sich nicht immer im gesellschaftlich anerkannten Verständigungsrahmen bewegt. Die Kinder bringen unreflektiert, eher instinktiv angelegt, die zu Hause erlernten Umgangsformen mit und nutzen sie in ihren Beziehungen zu anderen Kindern und den Erzieherinnen. Dass das den Kindergartenalltag nicht leichter macht, steht außer Frage.

Natürlich beeinflusst es eine Erzieherin, wenn ein türkischer Junge, der es von zu Hause gewohnt ist, nur die männliche Autorität des Vaters gelten zu lassen, auf ihre Grenzsetzungen nicht reagiert. Natürlich fühlt sie sich dann von diesem Jungen weder ernst noch wahrgenommen in ihrem Anliegen. Das kann im schlimmsten Fall schon als starke Kränkung erlebt werden, die Ärger hervorruft. Geschieht das öfter, ist schon nach wenigen Tagen der mögliche Beziehungsraum zwischen dem Jungen und der Erzieherin sehr stark eingeschränkt. Er wird als jemand erlebt, der nicht hört und das Augenmerk richtet sich – scheuklappenartig ausgerichtet – vor allen Dingen darauf, ihn zum Gehorchen zu bringen. Damit ist ein ausgewachsener Machtkampf, in dem sich die Erzieherin ohnmächtig und ausgeliefert fühlt, dem das Kind in seinem Inneren aber überhaupt nicht gewachsen ist, begründet. Unter Umständen fühlt die Erzieherin durch den Konflikt mit dem einzelnen Kind die Achtung vor ihr auch bei den anderen Kindern schwinden.

In dieser beschriebenen Situation kann die Erzieherin zwischen dem Problem, das sie mit einem Kind hat, und dem Kind selbst nicht mehr trennen. Wie kann nun ganz praktisch ein Umgang mit einer solchen Situation aussehen?

Zunächst scheint es naheliegend, mit den Eltern das Gespräch zu suchen. Dabei liegt es auf der Hand, die Eltern zu fragen, wie sie zu Hause Grenzen setzen: Ob sie welche setzen und wenn ja, wie? Ob die Kinder die gesetzten Grenzen befolgen? Was passiert bei Grenzverletzungen?

Der Erzieherin ermöglichen solche Gespräche erste Erklärungen und Einsichten im Hinblick auf die Situation zu Hause. Für die Eltern ist es sicher hilfreich zu erfahren, welches Verhalten das Kind im Kindergarten zeigt und warum die Erzieherin eine Schwierigkeit damit hat oder an welcher Stelle sie vielleicht ein Verhalten des Kindes besonders schätzen kann.

Es erfordert großes Fingerspitzengefühl, die Situation im Kindergarten so darzustellen, dass Eltern sich nicht aufgerufen fühlen, ihr Kind für sein Fehlverhalten zu bestrafen. Die Sorge von Erzieherinnen, dass das Kind durch sein Verhalten eventuell Freundschaften verspielen könnte oder in Gefahr gerät, eine Außenseiterrolle zu übernehmen, können die meisten Eltern gut verstehen.

Auch wenn damit die Situation in der Kindergruppe noch lange nicht gelöst ist, lässt sich so doch die Fantasie über das Kind auf den Boden der Tatsache zurückholen und die Erzieherin kann sich von dem *Feindbild Kind* wieder lösen.

6. Strukturierte Angebote

Das Problem strukturierter Angebote ist oftmals, dass die durchführenden Erzieherinnen eine sehr genaue, meist auch idealisierte Vorstellung davon haben, wie sich der Verlauf eines solchen Projektes vollziehen soll und was dabei herauskommen soll. Es wird zu oft ein produktorientierter Fokus verfolgt, statt großräumig prozessorientiert zu begleiten.

Der schüchterne Fridolin und Kreisspiele

Bei einem Kreisspiel legt die Erzieherin großen Wert darauf, dass alle Kinder einmal drankommen, in die Mitte gehen und dort vorgegebene Rollen ausfüllen.

Der kleine Fridolin, ein eher schüchterner Junge, der es überhaupt nicht mag, wenn sich zu viel Aufmerksamkeit auf ihn richtet, fühlt sich bei der Aufforderung zur Ausfüllung der vorgegebenen Handlungshülsen beschämt und fast genötigt. Er fühlt sich unzulänglich, weil er etwas nicht einbringen kann, was die Erzieherin offenbar von ihm erwartet. Deshalb versucht er, sooft er es nur kann, diese Kreisspiele ganz gezielt zu meiden. Er ahnt schon voraus, dass er wieder in eine Situation kommen wird, in die Mitte zu gehen und etwas ausführen zu müssen, was er eigentlich nicht will. Mit den anderen gemeinsam im Kreis zu stehen, ist für ihn dagegen nicht wirklich schlimm, sondern eher schön. Da es anderen Kindern auch so geht und die Erzieherin selbst merkt, dass die Kinder keine Freude an den Kreisspielen haben, verliert sie selbst zunehmend die Lust, welche anzubieten.

Im fachlichen Austausch mit einer Kollegin bedauert sie dies, weil sie eigentlich solche Kreisspiele mag und auch weiß, dass sie Kindern ebenfalls gefallen können. Die Kollegin ermutigt sie, ihr Wollen nicht aufzugeben, sondern eher darüber nachzudenken, wie sie die Spiele so verändern könnte, dass die Kinder und auch sie wieder Freude dabei haben. Sie schlägt der Kollegin vor, es mit freiwilliger Teilnahme zu versuchen.

Beim nächsten Kreisspiel setzt sie das um und verkündet den Kindern, heute könne jeder für sich entscheiden, wann er dran ist, ob er in die Mitte will oder nicht. Das klappt wirklich prima.

Beim nächsten Mal lässt sie die Kinder per Handzeichen signalisieren, wenn sie als nächstes drankommen wollen. Diese Versuche ermutigen sie, Szenen mit unterschiedlichen Rollen im Kreisspiel umzusetzen, sodass z. B. ein eher zögerliches Kind auch einfach nur ein stillstehender Baum sein kann. Und siehe da: Plötzlich machen alle Kinder mit Begeisterung mit und der Frust ist verflogen.

Auch Fridolin muss sich jetzt nicht schlecht fühlen, sondern findet den für ihn passenden Platz in der Kreisspielszene mit dem Gefühl, dazuzugehören.

Mia und Jonas und ihre Abneigung, mit Ton oder Kleister zu arbeiten

Silke, eine noch jüngere Erzieherin, die ganz erfüllt ist von Ideen, was sie alles mit den Kindern zur Umsetzung bringen möchte, will einige Projektwochen lang in Vorwegnahme des baldig kommenden Muttertages mit den Kindern töpfern, tonen, kleistern usw., um Produkte zum Verschenken mit den Kindern herzustellen. Einige Kinder sind von diesem Vorhaben nicht so begeistert. Mia findet Ton und Kleister eklig. Sie sagt, das fühlt sich an wie »Kacka« und will damit nichts zu tun haben. Jonas verhält sich ganz ähnlich. Er findet die Konsistenz schleimig und klitschig, denkt dabei an eine Schnecke.

Silke muss sich eingestehen, dass sie sich über die Kinder ärgert. Sie bewertet ihr Verhalten und findet das nicht normal. »Alle Kinder wollen sich doch schließlich im Schlamm suhlen und matschen!« So jedenfalls hätte sie sich das gern gewünscht. Jonas und seine Eltern bieten sich an, ihrem Vorurteil zuzuarbeiten. Jonas Mama ist sehr heikel, wenn es um Schmutz oder Ähnliches geht. Vor den Exkrementen der eigenen Kinder hat sie sich so geekelt, dass sie ausschließlich mit Gummihandschuhen tätig wurde. Silke erlebt die Mutter als sehr hektisch und überbemüht. Sie will alles richtig machen und orientiert sich sehr stark daran, dass alles ordentlich ist. Im Untergrund spürt sie bei der Mutter, die sehr früh wieder voll arbeiten gegangen ist, Schuldgefühle. Sie hat scheinbar insgeheim das Gefühl, dass das nicht in Ordnung war. Über ihre Perfektionsansprüche an sich selbst, die sie abarbeitet, versucht sie sich zu beweisen, dass sie eine gute Mutter ist. Dabei spielt Beziehung für sie eine eher untergeordnete Rolle. Im Kindergarten wird das in dem Sinne auch spürbar, dass Jonas sehr viel mehr Nähe sucht als andere Kinder. Silke erlebt Jonas diesbezüglich als richtig ausgehungert. Jonas fällt auch bei Waldgängen auf, weil er versucht seine Matschhose sauber zu halten, damit er von der Mama keine Schimpfe bekommt. Silke fühlt sich durch diese Beobachtungen bestätigt, wie gut es für das Kind wäre, wenn es sich ihrem Angebot öffnen könnte.

Mias Verhalten ist nicht so leicht zu verstehen. Ihr Bruder war auch schon in ihrer Gruppe gewesen und von dem weiß sie, wie gern er mit Dreck und nassem Sand gespielt hat. Also, an den Eltern kann es bei Mia nicht liegen, denn die haben das Schmuddeln durchaus wohlwollend und unterstützend begleitet. Es scheint also doch mehr mit ihrem Entwicklungsstadium oder mit dem Wesen von Mia zu tun zu haben, dass sie sich dem Angebot nicht öffnen kann.

Mias Ablehnung lässt die Erzieherin darüber nachdenken, wie voreingenommen und pauschal ihre Haltung eigentlich ist. Was würde sie denn verlieren, wenn sie den Kindern anstatt des Töpferns etwas anderes ermöglichen würde? Nachdem sie die Kinder darauf angesprochen hat, was sie selbst vielleicht lieber machen wollen, kam die Idee auf, Nähkarten zu erstellen. Hierbei werden auf einer festen Pappe Umrisse, z. B. ein Herz (Muttertag), aufgemalt. Auf der Linienführung des gemalten Bildes werden dann Löcher, z. B. mit einem Nagel, in regelmäßigen Abständen hineingestanzt. Später werden diese dann mit einer Stopfnadel und eingefädelter Wolle von Punkt zu Punkt verbunden und damit als Bild ausgenäht.

Robin und seine Schwierigkeit, in Still- und Ruhephasen seinen Platz zu finden

Marlene, die Erzieherin der Igelgruppe, verzweifelt immer öfter an Robin, der die ganze Gruppe in Unruhe versetzt. Fragt man genauer nach, handelt es sich dabei vor allen Dingen um solche Situationen, in denen die Kinder still werden sollen oder in denen besondere Aufmerksamkeit und Konzentration erforderlich sind.

Robin rutscht in solchen Situationen unruhig hin und her. Er zappelt, konzentriert sich auf die anderen anstatt auf sich selbst, hört nicht zu, lacht vor sich hin, kann dem Geschehen nicht mit Aufmerksamkeit folgen, verzettelt sich, redet dazwischen oder redet mit anderen Kindern. Eine Zeit lang versucht Marlene durch Strafen und Strafandrohungen oder durch Ausgrenzung (wie im Büro sitzen) das Problem mit Robin in den Griff zu bekommen. Das fruchtet aber nicht wirklich, im Gegenteil: Die Lage spitzt sich weiter zu, bis sie sich selbst eingesteht, dass es so nicht weitergehen kann.

Da ihre eigenen Mittel erschöpft sind und sie sich nicht zu helfen weiß, sucht sie den Kontakt zu anderen Kolleginnen, in der Hoffnung, darüber Impulse und Anregungen zu bekommen, die weiterhelfen. Dies tut sie aber vorwiegend in Gesprächen zwischen Tür und Angel. Sehr schnell stellt sie fest, dass dies nicht wirklich der richtige Weg ist. Es wird ihr zwar viel Verständnis entgegengebracht und sie wird vielfach bedauert und gelobt, aber die gut gemeinten Ratschläge helfen wenig. So entschließt sie sich, beim Träger eine Einzelsupervision zu beantragen, die dieser nach schriftlicher Darstellung der Situation auch genehmigt.

In der Supervision werden mehrere Aspekte verfolgt. Einerseits bekommt sie Hilfe, ihre eigenen Gefühle deutlicher wahrzunehmen und auszudifferenzieren, um sich dem Kind mit mehr als nur der eigenen Angst oder Wut bzw. der eigenen Hilflosigkeit zu zeigen. Sie fängt an, sich sicherer zu fühlen und macht ihr eigenes Wohlbefinden nicht mehr vom Mitmachen des Kindes abhängig. Sie bemüht sich die Hauptaufmerksamkeit nicht mehr darauf zu lenken, ihn einzubeziehen. Das entspannt automatisch die Situation und überträgt sich auch auf den Jungen.

Sie selbst hat plötzlich nicht mehr das Gefühl, der macht mit mir, was er will, sondern spürt plötzlich, dass er nicht anders kann. Als nächsten Schritt lädt sie Robin ein, zwischendrin mal in den Garten zu gehen und sich auszutoben, um dann etwas konzentrierter zurückzukommen. Oder sie erlaubt ihm in der Bauecke solange zu spielen, wie sie mit den anderen Kindern im Stille-Kreis sitzt. Das führt dazu, dass er doch immer mal kommt und zuschaut.

Die Kinder fangen an, sich von seiner Unruhe nicht mehr so stark ablenken zu lassen. Sie begreifen, der Robin ist halt so und braucht besondere Regeln und Hilfen. Sie fangen sogar an, ihn zu unterstützen – im Gegensatz zu früher, wo sich die Kinder nur von ihm genervt fühlten (oder aber sich ablenken ließen) und Worte fielen, wie: »Du nervst! Das macht man nicht! Kannst du nicht still sitzen!?«

Dann kommt Marlene auf die Idee, die Kindergruppe aus der lauten und großen Bewegung heraus hin zu kleineren, langsameren und leiseren Bewegungen zu führen, indem sie zunächst als wilde Löwen durch den Raum rennen mit Gebrüll, dann aber an ihre Beute anschleichen, um sich dann vielleicht zum Schluss als Faultier in den Baum zu hängen etc. Diese Rollenspiele helfen tatsächlich auch Robin, länger ruhig zu bleiben.

Marlene ist natürlich klar, dass damit das Grundproblem zwischen ihr und Robin nicht behoben ist, sondern dass es dazu noch viele weitere geglückte, gelungene, scheinbar zufällige Situationen braucht. Der Anfang ist aber gemacht.

Marlene gewinnt ihr Selbstvertrauen zurück. Ihre Fähigkeit, Einfluss zu nehmen auf verfahrene Situationen wird dadurch gestärkt. Sie fängt an zu ahnen, dass sie Erfahrungsräume so anlegen kann, dass sie für das Kind hilfreich und weiterführend sind. Ihr wird klar, dass das der einzige Weg ist, wie das Kind lernt, sich selbst zu steuern.

7. Konfliktebene Eltern

Der scheue Tim und seine scheue Mutter

Die Erzieherin ist oftmals erstes oder mindestens eines der ersten Bindeglieder zwischen Familienkultur und Gemeinschaftskultur. Sie wird im direkten Kontakt mit dem Kind mit den Beziehungsmustern konfrontiert, wie sie sich zwischen Vater, Mutter und Kind entwickelt haben. Sie kommt über das Kind auch in Kontakt mit den elterlichen Wertehaltungen und mit den grundlegenden familiären Umgangsformen. Es liegt nahe, dass ihr bei ersten Beziehungsversuchen unbewusst Rollen, die zu den bisherigen Beziehungsmustern der Familie passen, zugewiesen werden.

Die Kunst erzieherischer Begleitung ist an dieser Stelle, sich einerseits akzeptierend zu verhalten und andererseits reflektierend, sich verbindend und Abstand suchend eine Rolle zu gestalten, die auch im Hinblick auf das Miteinander, auf die Umgangsformen in der Kita wegweisend sind und den Eltern helfen, neue Handlungsweisen und Haltungen zu entwickeln. Die Erzieherin hat die Aufgabe, den Eltern wie auch dem Kind Orientierung zu geben und letztendlich akzeptiertes Handlungsvorbild zu sein.

Wie kann die Bewältigung dieser Aufgabe nun ganz konkret im Alltag geleistet werden und welche Konflikte bringt das mit sich?

Eine Erzieherin berichtet von einem schüchternen, zurückhaltenden Kind namens Tim, das sich sehr anhänglich an die Mutter klammert und mit diesem eher ängstlich-abwehrenden Verhalten große Schwierigkeiten hat, in die Tagesgruppe mit den vielen anderen Kindern hineinzufinden. Im Laufe der Zeit stellt sich heraus, dass die Mutter den kleinen Tim nicht nur sehr stark an sich bindet, sondern bei starker Nähe gleichzeitig wenig Beziehungsangebote bzw. Spielangebote an ihr Kind richtet.

In welcher Form auch immer die Erzieherin den sich stark an die Mutter bindenden Tim zum Mitmachen einlädt, Tim ist so gut wie nie in der Lage, die Angebote als solche anzunehmen. Das Bemühen der Erzieherin richtet sich deshalb immer mehr darauf, die Beziehung zu ihm zu stärken und im kleinen Rahmen zwischen ihr und Tim einen Austausch und ein Spiel in Gang zu bringen. Hier gewinnt der Junge Schritt für Schritt mehr Vertrauen und versucht die Angebote zu erwidern, was mal mehr und mal weniger gelingt. Die Erzieherin kommt zu der Einsicht, dass sie, will sie Tim in die Gruppe längerfristig integrieren, zunächst eher begrenzend noch ein zweites oder höchstens ein drittes Kind in den Spielrahmen einladen kann, weil alles andere für ihn eine Überforderung darstellt. Nebenbei nutzt die Erzieherin immer wieder die Gelegenheit, mit den Eltern über die Kindergartensituationen zu sprechen, sodass die Eltern einerseits das Bild gewinnen, dass die Erzieherin ihren Tim mag, gleichzeitig aber auch Entwicklungsbedarf auf verschiedenen Ebenen wahrnimmt und die Besonderheit des Sich-nicht-verbinden-Könnens im Spiel auch vorsichtig als Problem darstellt. Des Weiteren lässt sie es auch nie aus, den Eltern ihre Versuche und gelingenden Beispielsituationen zu beschreiben, einerseits um sichtbar zu machen, dass das Kind wichtig ist, andererseits aber auch, um den Eltern einen breiter gefächerten Handlungsrahmen zu eröffnen.

Die komplexe Aufgabe, einerseits diese kleinen erfolgreichen Spielsituationen vorsichtig herzustellen, aber auf der anderen Seite das Kind durchaus auch immer wieder der Gruppe und den Situationen in der Gruppe in einer Art und Weise auszusetzen, die beim Kind auch den Wunsch nach Entwicklung und Lösung dieser Situationen weckt, ist schwer. Im Laufe vieler Monate gelingt es der Erzieherin aber immer besser, die Stärken des Kindes, wie Verlässlichkeit und Treue oder Ordnungsbedürftigkeit, zu würdigen und herauszustellen, es aber immer wieder auch in Situationen zu bringen, die das Kind herausfordern, sich auf unberechenbare und ungeschützte Beziehungszusammenhänge und Spielsituationen mit anderen Kindern einzulassen.

In den begleitenden Elterngesprächen wird parallel immer deutlicher, dass die Mutter ebenfalls ein sehr scheues und zurückhaltendes Wesen besitzt. Sie scheint das häusliche Umfeld als Schutz zu empfinden.

Die kleine Familie hat das Glück, dass die begleitende Erzieherin selbst eine Frohnatur ist. Eine andere Erzieherin, die vielleicht eine ähnliche Persönlichkeitskomponente hat, kann an dieser Stelle schon an ihre Grenze kommen. In diesem Fall könnten Erzieherin und Kind aneinander verzweifeln oder jedenfalls beide große Selbstzweifel entwickeln. Es wird also deutlich, wie wichtig es ist, im kollegialen Austausch zu bleiben, um immer wieder die eigene Wahrnehmung mit der von anderen Kolleginnen abzugleichen und vor allen Dingen, sich durch den anderen Blickwinkel Strategien und Beziehungsangebote zu erschließen, die das Kind weiterbringen.

Die draufgängerische Mathilda und ihr Abenteuer-Papa

Mathilda ist ein eher draufgängerisches Kind. Die anderen Kinder schüchtert sie mit ihrem Verhalten ein. So gibt es eine Situation beim Mittagessen, die bezeichnend für Mathilda ist: Sie kann weder den Tischspruch noch andere Rituale, die beim Mittagessen einen Rahmen geben, berücksichtigen. Schließlich hat sie jetzt Hunger und der muss sofort und prompt gestillt werden. Gleichzeitig ist dieses Kind aber sehr sensibel und leicht verletzbar, wenn die Beziehungssicherheit infrage gestellt ist. Ein Nachtischverbot als Zeichen, dass sie so nicht vorgehen kann, lässt sie regelrecht abstürzen, was dann wiederum zu noch mehr Unruhe und Aufregung führt.

Auch in der Puppenecke will sie bestimmen, was da jetzt gespielt werden soll. Natürlich löst das bei der begleitenden Kollegin neben Hilflosigkeit auch Wut aus. Schließlich bringt Mathilda mit ihrem Verhalten die ganze Gruppe durcheinander. Da Strafen sich als wenig hilfreich erweisen, gilt es nun, einen anderen Weg zu finden. Als nächstes versucht die Erzieherin, Mathilda über Vernunft und Einsicht zu erreichen. Sie spricht mit ihr darüber, wie ihr überbordendes Verhalten, das nicht nach den anderen fragt, sondern ihnen einfach eine Rolle zuweist, bei den anderen Kindern ankommt, und bietet ihr gleichzeitig beschreibend andere Verhaltensmöglichkeiten an.

Mathilda kann jedoch kaum zuhören. Sie springt von einem Fuß auf den anderen und ist mit den Gedanken ganz woanders. Im Laufe der Zeit erkennt die Erzieherin, dass sie nur helfen kann, wenn sie selbst mit ins Spiel geht und aus der Spielmoderation heraus die Kindergruppe dabei unterstützt, Spielsituationen so zu strukturieren, dass sie Mathilda zugänglicher sind.

Mathilda hat einen sehr kraftvollen Vater, der sie immer und andauernd ermutigt, Dinge zu wagen, von denen er glaubt, dass ein Kind sie wagen muss. Die eher depressive Mutter ist nur selten in der Lage, der Tochter ein echtes Beziehungsangebot zu machen. All das führt dazu, dass sie nach den Angeboten des Vaters hungert. Sie will ihrem Vater natürlich gefallen und ihn nicht enttäuschen. Wenn Mathilda die beim Vater erlernten grenzüberschreitenden Fähigkeiten auch in die Beziehung zur Mutter bringt, erschrickt diese und erwacht für kurze Augenblicke aus ihrer Depression.

Der verantwortlichen Erzieherin wird zwar immer klarer, dass der Konflikt, den sie mit Mathilda im Kindergarten hat, sehr stark in den problematischen Persönlichkeiten der Eltern begründet liegt, aber sie begreift auch, dass diese elterlichen Anteile, wenn überhaupt, dann in einer Therapie bearbeitet werden könnten. Sie spürt, dass sie das Kind in einen schweren familiären Konflikt stürzen würde, würde sie auf ein Einsehen der Eltern drängen. So entscheidet sie sich, ganz nah am Kind und seinem Verhalten zu bleiben, wenn sie mit den Eltern spricht, und das Verhalten des Kindes so deutlich zu zeigen, dass auch die Eltern ihr eigenes darin wiederfinden können. Damit hält sie das Thema wach und bietet immer wieder Gelegenheit, darüber nachzudenken, ob es nicht gut wäre, daran zu arbeiten.

Ansonsten entscheidet sie sich, lieber daran zu arbeiten, Mathilda zu einem stabilen und tragenden Rahmen im Kindergarten zu verhelfen und ihr immer wieder ihre Zuneigung zu zeigen, aber auch unaufhörlich mit ihr daran zu arbeiten, sich besser selbst strukturieren und steuern zu lernen und hellhöriger für die Bedürfnisse der anderen Kinder zu werden. Dazuzugehören, ohne etwas Besonderes zu sein, ohne aufzufallen und dafür geschätzt zu werden, hat ja schließlich auch etwas ungeheuer Anstrengungsloses und Entspanntes.

Später auf einer Fortbildung berichtet die Erzieherin, dass der Vater irgendwann von sich aus über die Depressionen seiner Frau gesprochen hat. Das sei eine Parallele, die es auch in der Beziehung zu seiner Mutter gegeben hat. Sein Gasgeben sei eben auch ein Ausdruck seiner Hilflosigkeit, mit dieser schwarzen Depression, die ihn umgibt, umzugehen.

Die Erzieherin konnte so die Gelegenheit nutzen und ihn auf eine Familientherapeutin aufmerksam machen, die der Familie vielleicht helfen kann, einen Ausweg zu finden.

Samuels überfürsorgliche Eltern

Die Eltern von Samuel werden schon von Anfang an als ängstliche Eltern wahrgenommen, die ihrem fünfjährigen Kind sehr wenig zutrauen. Sie wollen ihn vor allem schützen, was irgendwie nur im Ansatz eine Gefahr oder ein Risiko darstellt. So haben sie beispielsweise Angst vor einem Waldtag im Herbst: Die Kinder könnten sich weh tun, sich verletzen oder sich erkälten, wenn sie den ganzen Tag draußen sind.

Die Erzieherinnen bringt das eigentlich schon immer in Konflikte. Einerseits finden sie es nicht schlecht, dass Eltern vorausschauend ihre Kinder begleiten und auch Gefahren vorausdenken. Schließlich gibt es genug Eltern im Kindergarten, die sich dafür nur sehr bedingt verantwortlich fühlen. Andererseits ist es schwierig, die vorausgedachten Sorgen und Nöte gerade dieses Elternpaares durch sachliche Vorbeugungsmaßnahmen zu zerstreuen.

Einmal lässt die Erzieherin vier Kinder im Alter zwischen fünf und sechs Jahren allein (also unbeaufsichtigt) in den Garten gehen. Sie kennt diese vier Kinder gut und kann sie gut einschätzen. Nur selten kam es zu Konflikten in dieser Gruppe und wenn, dann waren sie meist in der Lage, es selbst zu klären. Es ist weder ein Draufgänger in der Gruppe, der seine Grenzen pausenlos überschreitet, noch ist die Spielgruppe als solche in irgendeiner Weise labil. Dazu kommt, dass die Kinder den Wunsch äußern, nach draußen zu gehen. Da aber einige Kinder in der Gruppe erkältet sind und es an dem Tag recht frisch ist, will die Erzieherin nicht mit allen hinausgehen. Als sie also entscheidet, die vier allein hinausgehen zu lassen, handelt sie fachlich betrachtet durchaus verantwortlich, zumal sie den Kindern noch einmal sagt, worauf es beim Allein-draußen-Spielen ankommt. Auch der Praktikantin gibt sie den Hinweis, ab und zu nach den Kindern im Garten zu schauen.

Als die Eltern nun aber davon hören, dass die Kinder allein im Garten waren, fallen sie aus allen Wolken. Sie streuen ihre Ängstlichkeit, ihren Ärger und ihre Unzufriedenheit unter die anderen Eltern. Sie klagen die Erzieherin an, sie habe ihre Aufsichtspflicht verletzt und die Kinder in unverantwortlicher Weise sich selbst überlassen. Zunächst versucht die Erzieherin, mit den Eltern zu reden und sie zu beruhigen. Dies tut sie zunächst einmal mit dem Hinweis darauf, dass ja weder etwas aus dem Ruder gelaufen ist, noch jemand zu Schaden gekommen ist; dass die Kinder diesen Freiraum mit mehr Selbstverantwortung sehr genossen haben. Des Weiteren gibt sie zu bedenken, dass es für die Kinder schade sei, wenn sie sich im Nachhinein bei der Verwirklichung ihrer Autonomiebedürfnisse schuldig fühlen müssten, weil sie spüren, dass die Eltern das, was sie getan haben, nicht richtig finden.

Die Eltern lenken aber letztlich nicht ein und äußern sich mit den klaren Worten, dass bis jetzt eben noch nichts passiert sei, aber dass das ja noch kommen könne, wenn man es weiter zuließe.

Die Erzieherin spürt, dass in diesem eher geschlossenen, persönlichen Gespräch mit den Eltern das Problem nicht zu einer Lösung gebracht werden kann. Zumal sie ahnt, dass der Funke des Misstrauens auch auf andere Eltern überspringt. Sie sucht den schnellen Schulterschluss mit den Kolleginnen, um sich in dieser Frage auszutauschen und zu verständigen. Gott sei Dank ist es nicht schwer, darüber Einigkeit zu erzielen, dass das Vorgehen nicht zu beanstanden ist und im Sinne des kindlichen Bedürfnisses nach Autonomiewachstum auch als Unterstützung für die Entwicklung der Kinder betrachtet werden kann.

Den Erzieherinnen gelingt es gut, sich gegenseitig zu beruhigen. Sie entscheiden, die Frage nach Freiheit und Autonomie sowie Schutz, Verantwortlichkeit und Fürsorge zu einer Frage des gemeinsamen Werteringens mit den Eltern zu machen.

Um dem Auseinandersetzungsthema etwas die Energiespitze zu nehmen und es zu strukturieren, kommen sie auf die Idee, den Elternabend zu diesem Thema mit den Elternbeiräten gemeinsam zu entwickeln. Am Abend selbst laden dann die Elternbeiräte die Eltern dazu ein, sich in kleinen Gruppen darüber auszutauschen, wovor sie Angst haben, was den Kindern im Kindergarten alles passieren könnte. In einem zweiten Schritt wird der Abend so angelegt, dass auch darüber nachgedacht werden kann, ob es nicht auch zu Hause im elterlichen Umfeld Unwägbarkeiten gibt, die ein gewisses Risiko für die Kinder beinhalten können. Fünfjährige Kinder kann man nun einmal nicht mehr in den Laufstall sperren, sondern man muss, wenn man als Eltern selbst auch einmal Freiräume haben will, darauf vertrauen, dass sie, wenn sie in ihrem Zimmer spielen, keinen bleibenden Schaden für sich und ihre Geschwister schaffen. Es braucht eine Balance zwischen dem Freilassen der Kinder einerseits und dem Bewusstsein für die bleibende, übergeordnete Verantwortung in den freigegebenen Situationen andererseits.

Die Frage nach dem Vertrauen wird zum zentralen Thema des Elternabends: Eltern müssen bei diesem Freigeben den Kindern vertrauen können. Erzieherinnen sind wiederum darauf angewiesen, dass die Eltern ihnen vertrauen. Was brauchen die Eltern von ihnen, damit dies gelingt? Ein Restrisiko, dass etwas Unvorhergesehenes geschieht, ist bei noch so sorgfältig durchgeführter Aufsicht nicht auszuschließen.

Die Erzieherinnen bieten den Eltern an, für sich selbst im Team einmal zu beschreiben, unter welchen Bedingungen die Kinder Verantwortung übertragen bekommen. Außerdem laden sie die Eltern ein, im Kindergarten zu hospitieren.

Es wird deutlich, dass die Erzieherinnen aus ihrer Fachlichkeit heraus gehandelt haben und nicht blind und verantwortungslos die Kinder sich selbst überlassen haben.

Wenn eine Erzieherinnengruppe merkt, dass sie das Austragen eines solchen Konfliktraumes nicht halten und zu einem Ergebnis mit den Eltern führen kann, hat sie immer noch die Möglichkeit, sich einen Referenten zum Thema einzuladen oder einen Trägervertreter hinzuzuziehen, der einmal über die rechtlichen Hintergründe des Freigebens der Kinder referieren könnte.

Der wahrnehmungsbeeinträchtigte Ronald

Ronald schlägt andere Kinder. Er kann im Konfliktfall nicht diskutieren oder kompensieren, sondern er schlägt zu. Erwachsenen gegenüber fallen ihm alle möglichen Ausreden ein. Bittet ihn die Erzieherin z. B. ein von ihm verschüttetes Getränk aufzuwischen, dann sagt er: »Ich weiß nicht, wie das geht«. Oder er erklärt, dass das doch nachher die Putzfrau machen könnte.

Ronald hat große Schwierigkeiten, sich in einem gesetzten Rahmen zustimmend einzufügen. So hat er schon Probleme mit der persönlichen, ritualisierten Begrüßung per Handschlag durch die Erzieherin. Auch das Hineinfinden in den Morgenkreis stellt für ihn eine scheinbar unüberwindbare Hürde dar.

Übernimmt die Erzieherin die einfühlsame Führung, wird er aggressiv. Aufgrund seiner starken Energie kann er eigene Grenzen oft nicht mehr wahrnehmen, geht ungesteuert Risiken ein und gefährdet sich selbst wie auch die anderen Kinder. Bei ihm weiß man nie, was als nächstes passieren kann.

Generell ist das Hineinfinden in ein gemeinsames freies Spiel immens erschwert. Natürlich spürt Ronald, dass er nicht richtig in eine spielende Gruppe finden kann, was wiederum bei ihm innerlich zu Kränkungen und Enttäuschungen führt, die sich abrupt als aggressive Handlungen entladen können.

Nur ab und an gelingt es ihm, mit einzelnen Kindern oder mit einer der Erzieherinnen zu spielen.

Wenn er sich mit etwas beschäftigt, was ihn interessiert, kann er sich ganz darin verlieren und alles andere um sich herum vergessen. So kann es auch geschehen, dass er auf dem Weg zur Toilette auf etwas stößt, was ihn fesselt, und er dann in die Hose macht.

Berührungen sind für ihn schwierig zu ertragen. Gut annehmen kann er es nur, wenn man ihm fest über das Rückgrat streicht.

Sie können sich sicher schon vorstellen, dass dieses Kind von der begleitenden Erzieherin als anstrengend erlebt wird. Mitunter kann dieses Gefühl soweit gehen, dass man der Auseinandersetzung mit dem Kind am liebsten ausweichen würde. Unausgesprochen fordert er ständige Präsenz und Aufmerksamkeit. Ständig muss man achtsam sein, dass er nicht wieder ausflippt. Hier ist es klug, wenn eine Erzieherin ihre Grenzen erkennt und sich um zusätzliche Hilfe, z. B. eine Integrationsfachkraft für den Jungen bemüht.

Einem solchen Kind ist natürlich durch große Genauigkeit am meisten geholfen. Reagiert er überall gleich? Wie ist das zu Hause? Gibt es Ausnahmesituationen, in denen er besser zu sich kommen kann? Was braucht er für Hilfestellungen oder welche Übergänge muss man für ihn anlegen, damit er leichter hineinfinden kann?

Ein Kind wie Ronald verändert sich natürlich nicht nach ein paar pädagogischen Zaubergriffen in ein pflegeleichtes und zufriedenes Kind. Es braucht viel Geduld. Erzieherinnen werden herausgefordert sein, die eigene Ungeduld selbst zu steuern.

8. Unter Erzieherinnen

Arbeitet man im Team, ganz gleich, ob es sich um ein Team von vier, sieben oder 15 Erzieherinnen handelt, benötigt man die Fähigkeit, sich aufeinander einzustellen und abzustimmen. Das fällt manchen Menschen leichter, anderen etwas schwerer. Jede Erzieherin hat eine individuelle Geschichte, gute oder weniger gute Erfahrungen gemacht, ist als Einzel- oder Geschwisterkind aufgewachsen, hat diese oder jene Umgangsformen und Werte kennengelernt. Menschen haben auch ganz unterschiedliche Charaktere. Zudem treffen in einem Team oftmals Menschen unterschiedlichsten Alters aufeinander, mit mehr oder weniger Berufserfahrung und mit mehr oder weniger viel Motivation für den Beruf. Privat abgesichert, ausgeglichen, zufrieden oder vielleicht mitten im Scheidungsprozess, Probleme mit den eigenen, pubertierenden Kindern oder einer schwerkranken (Schwieger-)Mutter zu Hause … All das kann die jeweilige Lebenssituation beeinflussen. Obwohl jede Erzieherin auf andere Dinge Wert legt und diese den Kindern im Alltag vermittelt, muss das Team im Ganzen funktionieren. Auch ist die Bereitschaft, sich engagiert einzusetzen, je nach Lebensphase und Lebenssituation ebenfalls sehr unterschiedlich.

Teamdiskussion: Ist das Kindeswohl gefährdet?

Ute berichtete uns über folgende Umstände, mit denen sie sich in ihrem Team auseinandersetzen musste: Das Geschwisterpaar Bharat und Ranya sind wirklich tolle Kinder. Die beiden sind recht unterschiedlich. Bharat, der kleine Prinz, und Ranya, die anhängliche Tochter, die sehr viel Liebe und Zuneigung benötigt. Bharat drückt sich für sein Alter super aus und teilt den Kindern sowie auch den Erwachsenen mit, wie es ihm geht oder was er braucht. Gleichzeitig hat er aber auch eine blühende Fantasie. Seine kleine Schwester Ranya eifert ihm nach und erzählt gerade montagmorgens im Erzählkreis nach dem Wochenende die wildesten Geschichten. In der Kindergruppe sind beide gut integriert – vielleicht auch, weil sie sich gut mitteilen können. Die Eltern von den beiden haben neben Bharat und Ranya noch zwei ältere Kinder, die aber bereits zur Schule gehen, und vor ungefähr einem halben Jahr ist auch noch die kleine Rabea dazugekommen. Die Eltern begegnen den Erzieherinnen immer offen und bereit mitzuwirken, wenn etwas anfällt. Die Erzieherinnen bringen dieser Großfamilie, die ursprünglich aus dem indischen Kulturraum stammt, großen Respekt entgegen. Sie finden es immer sehr beeindruckend, wie gut die Familie den Alltag mit den Kindern in dieser fremden Kultur meistert. Der Vater ist sehr fleißig. Um genügend Unterhalt für die Familie zu verdienen, ist er gezwungen sehr viel zu arbeiten. Die Erzieherinnen schließen nicht aus, dass er zwei Tätigkeiten parallel ausfüllt.

Die Mutter versorgt den Haushalt und die Kinder. Daneben besucht sie einen Sprachkurs. Es ist deutlich: Diese Familie will sich integrieren.

Seit einigen Wochen kommen die Kinder immer öfter ohne Frühstück in die Kita. Zunächst überlassen die Erzieherinnen den Kindern einen Teil ihres eigenen Frühstücks, aber irgendwann, als es sich häuft, wird die Mutter darauf angesprochen. Die Mutter erscheint immer zerstreuter. Sie holt die Kinder verspätet ab, ist immer im Stress und wirkt aufgelöst sowie körperlich angeschlagen und erschöpft.

An einem Montagmorgen sitzt dann eine der Erzieherinnen mit beiden Kindern am Frühstückstisch. Ranya erzählt, dass Mama und Papa sich am Wochenende ganz laut angeschrien hätten. So laut, dass sie es bis in ihr Zimmer gehört habe. An diesem Morgen sei Papa dann auch nicht zum Frühstück da gewesen. Mama hätte außerdem zu Papa gesagt, dass er sich ruhig eine andere Wohnung suchen solle.

Die Erzieherin hört sich diese Geschichte zunächst an und versucht am Nachmittag mit Bharat, dem Älteren, darüber zu sprechen, was Ranya berichtet hatte. Bharat bestätigt Ranyas Schilderungen, fügt aber im gleichen Satz hinzu, dass jetzt dafür Opa da sei und mit ihnen am Wochenende einen tollen Ausflug gemacht hätte.

Unter den Erzieherinnen beginnt spätestens zu diesem Zeitpunkt eine heiße Diskussion, ob die Kinder zu Hause noch gut aufgehoben seien. Es wird von verschiedener Seite aus dem Team große Besorgnis geäußert. Mit manchen der Kolleginnen geht – sicher aus bestem Wissen und Gewissen – in der Sorge um das Kind die Fantasie durch. Sie malen sich die Verwahrlosung und Vernachlässigung der Kinder aus, die ihnen sehr am Herzen liegen. Auch bemängeln sie die mangelhaften hygienischen Zustände, sie bemerken, dass die Kleider nicht mehr so gerichtet sind wie bisher und schließen Weiteres daraus. Eine Kollegin, der das zu bunt wird, die selbst drei noch kleine Kinder zu versorgen hat, greift in die Diskussion ein: »Was macht ihr euch denn solche Sorgen, kennt ihr das nicht, dass es bei euch in der Familie manchmal drunter und drüber geht? Da vergisst man morgens einfach mal das Frühstück, die Kinder verhungern dabei schon nicht!« Damit stand eine erste, sich von dem bisherigen Gedankenfluss abgrenzende Meinung im Raum. Eine andere Kollegin erwidert »Na hör mal, hast du denn nicht wahrgenommen, wie sich die Lage in den letzten Wochen zugespitzt hat? Irgendwas verändert sich dort doch momentan. Wie kann das denn sein, dass die Mutter plötzlich so durcheinander und unzuverlässig ist?« Und eine dritte Erzieherin äußert: »Also ich finde, wir können da gar nicht viel machen, lasst uns doch einfach mal beim Jugendamt anrufen, die werden schon wissen, was da los ist, und ansonsten sollen die sich darum kümmern.«

Nun drückt eine vierte Erzieherin große Betroffenheit darüber aus, warum man an einer solchen Stelle gleich das Jugendamt einschalten will. Sie gibt zu bedenken, ob man damit der Familie mit ihrem fremdländischen Hintergrund nicht schadet. Es wird deutlich, dass man über den Hintergrund der Familie eigentlich gar nichts weiß.

Eine der Kolleginnen fragt, ob es nicht besser sei, zunächst einmal einen Hausbesuch zu machen und mit der Familie über ihre Situation zu sprechen.

Eine weitere Kollegin, die schon viel in der Welt herumgekommen ist, gibt zu bedenken, dass Kinder in anderen Kulturen oftmals auch anders begleitet werden. Nicht selten sind sie bis auf Zuruf durch einen Erwachsenen sich selbst überlassen und ziehen sich untereinander groß. Auch sie plädiert dafür, nicht zu schnell ins Handeln zu kommen. Wie soll bei so vielen verschiedenen Haltungen eine gemeinsame Vorgehensweise abgestimmt werden?

Die Erzieherinnen einigen sich darauf, dass es zu einem Gespräch mit den Eltern kommen soll. Eine von ihnen schlägt vor, die Idee, einen Hausbesuch zu machen, aufzugreifen, eben mit der Argumentation, die Familie entlasten zu wollen und ihr mit dem Besuch entgegenzukommen. Zwei Erzieherinnen erklären sich bereit, das Gespräch zu suchen und auch den Hausbesuch durchzuführen. Sie erklären der Mutter, dass Erzieherinnen einige Beobachtungen gemacht haben, aus denen sie schließen, dass es in ihrer Familie etwas unstrukturierter und chaotischer zugeht, als sie es bisher von ihnen gewohnt waren. Außerdem sei aufgefallen, dass die Kinder immer öfter ohne Frühstück kommen und nicht selten zu spät abgeholt werden. Sie wollen deshalb gern mit der Familie reden, um auch miteinander auszutauschen, was die Hintergründe sind, die zu diesen Veränderungen geführt haben.

Bei dem Abendtermin werden die Erzieherinnen mit großer Küche überrascht. Außerdem werden weitere Verwandte zu einer Art großem Fest geladen. Es ist deshalb nicht leicht zum Thema zu kommen. Natürlich fühlen sich die Erzieherinnen von diesem Aufgebot überrumpelt. Als es dann in einem Seitengespräch zu einer Aussprache zwischen einer der Erzieherinnen und dem Vater kommt, äußert dieser große Angst und dass sie ihre Kinder sehr lieb hätten. Er erzählt von der politischen Verfolgung in seinem Heimatland, seinem Status zu Hause, dass er hier in Deutschland als studierter Mensch in der Fertigung und als Hilfsarbeiter tätig ist und dass in den letzten Wochen sehr viel Unzufriedenheit bei ihm entstanden sei, auch aufgrund der immer wieder überfordernden Lebenssituation. Es wird deutlich, dass diese Familie vor allen Dingen Entlastung braucht und keinen erhobenen Zeigefinger, der hart durchgreift, um Ordnung in die Situation zu bringen. Sie machen die Familie auf die Nachbarschaftshilfe der nahegelegenen Kirchengemeinde aufmerksam und schlagen vor, den Erstkontakt herzustellen, wenn es von der Familie gewünscht ist.

Unterschiedliche Sichtweisen von Erzieherinnen

In einer Kindertagesstätte verhärtet sich zunehmend das Verhältnis zwischen Erzieherin Konny und der vierjährigen Monja. Monja ist ihr zu mundfaul, zu bequem, zu wenig aktiv, und bei jeder Gelegenheit kritisiert sie das Mädchen. Die Erzieherin Florentina beobachtet das seit Wochen und hält es fast nicht mehr aus. Sie identifiziert sich zunehmend mit dem kleinen Mädchen und findet das Verhalten ihrer Kollegin unmöglich. Im Grunde hat sie jede Lust verloren, mit ihr zusammenzuarbeiten.

In der Nachbargruppe ist es genau andersherum: Erzieherin Tine fühlt sich mit Max in ganz besonderer Weise verbunden. Er sitzt oft auf ihrem Schoß, sie hat ein besonderes Augenmerk auf ihn, greift unausgesprochen helfend ein usw. Erzieherin Petra ärgert die einseitige Fokussierung, weil ihr zu viel Verantwortung für die anderen Kinder überlassen wird. Außerdem tut sie sich zunehmend schwerer, einen Zugang zu Max zu finden, weil er ganz von der anderen Erzieherin eingenommen ist. Als reflektierte Erzieherin fragt sie sich, ob das jetzt ausschließlich Eifersuchtsgefühle sind oder ob sie nicht mit Blick auf die Gesamtverantwortung für alle Kinder das Gespräch suchen müsste. Außerdem ist sie in Sorge, dass Max durch diese spezielle Zuwendung auch etwas als Standard kennenlernt, was so auf Dauer nicht zu halten sein wird. Erzieherin Petra entdeckt erschreckt Selbstzweifel, Minderwertigkeitsgefühle sowie Schuldgefühle, weil sie ihre Wut spürt, und begreift plötzlich, dass sie dieses Thema in einer der nächsten Teamsitzungen öffnen muss, um wieder Klarheit zurückzugewinnen. Nur bei gegenseitigem Vertrauen ist gute Zusammenarbeit möglich.

9. Teamentwicklungskonflikte

Unklarheit der stellvertretenden Leitung

Margret arbeitet in der Kinderkrippe eines privaten Trägers. Die Entstehung dieser Krippe war motiviert durch sich aufstauende Unzufriedenheit aufseiten der Eltern, die die ortsnahe Krippensituation als nicht ausreichend bewerteten. Durch Gespräche mit Eltern, welche berufstätig sind und es sich nicht erlauben können oder wollen, langfristig in Elternzeit zu gehen, wurde der Bedarf einer Krippe schnell deutlich.

So kam es dazu, dass sich zwei engagierte Erzieherinnen zusammenschlossen, um das Projekt Kinderkrippe in Angriff zu nehmen. Hintergrund war auch, dass beide schon länger unzufrieden waren mit ihren Arbeitsbedingungen. So gingen sie mit hoher Motivation und großem Elan an die Sache heran. Sie waren sehr zuversichtlich, auch ihre persönliche Situation durch die berufliche Veränderung verbessern zu können.

Zunächst erfüllt sich diese Erwartung auch. Es findet sich ein gutes Miteinander und beide fühlen sich in ihrer neuen Arbeit wohl. Es entsteht dann jedoch aus privaten Gründen die Situation, dass eine der beiden Erzieherinnen umzieht. Ihr Mann ist von seinem Arbeitgeber an einen anderen Ort abgeordnet worden. Eine weitere Veränderung der Arbeitssituation stellt sich dadurch ein, dass im Laufe der Zeit die Krippe immer bekannter wird und das Interesse und der Zulauf immer größer werden. Immer mehr Kleinkinder kommen, weshalb auch der Bedarf an Erzieherinnen bzw. pädagogischen Fachkräften ansteigt. Schnell werden zwei weitere Erzieherinnen gewonnen, die den beiden Initiatoren bekannt sind. Alle sind miteinander befreundet, was zu Beginn sehr förderlich für das Arbeitsklima war.

Doch mit zunehmendem Wachstum der Krippe, dem erhöhten Bedarf an Erzieherinnen und einem weitaus größeren Bedarf an Räumlichkeiten, steigt auch der Bedarf nach mehr Struktur. Was zu Beginn womöglich bei einem Glas Wein abends als Teambesprechung durchging, ist zum jetzigen Zeitpunkt nicht mehr möglich. Es entsteht das Bedürfnis, die Leitung in eine Hand zu legen, eine Hauptverantwortliche zu benennen, die das Geschehen und die Strukturen in die Hand nimmt und die Einrichtung führt. Hierfür wird eine der Erzieherinnen ausgewählt, die die Krippe mit begründet hatte.

Als dann immer drängender klar wird, dass noch weitere Erzieherinnen benötigt werden, werden erstmals Stellenausschreibungen getätigt und Bewerbungsgespräche geführt. Dies wird eigenverantwortlich der neuen Leitung übertragen. Immer mehr Aufgaben kommen hinzu, wozu nicht nur die Buchhaltung und die Lohnabrechnungen gehören. Es entsteht ein junges wachsendes Unternehmen.

Irgendwann ist ein Zeitpunkt erreicht, an dem die Leiterin kundtut, dass all diese Aufgaben allein nicht mehr zu managen seien. Infolgedessen wird Margret als stellvertretende Leitung auserwählt. Verschiedene Aufgaben werden ihr übertragen. Dies funktioniert abermals zu Beginn sehr gut. Doch aufgrund der inzwischen entstandenen Größe, der vielen Mitarbeiterinnen und den unterschiedlichen Verhältnissen unter den Mitarbeitern zur Chefin entsteht ein ungutes Klima im Team. Manche sind eng mit der Chefin befreundet und es gewohnt, dies in den Arbeitsalltag als Beziehungsqualität mit hineinzunehmen. Andere wiederum werden eingestellt und haben über das Arbeitsverhältnis hinaus mit dieser nichts gemeinsam. Es ist also nicht nur ein Spagat für die Chefin, sondern eine Herausforderung für alle: Wie kann das Team, die Zusammenarbeit unter Kolleginnen, so professionell organisiert werden, dass bestehende Freundschaften nicht ständig hineinwirken?

Mit dem Zuwachs an Verantwortung verändert sich die Leiterin zunehmend, was sich negativ auf die Freundschaft zu Margret auswirkt. Schnelle eigenmächtige Entscheidungen sind eine der Ursachen, welche nachhaltig das Arbeitsklima verschlechtern und die Arbeitsgegebenheiten tendenziell bald schon an Situationen erinnern lassen, die die Gründerinnen von ihren alten Arbeitgebern schon gekannt haben.

Die Aufgabenverteilung ist nicht klar, die Beziehung nicht geklärt und so fehlt Margret eine strukturierte Aufgabenbeschreibung ihres Arbeitsplatzes. Margrets

Verunsicherung verstärkt sich immer mehr. Hat sie denn überhaupt noch die Verantwortung, Mitarbeiter mit Kritik zu konfrontieren oder sie auf Fehlverhalten hinzuweisen? Ist sie überhaupt noch autorisiert, Aufträge an das Team weiterzuleiten?

Infolgedessen sucht Margret das Gespräch mit ihrer Chefin, um sie über ihre Verunsicherung zu unterrichten und darauf aufmerksam zu machen, dass sie diese Rahmenbedingungen nicht zufrieden stellen und sie mehr Klarheit brauche, um als stellvertretende Leitung standhaft und glaubhaft fungieren zu können.

Das Ergebnis des Gespräches ist, dass Margret eine Arbeitsplatzbeschreibung braucht. Gemeinsam wollen sie sich hinsetzen und dies besprechen und verfassen. Bis zum Gespräch vergeht jedoch etwas Zeit und die alten Missstände stellen sich schnell wieder ein. Inzwischen ist es nicht mehr nur Missmut und Unsicherheit, was Margret umtreibt, sondern ein ganz großes Stück Frust und das Gefühl, nicht ernst genommen zu werden. Eine Situation, mit der Margret nicht recht umzugehen weiß, denn wenn sie privat mit Menschen darüber spricht, stellt ihr jeder die Frage, weshalb sie denn noch dort arbeite.

Durch Zufall fällt Margret ein Flyer in die Hände, der eine Supervision für Leitungskräfte aus dem sozialen Bereich bewirbt. Nach langem Überlegen entscheidet sich Margret, sich dort anzumelden, um mit einer neutralen Person über ihre Gedanken und Gefühle sprechen zu können und um Impulse von einer erfahrenen Kollegin zu erhalten, welcher das Geschäft im Kindergartenalltag vertraut ist.

Nach der Supervision hat Margret zwar keine Arbeitsplatzbeschreibung, aber ihr wird klar, dass sie unter den gegebenen Bedingungen nicht länger arbeiten kann. Um ihre Leiterin aber nicht vor vollendete Tatsachen zu stellen, sucht sie noch ein letztes Mal das Gespräch mit ihr und bietet ihr an, die Unklarheiten und die Unzufriedenheiten gemeinsam zu beseitigen. Sie erklärt ihr, wie es ihr geht und dass sie für sich den Entschluss gefasst hat zu kündigen, sollte sich bis zu einem gewissen Zeitpunkt nichts geändert haben bzw. sollte es nicht dazu kommen, gemeinsam an einem Strang ziehen zu können.

Mit dieser klaren Botschaft geht es ihr gut. Alle Selbstzweifel sind weg, sie hat sich zu einer echten Ansage durchgerungen und siehe da, plötzlich ist es möglich auf gleicher Ebene auszuhandeln und die Dinge neu und klar strukturiert zu verteilen.

Es werden Signale verabredet, über die man sich gegenseitig darauf aufmerksam machen kann, wenn sich alte Verhaltensweisen wieder einschleichen wollen.

Rückkehr aus der Elternzeit – Notwendigkeit zur Teamneustrukturierung

Franziska ist die neue Leiterin eines Kindergartens. Eingesetzt wird sie, um die Lücke zu schließen, die die bisherige Leiterin hinterlässt, weil sie in Elternzeit geht.

Franziska erwirbt sich den Respekt und die Achtung ihres Teams und ist bei ihren Kolleginnen sehr beliebt. Abgesehen von den üblichen Alltagsproblemen treten keine weiteren Schwierigkeiten auf. Nach einiger Zeit kehrt die ehemalige Leiterin als Teilzeitkraft zurück in den Kindergarten. Franziska wird dabei vom Träger etwas unglücklich vor vollendete Tatsachen gestellt und erfährt erst nach und nach, dass es sich bei der neuen Kollegin um ihre Vorgängerin handelt.

In der Folgezeit treten immer häufiger vereinzelte Konflikte zwischen der ehemaligen Leiterin und Franziska auf, auch wenn es sich dabei nur um die nicht abgespülte Kaffeetasse handelt.

Offensichtlich war früher die Leiterin von dieser Aufgabe befreit. Heute jedoch gibt es einen Küchenwochenplan, in dem jede gerecht und verbindlich eingeteilt wird. Aus alter Gewohnheit lässt die alte neue Kollegin gern ihr Geschirr stehen. Die ehemalige Leiterin entpuppt sich außerdem als wenig teamfähig, was die Kolleginnen insgesamt unruhig macht. Franziska fängt deshalb an, sich Strategien zu überlegen, die dazu beitragen, dass aus diesen Auseinandersetzungen in der Zusammenarbeit der Zündstoff etwas herausgenommen werden kann. So teilt sie der zurückgekommenen Kollegin z. B. einzelne Projekte zu, für die sie ganz allein die Verantwortung hat, um weitere Eskalation zu vermeiden. Sie nimmt daraufhin auch eine geringfügige Verbesserung der Situation wahr. Allerdings ist Franziska auch klar, dass die Voraussetzungen für eine gute Zusammenarbeit nicht optimal sind.

Franziska sucht also das Gespräch mit der ehemaligen Leiterin, in der Hoffnung, den Konflikt miteinander klären zu können. Dies bringt jedoch nicht den erhofften Erfolg und schon kurz darauf wird auf die eingespielten, wenig hilfreichen Verhaltensmuster zurückgegriffen. Das Team scheint insgesamt keine Haltung dafür zu finden, eine ehemalige Chefin in ihrer neuen Rolle als Kollegin auf Augenhöhe zu integrieren. Sie sind es gewohnt, ihren Anweisungen Folge zu leisten und sie können dies nicht von heute auf morgen abstellen.

Das bringt Franziska in eine unangenehme Situation. Denn so muss sie sich in ihrer Leitungsposition erneut behaupten und daran arbeiten, dass ihr die neue Kollegin in ihrer Leitungsrolle Respekt entgegenbringt.

Zusätzlich zu dem sowieso schon anstrengenden Alltag wird dies zu einer Bewährungsprobe für Franziska. Infolgedessen beruft sie eine Teamsitzung ein, um mit dem gesamten Kolleginnenkreis aktuelle Dinge und Probleme zu besprechen. So will sie die Gelegenheit nochmals nutzen, um z. B. auf die Einhaltung des Küchenplanes hinzuweisen bzw. ebenfalls eine Möglichkeit zu überlegen, was getan wird, wenn sich eine Kollegin nicht daran hält. Ihr ist bewusst, dass sie damit insbesondere die zurückgekommene Kollegin anspricht, die sich herausnimmt, keinen Beitrag in der Küche zu leisten. Allerdings ist Franziska auch klar, dass damit das Verhältnis zwischen ihr und der neuen Kollegin nicht besser wird. Ohne dass es versprachlicht wird, erhofft sie sich durch die von ihr ausgefüllte Moderatorenrolle wie selbstverständlich in ihrer Führung anerkannt zu werden. Franziska hat diese vielen kleineren und größeren Reibereien ziemlich satt, die ständig die Rollen infrage stellen und irgendwo auch ihre Autorität als Leitung untergraben.

Auch über dieses Teamgespräch hinaus sucht Franziska abermals das Gespräch mit der ehemaligen Leiterin und nimmt sich hierfür vor, sehr empathisch auf sie einzugehen. Denn Franziska kann sich vorstellen, dass die Situation auch für die Kollegin nicht gerade angenehm sein dürfte, da sie früher das Zepter in der Hand hielt. Sicher ist es schwierig für sie, nun als Teilzeitkraft und nach langer Elternzeit jemanden vor sich zu haben, der ihr Anweisungen gibt. Zwar wird für Franziska spürbar, dass die neue Kollegin in diesem Gespräch erreichbarer ist und dass sie dankbar für diesen Austausch ist, aber dennoch empfindet sie die Situation nicht als so offen, dass wichtige Aspekte hätten besprochen werden können. Dies ist aber erforderlich, um gemeinsame Lösungen und Möglichkeiten zu finden, die beide akzeptieren können. Im Anschluss klingt in Franziska noch einmal das bei der Kollegin vorherrschende Gefühl nach, nicht mehr wichtig zu sein, das sich natürlich auch darauf gründet, dass sie nicht täglich da und so nicht an allen Prozessen und Entscheidungen beteiligt ist.

Möglicherweise hatte die Kollegin einfach noch nicht genug Zeit, um sich an die neue Situation gewöhnen zu können. Franziska kann sich auch vorstellen, dass es ihr noch schwerfällt, plötzlich wieder berufstätig zu sein. Es wird sicher noch eine gewisse Zeit brauchen, bis sie sich in die neue Situation endgültig einfindet. Schließlich muss ja auch der eingespielte Umgang mit den Kolleginnen ein anderer werden und ihre Rolle muss sich erst noch neu finden.

Unter Berücksichtigung dieser Aspekte entschließt sich Franziska dazu, in regelmäßigen Abständen Zweiergespräche mit der neuen Kollegin zu führen, um ihr das Einfinden in die neue Situation zu erleichtern. Sie erhofft sich davon, auch ihre eigene Situation zu verbessern. Denn wenn sich die ehemalige Leiterin an ihre neue Position und ihre neuen Aufgaben gewöhnt hat, könnte es gleichzeitig auch für Franziska entspannter werden. Zudem könnte es positive Auswirkungen auf die gesamte pädagogische Arbeit der Einrichtung haben, da sie gemeinsam in den Austausch darüber gehen können, was bereits in der Vergangenheit an Projekten stattgefunden hat und welche der Umsetzungen gut waren oder welche verbesserungswürdig sind.

Franziska stellt aber auch klar, dass es ihr bei dem Vorgehen nicht darum geht, eine Art Freundschaft aufzubauen, sondern lediglich darum, professionell miteinander arbeiten zu können, sodass alle Beteiligten davon profitieren können und es für niemanden zu einer Belastung wird und letztendlich die Arbeitsqualität darunter leidet.

Jung gegen Alt

Eine Praktikantin berichtet von ihrer Kindergartensituation: Unausgesprochen spürt sie immer wieder die schwelenden Konflikte innerhalb des Kindergartenteams. Im Laufe der Zeit erkennt sie zwei widerstreitende Lager. Die einen sind die eher jungen Erzieherinnen mit großem Engagement, für die der Beruf nicht alles ist, aber sehr viel, und die hungrig danach sind, Erfahrungen in ihrem Berufsfeld zu machen und sich in Projekten zu erproben. Sie sind sehr kommunikativ, sodass sich zunehmend auch engagierte Eltern eingeladen fühlen, sich einzubringen. Eltern können zu ihnen nach Voranmeldung auch jederzeit zum Hospitieren kommen. Die Eltern würdigen dieses Engagement und natürlich auch diese Offenheit, die insgesamt zu einem schönen Klima im Kindergarten beiträgt. Auf einer solchen atmosphärischen Grundlage stellen die Eltern eine Entlastungshilfe für die Erzieherinnen dar.

Es gibt aber auch zwei ältere Erzieherinnen, die gern gründlicher vorausplanten und sich schwertun, wenn da plötzlich neue Impulse das ganze Vorausgedachte über den Haufen werfen. Außerdem sind sie es nicht gewohnt, die Eltern so in ihre Gruppe aufzunehmen. Da sie doch des Öfteren mit Deckelung arbeiten, wollen sie sich den Eltern nicht sichtbar machen, vermutet die Praktikantin. Auch ist es ihnen fremd, sich in entstehender Hilflosigkeit, die es in einem Kindergartenalltag nun mal auch gibt, den Eltern zu zeigen. Sie wollen es eher besser wissen und den Eltern Ratschläge geben, als selbst in einer Situation der Ohnmacht oder Ratlosigkeit gesehen zu werden. Die älteren Erzieherinnen kommen zunehmend in Zugzwang. Natürlich werden sie mit den jüngeren Erzieherinnen verglichen und es wird sehr wohl wahrgenommen, dass es dort wesentlich mehr situationsorientierte und -bezogene Projekte gibt als bei ihnen.

Eine weitere Schwierigkeit ist, dass die beiden älteren Erzieherinnen eigentlich gern vorgeben, wo es hingeht, oder auch eine Neigung haben, den jüngeren Erzieherinnen kleinere Aufträge anzutragen, obwohl das von der Teamstruktur her keinesfalls automatisch in ihren Funktionsbereich fällt. Sie haben keine Leitungsfunktion. Ein weiterer Konflikt ist, dass die jüngeren Erzieherinnen sehr viel Freizeit in die Arbeit einbringen und sich auch außerhalb der Arbeitszeit miteinander verständigen, während die älteren Erzieherinnen es gewohnt sind, die Arbeit und das Private strikt zu trennen.

Die Praktikantin fühlt sich in der Kindergruppe der jüngeren Erzieherinnen wohler und freier, sie kommt allerdings auch mit den älteren und ihrer Gruppe gut zurecht, solange von den jüngeren niemand dazu kommt. Sobald eine Verbindung zwischen beiden Gruppen entsteht, fühlt sie sich unwohl, weiß nicht mehr, an wem oder was sie sich ausrichten soll und kommt in Loyalitätskonflikte. Leider gibt es keinerlei Ansatzpunkte, die es ihr ermöglichen, ihr Problem im Team ganz direkt anzusprechen.

Als eine der älteren Kolleginnen plötzlich krank wird und die andere Kollegin vorsichtig durchblicken lässt, dass die Situation im Kindergarten nicht unwesentlich zu dieser Erkrankung beigetragen hat, setzt das etwas in Gang: Die jüngeren Kolleginnen nehmen das erstaunt, aber auch nachdenklich auf, denn sie wollen ja nicht, dass wegen ihnen jemand krank wird. Aus dieser Situation der Betroffenheit kommt es zu einem erhellenden Gespräch im Team. Es wird deutlich, wie angespannt sich die beiden älteren Kolleginnen gefühlt haben. Auch wird deutlich, dass es Lebensphasen gibt, in denen die berufliche Tätigkeit eben nicht mit 150 % im Vordergrund steht. Die anwesende ältere Kollegin berichtet davon, dass ihre Mutter in den letzten Wochen zunehmend zu einem Pflegefall wurde und sie ihre Kräfte gut einteilen muss, will sie über die Runden kommen. Dafür haben die jüngeren Kolleginnen natürlich größtes Verständnis, können aber gar nicht begreifen, warum sie ihnen das nicht schon früher gesagt hat. Nun wird allen klar, dass es noch viel deutlichere Aussprachen braucht, aber dann auch Konzepte, wie man Lebenslagen in der Umsetzung berücksichtigen kann.

Die jüngste Kollegin fasst sich ein Herz und bittet beim zuständigen Amtsleiter um Supervision. Sie hat irgendwie einen Draht zu ihm und fühlt einmal vor, ob das möglich ist. Nachdem sie die verfahrene und unerträgliche Situation geschildert hat, bekommt das Team für ein halbes Jahr Supervision zugesprochen.

Die ältere Kollegin kann in einer dieser fachlich begleiteten Sitzungen dann tatsächlich auch über ihre Angst sprechen, den Anforderungen nicht mehr genügen zu können, zu wenig beweglich zu sein für die heutigen Ansprüche. Es wird ihr aber von allen Seiten gespiegelt, dass sie immer noch neugierig auf die Kinder zugeht und kein Überdruss bei ihr zu spüren sei. In manchen Situationen erscheine sie auch wie ein Fels in der Brandung. Es werden ihr Erfahrungen zugeschrieben, die insgesamt der Stabilität dienen, auch wenn sie nicht immer der inneren Wahrheit der Kollegin entsprechen. Man kommt gemeinsam ins Gespräch über die in der Ausbildung vermittelten Konzepte, über Menschenbild, über Selbstverwirklichung und Unabhängigkeit.

Leider kommt die zweite Kollegin nach ihrer Genesung nicht mehr zurück, sondern reicht die Kündigung ein. Der Versuch eines Gesprächsangebots kann leider nicht von ihr angenommen werden. Die Praktikantin fühlt sich zunehmend sicherer, weil die schwelenden Konflikte, denen sie täglich ausgesetzt war, endlich versprachlicht werden konnten.

Süßigkeiten im Kindergarten

Eine Erzieherin stellt fest, dass ihre Kinder immer öfter Süßigkeiten zum Frühstück dabei haben. Bei manchen gibt es nichts außer diesen Süßigkeiten, bei anderen gibt es ein gesundes Vollkornbrot, Tomaten oder Karotten, manchmal auch Gurken und eine kleine Nascherei oben drauf.

Die Erzieherin fängt an, über eine gute Lösung diesbezüglich nachzudenken. Zwischendurch fragt sie sich, ob es überhaupt angemessen ist, für die Familien zu überlegen, was gut oder schlecht ist. »Darf ich mir überhaupt das Recht herausnehmen, dies zu beurteilen?« Nach längerem Nachdenken und Beobachten stellt sie fest, dass es bei einigen Kindern wirklich so eindeutig in die falsche Richtung geht, dass eigentlich nie etwas Gesundes dabei ist. Allein wenn sie an die Zähne denkt, wird es ihr ganz anders. Auch weiß sie, dass für den Knochenaufbau bestimmte Mineralien und Vitamine gebraucht werden. Im ersten Moment neigt sie dazu, eine klare Regel aufzustellen, die da lautet: Süßigkeiten sind im Kindergarten verboten.

Bei genaueren Überlegungen merkt sie, sie würde mit einer solchen Regel vor ganz klare Entscheidungen gestellt: Was, wenn ein Kind trotz des Verbotes ein Nutella-Brot mitbringt? Soll sie es ihm dann wegnehmen und was soll das Kind dann stattdessen essen? Sind zwei kleine Gummibärchen als Ausschmückung auf dem gesunden Vollkornbrot genauso zu bewerten wie eine Tafel Schokolade?

Vor einer Entscheidung will sie zunächst wissen, wie die Eltern darüber denken. Je mehr sie sich in das Thema vertieft, desto klarer wird ihr, dass entsprechende Vereinbarungen auch Auswirkungen auf die anderen Erzieherinnen und ihre Gruppen hätten. Muss sie sich mit diesen abstimmen oder darf jede Gruppe ihre eigene Regel entwickeln? Was aber, wenn in offenen Gruppen gespielt und gefrühstückt wird? Sie nimmt sich vor, das Thema auf dem nächsten Elternabend zu besprechen und den Kolleginnen vorher Bescheid zu geben, dass sie das mit den Eltern besprechen will. Sie macht aber auch deutlich, dass an diesem Abend noch kein weiteres Vorgehen entschieden wird.

Sie spürt, das schützt sie selbst vor Ad-hoc-Entscheidungen und ermöglicht ihr, noch einmal darüber zu schlafen. Außerdem macht es den Eltern bewusst, in welch großen Zusammenhängen hier immer wieder gedacht werden muss und dass alle zusammen eine Wertegemeinschaft bilden.

Wie zu erwarten war, entwickeln sich am Elternabend alle erdenklichen Positionen. Die einen sehen das als Übergriff und finden, das ist ihre Sache, die anderen tun sich mit einer solch allgemeinen Regel leichter, weil dann nicht sie verbieten, sondern der Kindergarten.

Die Erzieherin schlägt vor, dass man einen Fachreferenten zum Thema einladen könnte. Doch auch hier erfährt sie sofort Widerstand, weil einige kritische Eltern sofort vermuten, dass wieder einmal jemand von der Krankenkasse kommt, um letztendlich Werbung für eine Mitgliedschaft zu machen. Käme das Gesundheitsamt mit ähnlichen Informationen, hätte keiner was dagegen. In der Diskussion taucht der Gedanke auf, ob nicht der Vater von Nils als Internist mit einer Spezialisierung auf Diabetes einen Informationsabend machen könnte. Es stellt sich heraus, dass eine Mutter Ernährungsberaterin ist und über die VHS Kurse anbietet. Sie erklärt sich bereit, gern auch mit Nils Vater zusammen, einen solchen Informationsabend zu gestalten.

Nach dem Abend sind alle sensibilisiert und alle sehen ein, dass es sinnvoll ist, in diese Richtung weiterzudenken. Aber wie soll man mit inkonsequenten Eltern umgehen, die den Informationsabend vielleicht auch gar nicht besucht haben?

Beim weiteren Umgang mit dem Thema hat die Erzieherin die Idee, ein paar Gemüsebeete im Garten anzulegen. Jetzt endlich ist die Gelegenheit dazu und vielleicht gibt es ein paar Mütter und Väter, die Grasnaben entfernen und die Erde umgraben, damit sie sie mit den Kindern bepflanzen kann. Es gäbe dann immerhin manches Frische zum Frühstück.

Eltern erziehen schließlich nicht nur ihre Kinder, sondern Kinder auch ihre Eltern. Was wenn die Kinder auf die Idee kämen, etwas Gesundes mit in den Kindergarten nehmen zu wollen? Ganz ausgeschlossen ist das schließlich in einer solchen Gesamtatmosphäre nicht.

In einem abschließenden Elternbrief behält sich die Erziehern vor, wenn eine Frühstückstasche mit Süßigkeiten überquillt, die Eltern darauf anzusprechen oder auch einmal einen Teil der Süßigkeiten zurückzuhalten.

10. Einfädeln neuer Mitarbeiterinnen

Die neue Leitung: Jung, studiert, wenig Praxiserfahrung

Vielleicht wurde auch Ihnen schon einmal eine neue Leitung vor die Nase gesetzt oder Sie standen auf der anderen Seite und durften die neue Herausforderung annehmen, als Leitung tätig zu sein, und haben freudig Ihr neues Team begrüßt.

Es muss nicht unbedingt heißen: »Jung, studiert, wenig Praxiserfahrung«, es könnte auch heißen: »Kurz vor der Rente, viele Jahre Berufserfahrung, jedoch nicht offen für neue Wege.«

Die beiden genannten Beispiele klingen vielleicht etwas überzogen, aber so oder so ähnlich können Kolleginnen aufeinander reagieren. Gerade als Leitung hat man häufig einen schweren Stand. Man ist eventuell *die Neue* im Team, kennt seinen eigenen Führungsstil noch nicht, die Rollen im Team müssen neu verteilt werden, das System stellt sich neu auf.

Vielleicht kommen Sie aus dem Studium oder haben die Ausbildung zur staatlich anerkannten Erzieherin soeben abgeschlossen, haben Ideale, Wünsche, anspruchsvolle Vorstellungen und erleben recht schnell den sogenannten Praxisschock. Die Rahmenbedingungen lassen es nicht zu, die anspruchsvollen Ideen umzusetzen, personelle, zeitliche oder finanzielle Ressourcen sind knapper bemessen als gedacht und Sie sind schon froh, wenn Sie den Alltag meistern.

Gehen wir auf dieses Beispiel etwas näher ein: Gedanken, die Ihnen beim Lesen durch den Kopf gehen, lassen sich sicherlich auch auf Ihre Situation gut übertragen. Sie sind also die neue Leitung. Sie stehen vor schönen, aber auch sehr anspruchsvollen, vielleicht auch schwierigen Aufgaben. Sie möchten natürlich alles richtig machen, vor dem Träger bestehen, alles im Griff haben. Sie verfolgen das Ziel, den Eltern gegenüber selbstbewusst, kompetent und ganz selbstsicher aufzutreten. Natürlich wollen Sie auch das Team zielführend leiten und individuell auf die Anliegen ihrer pädagogischen Fachkräfte eingehen. Ihnen wird so langsam bewusst, wie viele Kooperationspartner es außerdem noch gibt. Da wäre das Gesundheitsamt, das die Einschulungsuntersuchung durchführt, die Frühförderstellen, die Eingliederungshilfe, die Grundschulen, Musikschulen oder das Seniorenheim von nebenan. Natürlich sollen die bereits vorhandenen Kontakte weiter gepflegt werden.

Sie sehen schon, der Kopf, das Gedächtnis, das Gefühlsherz, die Leitung des Teams befinden sich in einem enormen Spannungsfeld. Umso wichtiger ist es, dass das Team konstruktiv zusammenarbeitet, sich stützt und dieselben Ziele verfolgt.

Wie schafft es die Leitung, im Team eine feste, sichere Basis im Miteinander zu schaffen, um Konflikte entweder erst gar nicht entstehen zu lassen oder sie frühzeitig zu erkennen und an Lösungen zu arbeiten?

Wir wollen einmal versuchen, verschiedene Konfliktfelder, die innerhalb eines Teams auftreten können, anzureißen, ehe wir uns an mögliche Lösungswege heranwagen:

- *Konfliktfeld 1: Die neue Leitung wechselt ständig zwischen verschiedenen Führungsstilen hin und her.* Sie ist im Umgang noch etwas unsicher, möchte auf der einen Seite allen gerecht werden, auf der anderen Seite auch nicht zu nachgiebig sein.
- *Konfliktfeld 2: Die Leitung bevorzugt einzelne Fachkräfte.* Unbewusst oder auch bewusst steht die Leitung bestimmten Fachkräften positiver gegenüber als anderen. »Marion bekommt immer die besseren Arbeitszeiten.« »Silke darf immer früher gehen und wenn sie mal zum Arzt muss, bekommt sie ohne Weiteres frei und wir …« Es gäbe sicherlich noch viele weitere Beispiele, wozu solch ein Ungleichgewicht führen kann. Was können Sie als Leitung tun, um mehr Ausgewogenheit herzustellen?
- *Konfliktfeld 3: Der Leitung mangelt es an Selbstbewusstsein.* Die Leitung schafft es aufgrund fehlenden Selbstbewusstseins nicht, vor den Eltern zu bestehen und in wichtigen Diskussionen ihren Argumenten standzuhalten. Die pädagogischen Fachkräfte fragen sich immer mehr, wie auf solch einer Grundlage eine konstruktive Erziehungspartnerschaft mit den Eltern entstehen soll. Auch vor dem Träger kann die Leitung nicht bestehen und sie fällt ihrem Team in den Rücken. Es gibt Äußerungen wie z. B. »Ja, die Silvia macht den Job zwar schon so lange, aber wenn wir ehrlich sind, die neuen Standards kann sie wirklich nicht erfüllen« oder »Steffi setzt wirklich tolle Projekte mit den Kindern um, aber wenn es um die Dokumentation geht … da muss sie noch so einiges lernen …«

Wieso fällt die Leitung ihrem Team in den Rücken, wie könnte es gelingen, hier stärker an einem Strang ziehen? Wie geht es Ihnen als pädagogische Fachkraft, wenn Sie diese Schilderungen lesen? Kennen Sie solche oder ähnliche Problemlagen?

Egal aus welcher Perspektive Sie auf die geschilderten Situationen schauen, ob Sie selbst an der Spitze des Teams stehen oder als pädagogische Fachkraft zum Team gehören, ob Sie nun als Erst- oder Zweitkraft oder auch als Praktikantin betroffen sind: Haben Sie schon einmal versucht, die Perspektive der anderen einzunehmen?

Haben Sie schon einmal erfahren, was sich alles an Möglichkeiten ergibt, wenn man den anderen in seiner Handlungssituation verstehen kann und ehrlich um gemeinsame Lösungen und Wege ringt, ohne vorher schon zu wissen, wie es richtig wäre?

Welche Wege kennen Sie, um hier die erste Brücke zur Klärung zu bauen? Wie könnten Sie ansprechen, was Sie sehen, ohne zu verletzen? Haben Sie schon geprüft, ob es nicht nur Eigennutz ist, der Sie umtreibt? Können Sie im Konflikt Ihre Eigeninteressen auch offenlegen, um so einen versöhnlichen Beitrag zu leisten? Welche weiteren Möglichkeiten haben Sie, mit solchen oder ähnlichen Situationen lösungsorientiert umzugehen?

Rollenfindung im Team

Seit einiger Zeit arbeitet Luise in der Kindertageseinrichtung. Nun wird die Stelle der stellvertretenden Leitung frei und in einem Fachblatt ausgeschrieben. Der Leiter der Einrichtung macht Luise darauf aufmerksam und schlägt ihr vor, sich darauf zu bewerben. Dies macht Luise umgehend. Schon kurz darauf wird Luise zur neuen stellvertretenden Leitung befördert.

Wie Luise im Nachhinein erfährt, gab ihr Chef nur ihr die Info weiter, dass die Stelle ausgeschrieben ist. Es scheint so, als habe der Chef sehr gezielt Luise als seine Stellvertretung ausgesucht. Dass dies unter den Kolleginnen für ungute Stimmung sorgt, ist klar. So befindet sich Luise nun in einer neuen Position, in die sie sich erst einfinden muss. Gleichzeitig kämpft sie mit den unterschwellig aggressiven Grundhaltungen ihrer Kolleginnen, die sich nicht ganz zu Unrecht übergangen fühlen.

Aufgrund des Vorgehens ihres Vorgesetzten gönnen die Kolleginnen Luise diese Stelle nicht und fühlen sich hintergangen. Bei jeder Gelegenheit spürt Luise, wie gegen sie gearbeitet wird. Das zerrt sehr an ihr, denn sie hat nicht gewusst, dass die Info der Stellenausschreibung nur an sie weitergegeben worden war. Sie versucht, sich ihren Kolleginnen zu erklären. Doch die nehmen ihr das nicht ab und Luise bleibt nichts weiter übrig, als zu lernen, damit umzugehen.

Da Luise nie zuvor in einer Führungsposition war, soll sie an einer Fortbildung teilnehmen. Sie erhofft sich davon mehr Sicherheit und Souveränität in ihrer neuen Funktion. Doch leider werden weniger neue Methoden für die Leitungsposition thematisiert als erhofft. Das Seminar bietet vielmehr Raum zum Austausch mit anderen Kolleginnen in ähnlichen Situationen. Ein Arbeitsauftrag ist u. a., die eigene Rolle als Führungskraft genauer zu beleuchten und dies auf dem Hintergrund der Methode der kollegialen Beratung. In Kleingruppen sollen die einzelnen Situationen eingebracht werden. So kommt Luise mit ihrer Situation zum Zug. Ein Kleingruppenmitglied wird als Moderatorin bestellt, welche besonders das Zeitmanagement im Auge behält und dafür sorgt, dass die Beratung geordnet und zielgerichtet verläuft – sie moderiert den Prozess, unter Würdigung aller Bedürfnisse und Interessen, insbesondere die der vortragenden Person. Die restlichen Gruppenmitglieder haben die Aufgabe zuzuhören und Selbstäußerungen einzubringen, die weiterhelfen, zu bestimmten Vorgehensweisen einladen oder neue Sichtweisen eröffnen.

Nachdem der Zeitrahmen feststeht, stellt Luise die Situation dar. Sie muss sich überlegen, welche Informationen wichtig sind, damit die anderen Gruppenmitglieder auch tatsächlich in der Lage sind, sie zu beraten. Im Anschluss an die Darstellung der Situation formuliert Luise ihr Anliegen in Form einer Frage, sodass sichtbar wird, in welche Richtung sie nach Hilfestellungen sucht. Den Beraterinnen wird dann Gelegenheit geboten, Rückfragen zu stellen. Dabei soll möglichst darauf verzichtet werden, Ratschläge zu geben. Nachdem alle Beteiligten die Situation verstehen, Erfahrungen und Handlungsalternativen ausformuliert sind und der eine oder andere Gedankenimpuls bei Luise etwas bewegt, bietet sich Luise nochmals die Gelegenheit, ihre zuvor gestellte Frage bei Bedarf zu konkretisieren. Im weiteren Verlauf erweist es sich als hilfreich, Luise zum ausschließlichen Zuhören einzuladen. Die anderen Beteiligten der Runde haben zu diesem Zeitpunkt die Gelegenheit, die bei ihnen sich bildenden Hypothesen auszusprechen und darüber hinaus zu assoziieren, was für weitere Einflüsse dahinter stehen könnten. Anschließend, als kein neuer Input mehr kommt, wird überlegt, welche Optionen, Chancen oder (Aus-)Wirkungen es geben könnte. Zuletzt bekommt jede Beteiligte die Gelegenheit, eine Antwort auf Luises Frage zu formulieren.

Jetzt erst darf Luise wieder zurück in die Runde kommen und sich dazu äußern. Sie gibt Feedback zur Beratung und teilt den anderen mit, wie es ihr erging, ob für sie neue Ideen und Anstöße dabei sind oder ob sogar schon eine Lösung dabei ist, von der Luise glaubt, dass es genau das Richtige für sie sei, was sie in naher Zukunft erproben könne.

Die Fortbildung macht Luise klar, dass die Stimmung gegen sie womöglich gar nicht von der gesamten Gruppe ausgeht, sondern vielleicht nur von einer neidischen Kollegin initiiert wird, die selbst gern die Stellvertreterin geworden wäre und Luise diese Position nicht gönnt. Luise entscheidet sich, das Team erneut anzusprechen, wie es ihm mit ihr als stellvertretender Leitung geht. »Denkt Ihr, dass jemand anderes besser dafür geeignet ist? Wen hättet ihr bestimmt, wenn ihr die Wahl gehabt hättet? Macht es Sinn, unseren Vorgesetzten darauf noch einmal anzusprechen?« Sie entscheidet sich dafür, den Kolleginnen klarzumachen, dass sie zwar diese Aufgabe reizt, dass sie sie aber nicht um jeden Preis ausfüllen möchte, sondern sich gern das Ja des Teams dafür erwerben will.

11. Persönlichkeitsstrukturen und Teamkonflikte

Die Einzelkämpferin Doris

In einer Kindertageseinrichtung gibt es eine ältere Kollegin, nennen wir sie Doris. Von ihrem Grundwesen her neigt sie dazu, künstlich an einer einmal errungenen Identität festzuhalten. Sie ist nicht bereit, Anregungen, Kritik, Reflexionsangebote, Spiegelversuche zuzulassen und daran zu wachsen. Es ist fast so, als ob sie Angst davor hätte. Dies zeigt sich für die Kolleginnen z. B. in Situationen wie der Folgenden: Eine Kollegin beobachtet, wie sie sich beim Wickeln abwendet, wegläuft und das Kind liegen lässt. Die Kollegin spricht sie vorsichtig darauf an, dass das nicht ganz ungefährlich ist und ob sie denn bedacht hätte, dass die Kinder oft sehr bewegungsfreudig sind und durchaus von der Wickelablage herunterfallen könnten. Doris geht darauf nicht ein, sondern rechtfertigt sich: »Ich wollte doch bloß den Waschlappen holen, damit ich das besser abwischen kann. Das war doch nur ganz kurz.«

Hinzu kommt, dass sich die Kolleginnen speziell in dieser Einrichtung sehr schwertun, sich überhaupt gegenseitig Rückmeldung zu geben und sich auf Dinge hinzuweisen. Meist suchen sie in solchen Fällen direkt die Leitung auf, die das dann regeln soll.

Die Leiterin nimmt die nächste Gelegenheit im Team wahr, um eine Diskussion darüber zu führen, wie denn die Kolleginnen die Situation am Wickeltisch sehen. Zwei der Kolleginnen schildern, dass sie in einem unbedachten Moment zu Hause erlebt haben, wie ihre eigenen Kinder vom Wickeltisch gefallen sind. Der Schreck und die Erleichterung, dass nichts passiert ist, saß beiden noch in den Knochen … Die besagte Doris nimmt nicht wahr, worauf die beiden Erzieherinnen hinaus wollen. Sie fühlt sich angegriffen und unausgesprochen vermittelt sie: »Nur weil euch das passiert ist, muss mir das nicht auch passieren. Ich habe das schon im Blick.«

Schwierig ist auch die von ihr begleitete Essenssituation beim Mittagstisch. Sie hat atmosphärisch wenig Möglichkeiten, das zu gestalten und zu füllen. Die anderen Erzieherinnen überlegen, was Sinn macht, wer neben wem sitzen könnte, z. B. nicht lauter Dreijährige, die Hilfe brauchen, nebeneinander oder auch Kinder, die die Ruhe beim Essen eher aufwirbeln, nicht noch zur Verstärkung nebeneinander zu setzen. Bei ihr geht es oft so zu: »Jetzt seid mal endlich ruhig. Setzt euch endlich auf euren Platz!« Wenn dann von den anderen Kolleginnen neue Impulse kommen, geht sie schnell in die passive Verweigerung und reagiert trotzig. Die Situation verschärft sich zunehmend, weil die Kolleginnen sich von ihr missachtet fühlen und verstärkt das Gefühl haben, dass an der Haltung der Kollegin sich nichts ändern lässt. Sie macht nach einer Auseinandersetzung vielleicht einen Moment lang auf *lieb Kind,* bald aber schon bricht die alte Haltung wieder durch.

Andererseits sorgt sie sehr egoistisch für sich. Als z. B. eine neue Leitung eingesetzt wird, geht sie sogleich mit ihrem Urlaubszettel zu dieser, um für sich den geplanten Jahresurlaub unter Dach und Fach zu bringen, ohne sich mit den anderen auseinandersetzen zu müssen.

Insgesamt ist sie sehr zugeknüpft, wenn es um private oder persönliche Dinge geht. Man spürt einfach, sie will und kann sich mit den Kolleginnen nicht wirklich so verbinden, dass Beziehung und Vertrauen wachsen können.

Als die leitende Kollegin auf sie zugeht, um sie auf bevorstehende Personalkürzungen hinzuweisen und darauf, dass deshalb die Arbeitszeiten neu organisiert werden müssen, reagiert sie sehr selbstbezogen. Und das, obwohl die Leitung ihre Beobachtung sehr behutsam formuliert, dass die Kollegin sich in vielen Situationen eher weniger flexibel zeige und dass aber an diesem Punkt ihr Entgegenkommen unbedingt erforderlich ist.

Da platzt es aus Doris heraus: »Ich hab hier schon genug mitgemacht. Ich habe meine Grenzen gezogen. Ich pass auf mich auf. Ich schau nach meinen Kräften und das, was ich hier bekomme, was ich hier kriege, das gebe ich, mehr nicht. Ich tue wirklich nur noch das, was sein muss.«

Mit so jemandem zusammenzuarbeiten ist auf Dauer natürlich sehr schwierig. Sie fordert unausgesprochen ein Mittragen ein, ist aber nicht bereit, ihren eigenen Gedankenraum fürs Team zu öffnen. Nach einer Zeit großer Geduld mit Ärger, Enttäuschung und Wut entscheidet sich das Team, auf den Träger zuzugehen und ganz offen über die gemeinsame Arbeitssituation zu sprechen. Die Kollegin bekommt eine weitere Bewährungszeit zugesprochen. Als diese aber zu keiner Veränderung führt, wird in gegenseitigem Einvernehmen das Arbeitsverhältnis aufgelöst.

Natürlich führt das zu großen Diskussionen. Schließlich ist das persönliche Schicksal der älteren Kollegin damit verknüpft.

Die junge wilde Kollegin

In einer großen Kindertageseinrichtung arbeitet die Erzieherin Maike. Die 21-Jährige hat in der Einrichtung auch ihr Anerkennungspraktikum gemacht und wurde anschließend übernommen. Sie tritt sehr selbstbewusst und verantwortlich auf und bringt viel Engagement mit in den Kindergarten. Eigentlich haben alle Gefallen an ihr, Kinder wie Erzieherinnen. Sie ist bekannt für ihre sprühenden Ideen, die sie dann auch in verantwortlicher Weise zur Umsetzung bringt.

Zwei Jahre später stellt sich das ganz anders dar. Die Kolleginnen müssen darüber nachdenken, was sie eigentlich bewogen hatte, dem Träger anzuraten, Maike in eine Festanstellung zu übernehmen.

Maike ist mittlerweile mit sich selbst beschäftigt. Sie geht viel auf Partys und konsumiert Alkohol und andere Drogen. Entsprechend müde kommt sie dann am nächsten Morgen in den Kindergarten, manchmal sogar richtig schlecht gelaunt, als ob sie die Lust an ihrer Arbeit verloren hat. Weist man sie auf gewisse Dinge hin, bei denen sie es an Sorgfalt hat mangeln lassen, motzt sie gleich herum und wird aggressiv. Immer öfter begegnet sie auch den Kindern in einer Form, die nicht akzeptabel ist. So schnauzt sie z. B. Benny an: »Du Idiot, hast du Kim nicht gesehen?«, als dieser das Mädchen aus Versehen anrempelt.

Versuche im Team, mit Maike ins Gespräch zu kommen, misslingen. Die Kolleginnen fühlen sich immer mehr wie Mütter einer pubertierenden Tochter, die sich an keine Regel mehr hält und ihre eigenen Gesetze aufstellt. Als sie dann auch noch Arm in Arm mit einem jungen Mann gesehen wird, der in der Gemeinde als jemand bekannt ist, der illegale Drogen nimmt, ist das Fass voll. Die Erzieherinnen treffen sich zunächst privat bei einer der Kolleginnen, schließlich kennen sie Maike ja auch aus anderen Zeiten und sind ihr eigentlich aufs Herzlichste verbunden. Sie wollen zu ihrem Schutz zunächst die Vorwürfe vorformulieren und ordnen, um sie nicht einfach nur über sie auszugießen.

Über die Situation und die Einschätzung der Außenwirkung sind sich alle schnell einig. Es ist klar, dass das so nicht weitergehen kann und mit Maike geredet werden muss.

Ihnen ist klar, dass Maike in der großen Runde wahrscheinlich kaum erreicht werden kann. So beschließen sie, dass eine von ihnen, die noch am ehesten Zugang zu ihr hat, das Gespräch mit ihr sucht und ihr vermittelt, wo das Team im Moment mit ihr steht. Natürlich soll die Kollegin Maike auch ganz direkt nach ihrem Befinden und ihrer Lebenssituation fragen.

Darüber hinaus sind sich alle einig, dass es bei einem solchen ersten Gespräch nicht bleiben kann, sondern dass Maike sich dem gesamten Team stellen muss und darlegen soll, wie sie sich das in Zukunft vorstellt. Das Team ist bereit, ihr eine Chance zu geben, will ihr aber das Problemfeld umreißen. Das Team hofft natürlich, dass Maike sich kooperativ zeigen kann. Denn im anderen Fall wird es notwendig, den Träger mit in den Konflikt einzubeziehen.

Maikes erste Reaktion ist eine Flut von Tränen und Hilflosigkeit. Im Verlauf des Gespräches wird deutlich, dass Maikes Eltern sich getrennt hatten und sich dadurch auch ihre Wohnsituation verändert hatte. Sie lebt seit geraumer Zeit in einer WG und sagt von sich selbst, sie hat sich in dieser neuen Freiheit und Orientierungslosigkeit einfach treiben lassen. Sie bekommt plötzlich Angst, es könnte zu spät sein und sie könnte ihren Arbeitsplatz verlieren – das Einzige, was ihr eigentlich noch Sicherheit und Halt gibt. Nach etlichen weiteren Gesprächen fängt sie an, den Kolleginnen wieder zu vertrauen und umgekehrt. Es wurden im Abstand von vier Wochen Entwicklungsgespräche und konstruktive Feedbackrunden mit der Leitung in Rücksprache mit dem Team vereinbart. Diese praktikable Lösung sollte auch das Team als Gesamtteam von diesem Konflikt wieder entlasten.

Zur Befriedigung der Neugierde der Leserinnen sei hier gesagt, dass die beschriebene Situation Gott sei Dank wieder in gute Bahnen zurückgefunden hat. Die Verbindlichkeit und Verlässlichkeit von Maike erreicht wieder ein Niveau, das – professionell betrachtet – zufriedenstellend ist.

Im Nachklang war das Team sehr stolz auf sich. Es wäre durchaus berechtigt gewesen, den Konflikt in der Hierarchie nach oben einfach abzugeben.

12. Nachbarschaftskonflikte

Konflikte mit dem Umfeld

Obwohl sich die Kinder natürlich in einem geschützten Rahmen im Kindergarten aufhalten, ist es den Erzieherinnen immer ein großes Anliegen, eben diesen Rahmen zu öffnen. Der reale Alltag besteht nicht nur aus Funktionsräumen, geführten Angeboten, einem netten Beieinandersitzen im Morgenkreis. Um den Alltag in der Einrichtung zu strukturieren, benötigt man aber eben diese Elemente.

Möchte man das Lernfeld für die Kinder erweitern, wendet man sich an Kooperationspartner. Man kann z. B. mit dem Seniorenheim nebenan zusammenarbeiten, um Generationen zusammenzuführen, oder die Stadtbibliothek besuchen. Diese Termine müssen abgestimmt werden und Ziele formuliert werden. Die Organisation übernimmt meistens eine bestimmte Erzieherin. Durch das Erweitern des Erfahrungsrahmens wird auch der Konfliktrahmen erweitert.

Ein sehr wichtiger Kooperationspartner sind Grundschulen. Je nachdem, wie gut dieser so wichtige Übergang vom Kindergarten in die Grundschule durchdacht ist, gestaltet sich auch die Zusammenarbeit zwischen den pädagogischen Fachkräften.

Eine Erzieherin, die für die Vorschulkinder verantwortlich ist, berichtet, dass die ersten Schwierigkeiten überhaupt nicht in der konkreten Planung liegen. Häufig gehe es zunächst um Grundsatzfragen, mit denen sich Erzieherinnen immer wieder beschäftigen. Sie stehen von vornherein unter starkem Druck, da sie nicht wissen, welche Erwartungen die Grundschullehrer an sie haben und ob diese Erwartungen überhaupt berechtigt sind. Die Erzieherinnen sind ja nicht allein dafür zuständig, dass die Kinder wohlerzogen und gut ausgestattet mit allen Fertigkeiten und Fähigkeiten, die sie für den Schulalltag benötigen, von den Grundschullehrern in Empfang genommen werden können. Auch die Lehrer tun gut daran, ihren Teil dazu beizutragen und sich vorab um diese Kinder zu kümmern.

Kooperation zwischen Lehrerinnen und Erzieherinnen auf Augenhöhe

Simone, eine Erzieherin mit bereits gut zehnjähriger Berufserfahrung, berichtet, dass sich die pädagogischen Fachkräfte von Kindergarten und Schule immer noch nicht auf Augenhöhe begegnen. Viele Erzieherinnen ärgern sich darüber, dass sie von Lehrerinnenseite als weniger wert oder weniger wichtig wahrgenommen werden. Simone wünscht sich eine Begegnung auf Augenhöhe und erhofft sich für die Zukunft eine bessere Ausbildung, um den Übergang von Kindergarten zur Grundschule besser vorbereiten zu können.

Simone hatte zuletzt 13 Vorschulkinder. Das ist eigentlich eine gute Gruppengröße. Sie treffen sich regelmäßig in dieser Gruppe, um besondere Aktionen zu planen oder einfach über die Schule zu sprechen. Bei der Planung haben die Kinder großes Mitspracherecht und Simone versucht, sich flexibel darauf einzustellen. z. B. wird ausdiskutiert, ob die Kinder eher am Musikunterricht teilnehmen oder lieber beim Experimentieren dabei sein möchten. Simone versucht, auf die Bedürfnisse der Kinder einzugehen. Häufig wird von den Eltern entgegnet, dass sie das nicht gut finden. Kinder müssen doch auch lernen, sich an Vorgaben oder klare Regeln und Aufgaben zu halten. Wie sollen sie das in der Schule denn dann plötzlich können, wenn sie es vorher nicht geübt haben?

Um die verschiedenen Interessen zusammenzubringen, muss sich Simone fast zerreißen. In erster Linie möchte sie den Kindern gerecht werden, indem sie verschiedene Angebote macht. Den Eltern gegenüber fühlt sie sich aber ebenfalls in der Pflicht und mit den zukünftigen Lehrern muss und möchte sie sich auch absprechen.

Nun fragt sich Simone natürlich, wie sie in diesem Spannungsfeld für Struktur sorgen kann. An erster Stelle möchte sie für Offenheit und Klarheit unter den pädagogischen Fachkräften sorgen. Sie lädt also alle Beteiligten recht frühzeitig zu einem gemeinsamen Austausch ein. Sie hat sich vorgenommen, offen über die Sorgen und die Unzufriedenheit zu sprechen und wünscht sich nicht nur auf kurze Sicht eine Übereinkunft, sondern sie möchte Grundlegendes für die nächsten Jahre klären, sodass der Ablauf, der sich ja jedes Jahr in ähnlicher Weise wiederholt, eine tragende Form finden kann.

So kommt es dazu, dass gegenseitige Besuche in einem bestimmten Rhythmus abgesprochen werden, dass es einen Raum gibt, in dem bestimmte Kinder vorbesprochen werden können, um das Einfädeln der Kinder mit besonderem Hintergrund oder verhaltensoriginellen Ausdrucksformen zu erleichtern. Für Lehrerinnen kann es schließlich hilfreich sein, zu sehen, was trotz Schwierigkeiten im Vorfeld alles erreicht werden konnte oder wie ein Kind am leichtesten eingebunden werden kann, bei welchen Kindern vielleicht auch noch Entwicklungsbedarf besteht etc.

Fast zeitgleich kommt es aufgrund geänderter Gesetzesgrundlagen zu einer verdichteten Kooperation mit dem örtlichen Gesundheitsamt: Sehr frühzeitig wird bereits eine erste Untersuchung durchgeführt, um notwendige Förderungen rechtzeitig vor dem Schuleintritt in die Wege leiten zu können.

Die Einschulungsuntersuchung führt immer wieder dazu, dass sich Kinder ängstigen oder verunsichert reagieren. Je nachdem, wie die Untersuchung thematisiert wird und wie sie von der jeweiligen Fachkraft umgesetzt wird, entstehen dabei durchaus problematische Situationen, die vermieden werden könnten.

Damit einhergehend werden auch die Eltern verunsichert, weil ein Prozess unter den Eltern entsteht, bei dem ihre Kinder miteinander verglichen werden. »Wer kann was?« Und noch viel wichtiger: »Wer kann was noch nicht?« So rückt der konkurrierende Vergleich stärker in den Vordergrund als die elterliche, unterstützende und Raum schaffende Begleitung für das Kind.

Um an dieser Stelle etwas Ruhe und Sicherheit entstehen zu lassen, lädt Simone auch die Beteiligten des Gesundheitsamtes zu einem Austausch ein.

Dort bespricht sie ihre Beobachtungen und sensibilisiert für die Auswirkungen im Kindergarten. Sie versucht dabei tunlichst zu vermeiden, irgendeine Art von Vorwurf oder Schuldzuweisung zu äußern. Dies wird allseits anerkennend zur Kenntnis genommen und ihre Verbesserungsvorschläge werden gern aufgenommen.

Der Brennpunkt nebenan

Katrin stellt mit Besorgnis fest, dass immer häufiger gebrauchte Spritzen und andere Utensilien, die zum Gebrauch von bestimmten Drogen benötigt werden, im Garten der Kindertageseinrichtung herumliegen. Den Eltern bleibt dies nicht verborgen und so fangen sie zu Recht an, sich darüber aufzuregen. Dies geht leider nicht ohne wüste Beschimpfungen der verursachenden Zielgruppe vonstatten. Katrin sucht den leitenden Sozialpädagogen des Kontaktladens für Drogenabhängige auf und informiert ihn über diese Missstände. Die beiden besprechen miteinander, dass er bei der Ausgabe der Spritzen darauf hinweist, dass die Entsorgung der Spritzen in den vorgesehnen Container erfolgen muss. Er erklärt sich auch bereit, zu einem Elternabend im Kindergarten zu kommen, um dazu beizutragen, dass ein realistisches Bild von der betroffenen Personengruppe entsteht. Der Sozialpädagoge kann im Anschluss des Gesprächs sogar eine kleine Gruppe von Drogenabhängigen gewinnen, den Garten des Kindergartens aufzuräumen und die Spritzen einzusammeln.

Den Kindern wird erklärt, dass sie sofort die Erzieherinnen holen müssen, wenn sie so etwas finden und dass sie nicht in Kontakt mit den Einwegspritzen kommen sollen. Die Nachbarschaft wird darum gebeten, doch bitte die Polizei zu holen, falls sich am Abend jemand auf dem Kindergartengelände aufhält.

Katrin ist zufrieden mit den Maßnahmen, die sie eingeleitet hat. Sie haben zu mehr Sicherheit für die Kinder geführt und zeitgleich die Verbundenheit von Nachbarschaft und Kindergarten gestärkt.

13. Strukturelle Konflikte

Christa, Erzieherin für die Kleinsten

Christa ist seit über zwanzig Jahren in der gleichen Kindertageseinrichtung beschäftigt. Während dieser Zeit hat sie fünf Jahre Elternzeit genommen, um für ihre beiden kleinen Kinder als Mutter da zu sein. Insgesamt fühlt sie sich bisher sehr wohl in der Einrichtung, mit den Kolleginnen und eigentlich auch mit dem Träger. Aus dem Gemeinderat kam der Vorschlag, eine Gruppe für Kinder von einem halben Jahr bis zu eineinhalb Jahren einzurichten und diese dann in die Gruppe der Eineinhalb- bis Dreijährigen zu überführen.

Der Träger glaubt, dass Christa am besten geeignet ist, eine solche Gruppe zu führen. Entsprechend spricht der Leiter des Bereiches für Bildung und Soziales mit ihr. Sie bringt unmissverständlich ihre Bedenken zum Ausdruck und hält auch nicht mit ihrer Lebenseinstellung hinter dem Berg. »Eigentlich«, so findet sie, »ist es notwendig, dass die Mutter in der ersten Zeit für die Kinder da ist.« Sie versucht, dem Leiter klarzumachen, dass sie, wenn sie weiß, dass sie die Kinder nach einem Jahr wieder abgeben soll, sich auf die Kinder niemals so einlassen kann, wie das eine Mutter täte. Schließlich müsse sie sich ja selbst vor zu viel Nähe schützen, da es ja bald wieder um Abschied gehe. Soweit sie sich an ihr Mutterwerden erinnere, habe sie die Kinder in ihre ganzen Lebenszusammenhänge und Zukunftsentwürfe mit hineingedacht. Es war also nicht nur die direkte nahe Beziehung, die den Kindern Halt gab, sondern das Verbinden in der Vorstellung über das ganze eigene Leben hinweg, in alle Lebensvorstellungen und Fantasien hinein. Dies könne sie als Fachkraft so niemals leisten. Wer solle das dann tun? Der Vorgesetzte gibt zwar vor, sie verstehen zu können, bricht aber schnell die Bedenken soweit herunter, dass er sagt, das sei nicht ihre Aufgabe, sondern läge in der Verantwortung der Eltern.

Als die Erzieherin spürt, dass Widerstand zwecklos ist, fügt sie sich der Vorgabe, ringt aber um eine gute und dichte Betreuungsbegleitung durch Fachkräfte. Sie will von ihrem Vorgesetzten wissen, welchen Stellenschlüssel er für diesen neuen Bereich vorgesehen hat. Eine Idee ist, die Gruppe langsam aufzubauen und mit zwei Erzieherinnen bis zu einer Gruppengröße von zehn Kindern zu beginnen.

Christa versucht, sich in die Situation hineinzudenken. Von ihren eigenen Kindern weiß sie noch, dass diese in dem Alter durchaus einmal für sich selbstvergessen tätig sein konnten, aber nur, solange sie die Mama im Hintergrund wussten. Sie stellt es sich sehr anstrengend vor, zehn Kinder, die ja auch noch Wickel- und Fütterbedürfnisse haben, in diesem Nahkontakt über sechs oder acht Stunden zu halten. Sie fasste allen Mut zusammen und erbittet, nach einer ersten Anlaufzeit zu zweit, noch eine Jahrespraktikantin hinzuzubekommen. Nach Rücksprache des Vorgesetzten mit höherer Stelle gibt es letztlich grünes Licht für dieses Vorgehen.

Die Gruppe läuft ganz gut an und Christa gefällt die Arbeit. Nach und nach spüren sie und auch ihre Kolleginnen, dass die Raumgröße für diese Gruppe viel zu klein ist und dass es unmöglich ist, mit den Kindern gemeinsam zur Ruhe zu kommen. Das enge Miteinander löst bei allen permanenten Stress aus.

Zunächst suchen sie mit ihren anderen Kolleginnen nach einer internen Lösungsidee. Das Einzige, was sich auftut, ist, dass sie an drei Vormittagen in den Turnraum ausweichen können und dass die Kolleginnen anbieten, hin und wieder eins der kleinen Kinder zu sich in die Gruppe zu holen. Das ist auch ganz im Sinne des Eingewöhnens in die Gruppe der größeren Kinder nach einem Jahr. Der Vorgesetzte wird über dieses angedachte Vorgehen informiert und stimmt dem versuchsweise zu. Es zeigt sich dann allerdings in der Praxis, dass dies nicht mit allen Kindern geht. Manche der Kinder sind nicht bereit dazu, sich in den größeren Rahmen einzufinden. Erste misslungene Versuche bringen auch die Eltern auf, weil diese das Gefühl haben, dass ihre Kinder nicht mehr wissen, wo sie hingehören.

Als sich das erste Jahr dem Ende zuneigt, zog Christa für sich ein Resümee. Es macht ihr tatsächlich Spaß, die kleinen Kinder zu versorgen. Ihr Mann spiegelt ihr aber eindeutig, dass sie viel erschöpfter nach Hause komme und dass mit ihr nicht mehr viel anzufangen sei. Natürlich hat sie das selbst auch schon bemerkt. Noch ehe das Jahr ganz zu Ende geht, kommt es zu dem vorausgeplanten Gespräch, um die Entwicklung miteinander zu besprechen. Als der Vorgesetzte für sich heraushört, dass es ja letztendlich ganz gut gelaufen sei, hat er sofort die Idee, die Gruppengröße auf zwanzig Kinder und drei fest eingestellte Fachkräfte zu erhöhen.

Christa ist sofort klar, dass sie die Aufgabe unter diesen Umständen nicht mehr weiterführen kann. Schon aus Platzgründen sieht sie für diesen Ansatz keine reelle gute Umsetzungsmöglichkeit. Außerdem ist eine Verdoppelung der Gruppe mit der Aufstockung durch eine Fachkraft nicht wirklich ein Weg, bei dem die erreichte Qualität erhalten werden kann. Sie fragt noch einmal sicherheitshalber nach, ob das wirklich das letzte Wort sei. Als sie bemerkt, dass entsprechende politische Vorgaben schon gemacht sind, schweigt sie und zieht sich aus der Auseinandersetzung zurück. Sie fängt an, nach anderen Stellen Ausschau zu halten und sich zu bewerben. Viele stützende Gespräche mit ihrem Mann waren notwendig, um sich dieses Vorgehen abzuringen. Schließlich ist die Einrichtung ein Teil ihres Lebens geworden und es hängt viel Herzblut daran. Als sie dann schließlich erfolgreich mit ihrer Suche ist und die Kündigung einreicht, sind alle sehr überrascht. Der Vorgesetzte versucht sie mit allerlei Angeboten doch noch zurückzugewinnen, aber für Christa ist hier der Zug endgültig abgefahren.

Die beobachtungsfreudige Gabi und ihre Probleme mit standardisierten Beobachtungsrastern

Gabi hat schon immer einen besonderen Blick für ihre Kindergartenkinder gehabt. Seit zunehmend mehr Kinder mit Entwicklungsverzögerungen und Teilwahrnehmungsbeeinträchtigungen auffällig werden und sie durch andere Fachbereiche wie z. B. Ergotherapie oder Physiotherapie auch in dem Wissen geschult wird, dass neurophysiologische Anbahnungen oder Nachreifungen umso besser gelingen können, je früher sie erkannt und gefördert werden, hat sich bei ihr eine vertiefte und differenzierte Aufmerksamkeitsfokussierung entwickelt. Bei Kerstin hat sie z. B. beim Malen bemerkt, dass sie ein Kraftdosierungsproblem im feinmotorischen Bereich hat. Bei Jochen fällt auf, dass er beim freien Toben recht aggressiv wird. Die Ergotherapeutin, die daraufhin um Hilfe gebeten wird, findet bei ihm heraus, dass er eindeutig ein Raum-Lage-Orientierungsproblem mit Gleichgewichtsstörungen hat.

Insofern ist Gabi voller Vorfreude, als der Träger einen Fortbildungs- und Einführungstag für standardisierte Früherkennung und Beobachtung kindlicher Lernprozesse ankündigt. Sie werden an diesem Tag mit standardisierten Formblättern zum Ankreuzen vertraut gemacht. Nach Abarbeitung des Auswertungs- und Beobachtungsbogens kommt am Ende eine Zahl heraus, die dann deutlich markierte: auffällig, weniger auffällig, sehr auffällig usw.

Gabi erlebt diese Bögen als sehr defizitorientiert. Die andere Systematik führt ein, einen bestimmten Zeitrahmen lang, einfach ein Kind in seinem Tun zu beobachten, z. B. Mark steht an der Staffelei, er hält den Pinsel an der rechten Hand (Pinzettengriff), taucht den Pinsel in das Wasser und wählt dann die Farbe Rot. Er malt einen Kreis und führt den Pinsel wieder zum Wasser, um diesen auszuwaschen und in eine neue Farbe, Grün, einzutauchen. Dabei streckt er die Zunge heraus, die ein gewisses Eigenleben führt, solange er ganz bei der Sache ist. Auch seine linke Hand bewegt sich für ihn unbemerkt mit, er ist ganz in den Prozess des Malens vertieft.

Mit dieser Art der gezielten und bewussten Beobachtung kann Gabi schon mehr anfangen. Bisher finden solche Beobachtungsprozesse bei ihr eher nebenbei statt, jetzt hat sie die Erlaubnis, ja sogar die Aufforderung, sich voll darauf zu konzentrieren. Das gefällt ihr zunächst. Was ihr dann im Laufe des Tages und dann nachher auch bei der Durchführung in der Praxis zunehmend große Schwierigkeiten bereitet, sind die engen Vorgaben, wie oft und wie lang sie in der Woche jedes Kind beobachten soll. Sie spürt, dass sie damit sich selbst weniger als handelnde Person in die Prozesse mit den Kindern vertieft und auch weniger Zeit hat, sich auf die Kinder im Einzelnen mit ihren Bedürfnissen einzulassen. Sie ist Bezugsbetreuerin für 14 Kinder. Andere Kolleginnen haben ebenfalls zehn bis 14 Kinder. Die Absprache ist, dass jedes Kind mindestens einmal pro Kindergartenjahr für zwei Wochen intensiv beobachtet wird.

Immer wieder schleicht sich in Gabis Wahrnehmung der Gedanke ein, dass dann ein Kind in dieser Zeit sehr stark im Mittelpunkt steht und die anderen Kinder eher aus dem Blickfeld geraten. Auch hat sie das Gefühl, dass die Beobachtungsintensität das Verhalten mancher Kinder verändert. Selbstverständlich gefällt es den meisten Kindern, dass das, was sie so alltäglich tun, plötzlich besondere Bedeutung erfährt und die Erzieherin sich ganz auf es konzentriert. Andere können damit aber vielleicht nicht so gut umgehen.

Gabi fühlt sich immer mehr an die engmaschigen Controlling-Prozesse, die sie von ihrem Mann aus ganz anderen Unternehmensbereichen vom Hörensagen kennt, erinnert. An sich selbst stellt sie fest, dass zumindest im Moment mit der noch nicht eingespielten Verfahrenstechnik immer wieder der Blick fürs Ganze verloren geht. Das bedauert sie.

In einer Nachbargruppe gibt es eine neue Leitung und ein noch nicht in sich gefestigtes Team, an die der gleiche Anspruch in Sachen Beobachtung gestellt wird wie an die anderen. Das ist für die betroffenen Erzieherinnen einfach nicht zu schaffen.

Der Teamentwicklungsprozess steht für sie mehr im Vordergrund als die Einzelbeobachtung von Kindern.

Für Gabi relativiert sich auf diesem vielschichtigen Beobachtungshintergrund der Umsetzung die Vorgabe der standardisierten Vorgehensweise und sie nimmt sich mehr und mehr das Recht heraus, selbst zu prüfen, wie sie qualitativ zu guten Beobachtungsergebnissen kommen kann, die dem Kind, ihr selbst und auch der Gruppe dienen. Eine befreundete Berufskollegin aus einer anderen Einrichtung bringt sie dann in den Kontakt mit den Bildungs- und Lerngeschichten. Hierbei wird das Kind über einen gewissen Zeitraum sehr genau beobachtet. Dabei liegt der Fokus aber vor allen Dingen auf dem, was das Kind schon kann.

Gabi empfindet dieses Vorgehen sehr individuell und ressourcenorientiert, denn dem Kind wird bewusst gemacht, was es schon kann und es wird in seinem Tun ermutigt. Nach längerer Erprobung dieses Vorgehens entscheidet sie sich, dem Team zu offenbaren, was sie für sich entwickelt hat und lässt sich grünes Licht für dieses Vorgehen geben. Die Leitung verspricht, mit dem Träger diese Entwicklung abzusprechen und sich abzusichern, dass diese konstruktive und für diesen Kindergarten hilfreiche Abweichung auch akzeptiert wird.

14. Konflikte mit dem Träger

Ganztagsbetreuung

Wachsende Herausforderungen und Aufgabenbereiche schaffen häufig Konfliktpotenzial. So erzählt eine Leitung, die bereits über 15 Jahre in ihrer Einrichtung arbeitet: »Ihr könnt euch gar nicht vorstellen, was ab nächstes Jahr auf uns zukommt!? Bisher hatten wir ja immer die verlängerten Öffnungszeiten. Ab Januar sollen wir nun den Eltern auch noch eine Ganztagsbetreuung anbieten. Das ist ja schön und gut, aber wie sollen wir das denn machen? Wir müssen mehr Zeiten abdecken, erhalten aber nicht mehr Personal. Wir sollen ein warmes Mittagessen auf den Tisch bringen, ohne anständige Küche und ohne hauswirtschaftliche Kraft. Unsere Zeit ist doch eh schon knapp bemessen und dann noch so etwas. Unserem Träger habe ich gesagt, dass das so nicht funktionieren wird und was sagen die mir!? – ›Ach Frau Scholl, Sie machen das schon. Sie haben das die letzten Jahre doch auch alles so gut hinbekommen. Sie sind doch eine von unseren besten Kräften!‹ – Pff, dieses Lob kann ich nicht annehmen. Das ist doch nur Schmeichelei, damit man den Mund hält! Aber nicht mit mir!«

Trotz ihrer eigenen Bedenken muss Frau Scholl vor den Eltern diese Veränderungen positiv darstellen. Die Eltern können ja nur andeutungsweise erahnen, welch organisatorischer Aufwand sich hinter der Einführung einer Ganztagsbetreuung verbirgt. Für die Eltern ist es verständlicherweise das Wichtigste, dass ihre Kinder während diesen acht, neun oder zehn Stunden gut versorgt sind. Und auch das Team muss von Frau Scholl auf den erforderlichen, neuen Weg eingestimmt werden. Dienstpläne müssen neu geschrieben werden, Abläufe neu strukturiert werden.

Eigentlich möchte Frau Scholl vor ihrem Arbeitgeber nicht schlecht dastehen. Doch obwohl sie weiß, dass die Rahmenbedingungen nicht stimmen, fügt sie sich und tut ihr Bestes, damit der Träger mit ihrer Leistung zufrieden ist.

Welche Handlungsspielräume hat Frau Scholl, um sich in diesem Spannungsfeld zurechtzufinden?

Frau Scholl ist sich zwar darüber im Klaren, dass sie sich nicht gegen festgeschriebene Entscheidungen des Trägers wehren kann, aber sie will den Schritt nicht unversucht lassen, den Träger auf konstruktive Weise auf Schwierigkeiten im Alltag hinzuweisen. Sie erarbeitet sehr anschaulich und detailliert zwei Ablaufpläne. Einer veranschaulicht die Zeit zwischen 11:30 Uhr und 13:00 Uhr ohne Küche und ohne hauswirtschaftliche Kraft. Der andere Plan zeigt die Vorteile auf, wenn eine Küche und eventuell sogar personelle Unterstützung vor Ort ist. Die Vorteile formuliert sie schriftlich aus und lässt dem Träger ihre Bitte um ein Gespräch zukommen. Das kann zwar nicht bewirken, dass eine komplett neue Küche eingebaut wird, aber immerhin bekommt sie für die stressige Mittagszeit eine zusätzliche Kraft, die das Essen vorbereitet und nach dem Essen für Ordnung in der Küche sorgt.

E Konfliktfeld Gesundheit

Gegenüber der Fähigkeit, die Arbeit des Tages sinnvoll zu ordnen, ist alles im Leben ein Kinderspiel.
Johann Wolfgang Goethe

Klare Orientierungsrahmen gibt es in unserem modernen Leben immer seltener. Veränderungen und Stress sind an der Tagesordnung. Ständig muss der Mensch versuchen, Sicherheit und Klarheit für sein eigenes Handeln zu erzeugen, auch wenn beides im nächsten Moment durch die Umstände wieder geändert werden kann. Wie kann ich inmitten dieses ständigen Wandels und der zunehmenden Strukturlosigkeit meinen eigenen Standpunkt, meine persönliche Orientierung, meine Kraftquellen erhalten und immer wieder zu meiner inneren Mitte zurückfinden?

Bei all dieser Dynamik in Beruf, Familie und Gesellschaft soll uns Zeit- und Selbstmanagement helfen, in unserem persönlichen Rahmen die Dinge auf die Reihe zu bekommen. Wie muss ich vorgehen, um meinen Aufgaben gerecht zu werden, und wie kann ich gelassener mit Stress umgehen? Was ist wichtig, was ist entbehrlich? Dies sind wichtige Zugangsfragen zum Konfliktfeld Gesundheit, denn nur wer sich selbst organisiert, kann andere organisieren.

Deshalb wollen wir zunächst einige Grenzsteine markieren, die zeigen, wenn wir vom rechten Weg abkommen.

Einige Sünden im Hinblick auf Ihre Gesundheit:
- Sie versuchen, zu viel auf einmal zu tun.
- Sie stellen keine Ziele, Prioritäten, Tagespläne auf.
- Sie lassen sich vom Telefon und von Kolleginnen aus Situationen holen, die Ihre Anwesenheit und Aufmerksamkeit brauchen.
- Sie nehmen an langwierigen und überflüssigen Besprechungen teil.
- Sie überhäufen Ihren Schreibtisch mit Papierkram und Lesestoff.
- Sie lassen sich in den Kernzeiten von unangemeldeten Besuchern stören.
- Sie schieben unangenehme Aufgaben vor sich her.
- Sie können partout nicht Nein sagen.

- Sie wollen perfekt sein und alles wissen.
- Sie sind nicht konsequent, es fällt Ihnen schwer, Disziplin zu halten.

Das Ergebnis von unachtsamem Umgang mit uns selbst ist im schlimmsten Fall das, was wir *Burn-out-Syndrom* nennen. Dieses *Ausbrennen* im Beruf ist ein aktuelles Thema. Burn-out ist ein Prozess, der sich in Stufen vollzieht, die jeweils durch bestimmte Symptome gekennzeichnet sind. Der folgende Überblick dient der Selbsteinschätzung und ist ein hilfreiches Diagnose-Instrument. 1974 beschrieb Herbert H. Freudenberger (1926–1999), ein New Yorker Psychiater, die Symptome von Burn-out zum ersten Mal.

1. *Flitterwochen:* Bei Arbeitsantritt herrscht hohe Motivation. Es liegt der Wunsch vor, sich und anderen zu beweisen, dass man etwas kann. Es werden Maßstäbe gesetzt. Die Arbeit macht Spaß und die Kolleginnen sind in Ordnung. Die Energie ist hoch. Man fängt an, sich mit der Organisation zu identifizieren. Man hat hohe Erwartungen an das eigene Selbst. Krankheiten erlaubt man sich nicht. Eigene Maßstäbe werden zum Gesetz.
2. *Zurück zur Realität:* Hier setzt die Ernüchterung ein. Die Arbeit wird auch als nachteilig erlebt und macht müde. Es ist nicht alles Gold, was glänzt. Die Erwartungen werden zurückgeschraubt. Man fängt an, die Arbeit im Verhältnis zu den Arbeitsbedingungen und auch der Bezahlung zu sehen. Die kollegialen Beziehungen verändern sich: zu einigen entsteht mehr Nähe, zu anderen mehr Abstand. Sympathie und Antipathie treten stärker auf. Es gibt Tage, an denen man weniger motiviert ist. Man bemüht sich, das Gleichgewicht zu finden.
3. *Segeln:* Arbeit, Erholung und Schlaf stehen in einem guten Gleichgewicht zueinander. Diese Balance wird immer wieder bewusst hergestellt. In der Arbeitsphase blitzen Elemente der Flitterwochen auf. Die Erholungsphase ist erfüllt von sich rhythmisch abwechselnden Tätigkeiten wie einkaufen, lesen, Briefe beantworten, spazieren gehen, kulturelle Angebote wahrnehmen, Freunde besuchen, mit Kindern etwas unternehmen, kochen, sich geistig anregen. Die Schlafphase ist erfrischend. Einzelne stressvolle Phasen werden aufgefangen. Stress wird in dieser Phase durchaus auch als positiv und stimulierend erlebt *(Eu-Stress).* Man fühlt sich dem Leben gewachsen. Das Steuer liegt in der eigenen Hand.
4. *Erschöpfung und Müdigkeit:* Die Arbeitsbelastung nimmt zu. Anzahl und Umfang der Aufgaben scheinen kaum zu bewältigen. Man beginnt, sich zu pushen. Im Körper wird Schwere erlebt. Krankheiten treten auf. Man beginnt, mit den eigenen Maßstäben konfrontiert zu sein. Die Unfähigkeit, Nein sagen zu können, wird sichtbar. Freizeitaktivitäten kommen ständig zu kurz. Die Erholungsphase verliert an Qualität. Beim Lesen von Büchern schläft man ein. Die Konzentration lässt nach. Der Urlaub hilft nur, die Schwere loszuwerden,

es findet keine Regeneration statt. Beziehungen werden vernachlässigt. Bei der Arbeit treten mehr Fehler auf. Man kann die Arbeit nicht mehr durchdringen. Der Arbeitsstress wird nicht mehr abgebaut *(Dis-Stress)*. Es beginnt ein langsames Ausbrennen.

5. *Chronische Symptome und Grenzverlust:* Im körperlichen Bereich treten chronische Symptome auf: Verspannungen in der Nackenmuskulatur, Spannungskopfweh, Beklemmungen im Brustbereich, nächtliches Zähneknirschen, Bauchschmerzen usw. Die Symptome sind individuell. Chronische Symptome im seelischen Bereich: Entweder treten scharfe, überreizte, aggressive oder gleichgültige, apathische Reaktionen auf. Die Person agiert nicht mehr, sondern reagiert nur noch. Erste verzweifelte Versuche, Stress abzuwehren, werden unternommen. Die eigene Grenze der Belastbarkeit kann nicht mehr eingeschätzt werden. Die innere Balance ist endgültig verloren. Essen, Alkohol oder Arbeit werden zu Ersatzfunktionen. Soziale Isolation tritt auf. Echte Begegnungen finden nicht mehr statt. Die Illusion der Kontrolle herrscht vor. Das Gefühl der eigenen Unentbehrlichkeit und Unersetzlichkeit lässt keine Auszeit zu. Das Leben besteht nur noch aus Arbeit und kurzem, schwerem Schlaf. An dieser Stelle beginnt die Verantwortlichkeit der anderen Menschen für diese Person, denn diese kann sich selbst nicht mehr helfen.
6. *Krise:* Ernste Krisen, die die Person gefährden, zeichnen sich ab. Die Form der Krise ist individuell, z. B. Hörsturz, Weinkrampf, Schlaganfall, Herzinfarkt, Autounfall o. Ä. Zwanghaftes Arbeiten steht im Vordergrund. In dieser Phase herrscht die Tendenz vor, den anderen die Schuld zuzuweisen. Persönliche und kollegiale Beziehungen sind gefährdet und werden abgebrochen. Verzweifelte Versuche werden unternommen, das Rad zurückzudrehen (»Ich mache das nicht mehr mit!« oder »Ich muss raus aus dem Beruf!«). Das individuelle Leitbild ist verdunkelt.
7. *Leben oder Tod:* In dieser Phase geht es nur noch um Leben oder Tod. Die Betroffenen kämpfen nur noch ums Überleben und sind ganz auf sich selbst konzentriert.

Folgende Frage helfen Ihnen, die eigene Situation zu überprüfen:

1. In welcher Phase befinde ich mich aktuell?
2. Was kenne ich aus meiner beruflichen Biografie (bei mir selbst oder in meinem Umfeld)?
3. Was war mein persönlicher Tiefpunkt?
4. Wie habe ich da raus gefunden?
5. Was hat mir dabei geholfen?
6. Sehe ich derzeit bei Kolleginnen Symptome von Burn-out?
7. Traue ich mir zu, sie darauf anzusprechen?

Im Folgenden seien einige der *Hauptsymptome* benannt, die bei Menschen, die von Burn-out betroffen sind, auftreten. Prüfen Sie für sich, mit welchen Symptomen und in welcher Intensität Sie selbst auf Stress reagieren.

- Erschöpfung 100 %
- Müdigkeit 94 %
- Schlafstörungen 84 %
- Kopfschmerzen 63 %
- Allgemeine Schmerzen 55 %
- Verdauungsschwierigkeiten 54 %
- Flache Atmung 48 %
- Schwindel 46 %
- Gewichtszunahme 44 %
- Kurzatmigkeit 42 %
- Tinnitus 42 %
- Gewichtsverlust 26 %
- Übelkeit 25 %

Ursachen, die das Eintreten eines Burn-out-Syndroms beschleunigen sind:

- Leistungsorientierte Wertschätzung
- Hohe Erwartungen an sich selbst
- Perfektionismus
- Gruppendruck
- Versagensängste
- Lebensstilansprüche

Jeder muss sich selbst in der Balance halten. Das geht nicht ohne das Bewusstsein dafür, dass wir eigenverantwortlich für eine gute Selbstorganisation sorgen müssen. Dazu gehören auch Rhythmen von Anspannung und Entspannung. Die Balance von Arbeitsphase, Erholungsphase und Schlafphase ist dabei von entscheidender Bedeutung.

Wichtig ist, ein Gefühl für den eigenen Biorhythmus zu entwickeln. Wann bin ich am leistungsstärksten? Wann ist es besser, wenn ich es etwas ruhiger angehen lasse? Wie lässt sich das mit meinem Arbeitsalltag vereinbaren? Kann ich das meinen Kolleginnen transparent machen? Können wir das miteinander und füreinander berücksichtigen lernen?

Schaffen Sie sich Inseln im Strom, kleine Plätze, an denen Sie zu sich kommen, Ihr Spürbewusstsein für sich selbst stärken und den Stress, die Anspannung, wieder ablegen können. Und tun Sie das nicht nur in Ihrer Freizeit, sondern sorgen Sie auch während der Arbeit immer wieder für diese kurzen Regenerationsphasen, während derer sie auftanken können.

Das soziale Umfeld

Ohne Freundschaft möchte niemand leben,
auch wenn er die übrigen Güter alle zusammen besäße.
Aristoteles (384–322 v. Chr.)

Wir alle wissen, wie wichtig soziale Bezüge für uns Menschen sind. Vielfältig erforscht, können wir es eigentlich ganz einfach mit dem Herzen hören, wenn wir es sprechen lassen. Trotzdem sei hier die Erkenntnis, wie wichtig unsere sozialen Verbindungen sind, ein wenig ausformuliert.

Es ist allseits bekannt: Menschen, die sich glücklich fühlen – dafür sind weder Reichtum noch Prestige ausschlaggebend, sondern Freunde und ein liebender Partner, sind gesünder. Witwer sterben früher, Singles werden häufiger krank. Der Altersforscher Thomas Glass von der Harvard-Universität fand in einer Befragung von 2700 Menschen über 65 Jahren heraus, dass Freunde das Leben bis zu einem Drittel verlängern. Der Ehepartner allein genügt nicht, länger jung und im Alter gesund und geistig rege zu bleiben. Wir benötigen vielfältige Beziehungen zu unterschiedlichen Menschen.

Freundschaften bilden eine Art Sicherheitsnetz in unserem Leben. Freunde fangen uns auf, wenn wir schlecht drauf sind. Sie geben uns das Gefühl, wertvoll zu sein – eine wichtige Voraussetzung für unser persönliches Glück. Gerade heute, wo auf dauerhafte Liebesbeziehungen kaum noch Verlass ist. Manche haben schon die Erfahrung gemacht: Die Liebe kommt und geht, die Freunde aber bleiben. Freundschaften wollen aus Freude und absichtslos gepflegt werden, sie verlangen den Einsatz von Zeit, emotionalem Engagement und Aufmerksamkeit. Haben Sie für andere erst dann ein offenes Ohr, wenn Sie deren Hilfe dringend brauchen, werden Sie kaum auf Gegenliebe stoßen. Der andere fühlt sich ausgenutzt. Besteht der Kontakt schon länger, wenn Sie mit einem Anliegen kommen, sieht die Sache anders aus. Pflegen Sie deshalb Ihr soziales Netz.

Wenn Sie Hilfe bekommen, ziehen im Übrigen nicht nur Sie Nutzen daraus, sondern auch Ihr Freund, denn er erfährt, dass Sie seine Kompetenz schätzen. Dass Sie ihm Anerkennung für seine Hilfsbereitschaft zollen. Selbstverständlich wird er im umgekehrten Fall sich ebenfalls Zeit nehmen.

Kernkonzept Selbstmanagement

Gelungenes Selbstmanagement findet eine ausgeglichene Balance zwischen Beziehungen, Sinn, Gesundheit und Arbeit.

Die Weltgesundheitsorganisation definiert Gesundheit folgendermaßen:

- stabiles Selbstwertgefühl
- positives Verhältnis zum eigenen Körper
- Fähigkeit zu sozialen Beziehungen und Freundschaft

- intakte Umwelt
- sinnvolle Arbeit und gesunde Arbeitsbedingungen
- Gesundheitswissen und Zugang zur Gesundheitsversorgung
- lebenswerte Gegenwart und begründete Hoffnung auf eine lebenswerte Zukunft

Nach dieser kurzen, eher allgemeinen Einführung in das Konfliktfeld Gesundheit, wollen wir uns mit Ihnen auf den Weg in Ihr Spannungsfeld Kita machen. Wir wollen versprachlichen, welche Stressfaktoren Ihnen dort im Wesentlichen begegnen, und Sie dazu anregen, den Alltag ganz bewusst zu gestalten und sich nicht von ihm treiben zu lassen.

Belastungen am Arbeitsplatz – ob physisch oder psychisch – sind kein ungewöhnliches Phänomen und machen nicht zwangsläufig krank. Die Belastungen treffen auf Personen, die sich hinsichtlich ihrer Fähigkeiten und Fertigkeiten, ihres Gesundheitszustands und ihrer Bewältigungsstrategien stark unterscheiden. Die individuelle Ausprägung sogenannter gesundheitsfördernder Faktoren sowie die Höhe der Belastung entscheiden darüber, ob diese als (gesund erhaltende) Herausforderung oder aber als (krankmachende) Überbeanspruchung angesehen werden.

Ein Belastungsfeld, das fast alle Erzieherinnen in gleicher Weise betrifft und das auch nicht wirklich aufgehoben werden kann, ist der Umstand, dass die Räumlichkeiten, in denen sich die Arbeit vollzieht, kindorientiert gestaltet sind und die Erwachsenen quasi als Gäste in dieser an den Bedürfnissen der Kinder entlang gestalteten Welt verweilen.

Die Arbeitsumgebung ist an die Körpermaße der Kinder angepasst. So ist es z. B. bei den üblichen niedrigen Kindertischen für Erwachsene unmöglich, die Beine unter den Tisch zu stellen. Stattdessen stehen sie meist seitlich, parallel zum Tisch. Zudem ist auch die Sitzhöhe der Kinderstühle zu niedrig. Wollen die Erzieherinnen mit den Kindern am Tisch malen, basteln oder spielen, müssen sie in gebeugter und gleichzeitig verdrehter Körperhaltung sitzen.

Ähnliche Probleme haben Erzieherinnen auch in stehender Haltung, denn die Hälfte der Zeit, die sie im Stehen verbringen, wird in gebeugter und/oder gedrehter Körperhaltung zugebracht. Grund hierfür ist ebenfalls die notwendige Anpassung an die Position bzw. Größe des Kindes, etwa beim Schuhe zu binden oder beim Herabbeugen zum Tisch. Auch der Lärmpegel in einer Kindertageseinrichtung ist recht hoch; teilweise wurden schon Spitzenpegel von 80 Dezibel oder mehr gemessen. Dazu kommt das Hallen und Schallen in den (oft hohen) Räumen. Natürlich führt der zugrunde liegende Lärmpegel auch zu einer Mehrbelastung der Stimme, zu gehäuftem, wie auch lautem Sprechen, zu fast geschrienem Erklären und Ermahnen.

Erzieherinnen stehen des Weiteren unter dem Druck, ständig präsent sein zu müssen, ansprechbar für Kinder, Eltern und Kolleginnen. Während der Anwesenheitszeiten in der Einrichtung besteht für die Erzieherinnen nur selten Gelegenheit, eine richtige Pause einzulegen. Es fehlt an Rückzugsmöglichkeiten, aber auch an der dafür notwendigen Zeit.

Häufig wird in den Pausen auch noch über Kinder, Eltern und auftretende Probleme gesprochen. Was einerseits entlastend sein kann, aber auch zu erhöhtem Druck führen kann, weil eben die Auszeit dadurch verloren geht. Die Pausen sind in den meisten Einrichtungen zu kurz, wenig erholsam, und auch stressfördernd (Telefonanrufe tätigen, Vorbereitungen treffen etc.).

Auch hinsichtlich gesunder Ernährung ist für Erzieherinnen ein Konfliktfeld festzustellen: Beim Frühstück oder beim Mittagessen steht die Erzieherin häufig unter Stress. Sie versucht Kindern beizubringen sich bei den Mahl*zeiten* Zeit zu nehmen und eine angenehme Atmosphäre zu schaffen, kann sich das aber selbst nicht einrichten.

In der Ausbildung wird oft zu wenig darauf eingegangen, wie man mit Zeitdruck umgehen kann, wie man trotz der vielen Anforderungen Zeit gesund gestalten kann. Es fehlt das richtige Werkzeug zur Umsetzung, manchmal aber auch schon das Bewusstsein dafür. Durch das Fehlen konstruktiven Zeitmanagements – wann soll ich was wie bis wann in welcher Form tun – sinkt die Qualität der Arbeit und die Frustration steigt.

Daneben sind Erzieherinnen eigentlich ständig der Gefahr ausgesetzt, von den mitgebrachten (Kinder-)Krankheiten angesteckt zu werden, was die eigene Gesundheit nicht unwesentlich strapaziert. Kinder werden häufig in die Kita gebracht, obwohl die Eltern ganz genau wissen, dass diese krank sind und die Krankheiten übertragen werden können. Ohne es verhindern zu können, kommen Erzieherinnen mit Scharlach, Masern, Windpocken, Bronchitis, Fieber, Bindehautentzündung, Mittelohrentzündung, Husten, Schnupfen, Läusen, Durchfall und vielen weiteren Krankheiten in Kontakt. Dazu kommt der fast schon chronische Personalmangel in vielen Einrichtungen, sodass für den Krankheitsfall einer Kollegin nur selten ein Ersatz vorgehalten wird. Dies führt zu weiterer Überbelastung des Teams und macht der kranken Kollegin Schuldgefühle.

Eine weitere Belastung stellen die sogenannten Tür- und Angelgespräche, z. B. bei Bring- oder Abholsituationen, dar. Es entstehen extreme Verdichtungssituationen, da in kürzester Zeit sehr viele Personen auf eine Antwort warten, Geld zahlen wollen, Infos weitergeben wollen, sich beschweren möchten oder einfach nur kurz hören wollen, wie es ihrem Kind über den Tag ergangen ist. Alles natürlich nachvollziehbar, aber für die Fachkräfte fast wie ein Einhundertmetersprint.

Selbstverständlich werden all diese aufgeführten Belastungen mit zunehmendem Alter noch sensibler wahrgenommen, die meisten Erzieherinnen werden dünnhäutiger und der Toleranzspielraum wird kleiner.

Insgesamt muss festgehalten werden, dass in Kindertageseinrichtungen eine hohe Flexibilität von den Fachkräften erwartet wird. Daneben hat es sich im sozialen Bereich eingebürgert, dass weitgehend mit befristeten Verträgen operiert wird. Die Erzieherinnen müssen lernen mit der permanenten Angst um ihren Arbeitsplatz und der existenziellen Frage umzugehen, ob der Vertrag verlängert wird.

Gesellschaftliche Anerkennung genießt dieses Arbeitsfeld auch nicht wirklich. Wenn man die Bezahlung zur Grundlage für diesen Wert macht, ist sie sogar auf einem Tiefpunkt angekommen.

Das Hauptbelastungsfeld aber ist die Art, wie eine Erzieherin von ihrer Umgebung gebraucht und gefordert wird. Die Erzieherin verkörpert in der Art, wie sie als Person auftritt, den Rahmen der Kindertageseinrichtung, in der sie tätig ist. Begegnet sie den Menschen offen, interessiert, nimmt sie sich Zeit für wichtige Gespräche, ist sie in der Wahrnehmung für die einzelnen Kinder, dann wirkt sich das auf die Gesamtatmosphäre aus. Ob sie ruhig wirkt oder gehetzt, keine Linie hat oder bei allem, was sie tut, für sich einen roten Faden verfolgt, spielt eine entscheidende Rolle. Sie ist eine öffentliche Person. Sie steht mit ihrer Person für Werte, Haltungen, für Umgangsformen und auch für die Art und Weise, wie mit Konflikten, offenen Themen oder sich widerstreitenden Interessen umgegangen wird. Sie ist Handlungsvorbild für alle.

Es gibt unzählige Spannungsfelder, die die Erzieherin in ihrer Person austragen und zusammenführen muss und für die sie mit ihrer Person als Aushandlungspartner zur Verfügung stehen sollte. Damit ist die Erzieherin auf ganz unterschiedlichen Ebenen gefordert: Sie muss die unterschiedlichen Erwartungen, die die Kinder an sie haben unter einen Hut bringen und auch Erwartungen enttäuschen. Sie sollte sich mit dem Kind identifizieren können und dann doch auch wieder inneren und äußeren Abstand zum Kind nehmen können. Gleichzeitig sind die Erwartungen und Vorstellungen der Eltern auf sie gerichtet, die nicht immer mit ihren Konzepten und Vorstellungen vereinbar sind. Es beginnt ein Aushandlungsprozess um das, was das Beste für das Kind ist. Weiterhin muss sie sich auch stellvertretend für den Träger als Person der Diskussion über die übergeordneten Rahmenbedingungen stellen, zwischen den Interessen der Eltern und des Trägers und denen der Kinder und der Erzieherinnen vermitteln.

Die Erzieherin ist also aufgefordert sich auf den unterschiedlichsten Ebenen als gestaltende Akteurin zu platzieren, Impulse zu geben, Reflexionen zu initiieren, zu vermitteln, abzuwägen, zusammenzuführen, zu deeskalieren, aber auch einmal zuzuspitzen usw.

Das geht nicht, ohne selbst Plätze zu haben, an denen man sich über diese Geschehnisse austauschen kann, wo man Rückhalt erfährt.

Geschlechtsspezifische Bewältigungsmuster im Zusammenhang mit Problembewältigung und Gesundheit

Während, ganz allgemein gesprochen, Männer Probleme eher externalisieren, neigen Frauen eher dazu, Probleme zu verinnerlichen. Betrachten wir die Geschlechtsrollen als Angebot zum personalen und interpersonalen Ressourcenaufbau, können wir Folgendes festhalten:

- *Die männliche Entwicklung:* Begründet sich eher auf Angebote in Richtung Differenzierung, Selbstbehauptung und Durchsetzung, Außenorientierung und Autonomie, Körperferne, Entemotionalisierung, Rationalisierung, Heldentum als Wert, Kämpfen und Behaupten, Klären, Siegen. Das Angebot zur Abgrenzung und zur Progression stehen im Vordergrund. Externalisierung dient als Lösungsmuster zur Herstellung von Männlichkeit. Die Folge ist das Nach-Außen-Handeln, Aufwerten des Männlichen und Abwerten des Weiblichen.
- *Die weibliche Entwicklung:* Begründet sich eher auf Innenorientierung, Intimität, Körpernähe, Emotionalisierung, Helfen als Wert, Geben, Nachgeben, Verzicht, Zuhören und Erzählen. Angebote gehen in Richtung Bezogensein und Richtung Regression. Die Internalisierung und Verinnerlichung von Konflikten stehen als Lösungsmuster im Vordergrund bei der Herstellung von Weiblichkeit. Es wird nach Innen gehandelt, das Männliche aufgewertet, das Weibliche abgewertet. Die Folge sind erlebte Angst und Stressreaktionen auf der körperlichen Ebene. Erzieherinnen kommen in ihrem Berufsfeld nicht umhin, auch die männlichen Problemlösungsstrategien aufzugreifen, auch wenn es ihnen schwerer fällt, und es zunächst ihrem innersten Handeln oftmals nicht entspricht.

In der Gesundheitsforschung hat man sich mit Schutzfaktoren auseinandergesetzt, die die Gesundheit erhalten oder dem Erhalt von Gesundheit zumindest dienlich sind. Man ist dabei auf eine ganze Reihe von persönlichen Ressourcen gekommen, die dabei unterstützen, das eigene Leben und die damit an uns gestellten Herausforderungen gestaltend zu bewältigen.

Die knappe wie wahre Feststellung lautet zunächst: Persönliche Ressourcen wirken unterstützend. Überprüfen Sie sich selbst: Welche der folgenden persönlichen Ressourcen stehen Ihnen zur Verfügung? Welche davon können Sie mit etwas Aufmerksamkeit und Kraftaufwand selbst entwickeln? Bei welchen brauchen Sie Unterstützung durch Dritte oder gar durch das Team als Ganzes?

- Selbstsicherheit und Selbstvertrauen, gepaart mit interpersonalem Vertrauen und Vertrauen in die Zukunft;
- selbstwirksam handeln können;
- Selbstbehauptungs-, Liebes-, Kontakt- und Kommunikationsfähigkeit; Selbstreflexion; Selbstkompetenz und Autonomie;

- differenzierte Selbstwahrnehmung; großes Verhaltensrepertoire; Glauben an sich selbst; Akzeptanz eigener Stärken und Schwächen;
- ein positives Selbsterleben; eine weitreichende emotionale Stabilität;
- seelisch-körperliches Wohlbefinden; persönliche Unabhängigkeit;
- Gefühle zulassen, ansprechen und ausleben können;
- die eigenen Bedürfnisse artikulieren können;
- Raum für eigene Entscheidungen und Selbsttätigkeit;
- Wertschätzung sich selbst und anderen gegenüber;
- Rollenflexibilität;
- Netz sozialer Beziehungen;
- Befriedigte elementare menschliche Bedürfnisse nach Sozialkontakten;
- zuverlässige zwischenmenschliche Beziehungen mit hoher Qualität der Beziehungsinhalte;
- die Fähigkeit, auf andere Menschen zu zugehen;
- weitreichende Kommunikationskompetenzen;
- Erfahrungsräume für Initiative, Kreativität, Selbstverantwortung, Gruppenerlebnisse und solidarische Konfliktlösungen;
- unterstützendes und rücksichtsvolles Verhalten gegenüber anderen Menschen;
- Mobilisierung sozialer Unterstützung im Freundes- oder Familienkreis und im professionellen System;
- Hilfe nicht nur mobilisieren und sondern auch annehmen können;
- eine hohe Zahl spezifischer Ziele und Fähigkeiten sowie Erinnerungen aus der eigenen Lebensgeschichte;
- Übernahme von Verantwortung;
- eigenständige und unverwechselbare, einzigartige und nicht austauschbare Form der Selbstentfaltung;
- sich für die eigene Lebensführung selbst verantwortlich wissen;
- sich als Quelle der eigenen Handlungen und Urteile begreifen;
- Herstellen von Lebenszusammenhängen;
- normative Orientierung; eigene Kapazität für Wertorientierungen;
- selbst Entscheidungen treffen können;
- positive Perspektiven im Denken und Handeln entwickeln und anstreben bzw. erreichen können;
- sich dem Streben des Menschen nach Reifung und Entfaltung seiner Anlagen verpflichtet fühlen;
- Entwicklungsmöglichkeiten sehen und haben;
- Offenheit für Veränderungen und Lebensaufgaben;
- Handeln muss auch an eigenen Gütemaßstäben orientiert werden können; Selbstbestimmung und der Selbstverwirklichung im Rahmen des unabwendbar Vorgegebenen;

- Chancen zur Umorientierung und Neuentscheidung in jeder Lebensphase ermöglichen eine gesunde Persönlichkeitsentwicklung;
- hinreichende Handlungs-, Entscheidungs- und Kontrollspielräume;
- aktiver problemzentrierter Umgang mit stressreichen Konfliktsituationen, mit Aggressionen und Gewalt;
- das grundsätzliche Gefühl zu haben, wichtige Ereignisse im Leben selbst beeinflussen und die eigene Umwelt mitgestalten zu können;
- Bewältigung von Leistungsanforderungen;
- Belastungen problembezogen bewältigen können;
- für die Konsequenzen eigenen Handelns einstehen können.

Ein gutes Gespür für die Widersprüchlichkeiten und die physischen, psychischen, sozialen und geistigen Dimensionen des Lebens hilft, einen bewussten, angemessenen und auch gelassenen Umgang mit der Umwelt und den eigenen Gefühlen und Stimmungen zu entwickeln.

Die Bereitschaft zur Übernahme von Verantwortung für die eigene Gesundheit kann nur gelingen, wenn ein Mensch davon überzeugt ist, dass das Leben einen Sinn hat.

Sinnvolle Lern-, Arbeits- und Freizeitziele tragen zu einem lebenswerten Leben bei. Persönliche Ziele zu setzen und zu verfolgen, sich einer Sache verpflichten und engagiert handeln zu können, sind Merkmale, die sich als schützende Faktoren für Gesundheit erwiesen haben.

Salutogenese – oder was Menschen gesund erhält

Jeder Mensch befindet sich in einem Prozess der permanenten Erzeugung und Erneuerung von Lebensbewältigung und Gesundheit. Es bedarf dabei einer empathisch-akzeptierenden Haltung gegenüber den eigenen grenzgängerischen und zerstörerischen Auseinandersetzungsspannungen, wie auch gegenüber der ständig oszillierenden Selbstwahrnehmung und Bedürfnisidentifikation. Bestätigung und Widerspruch dürfen dabei als dynamische und prozesshafte Wirkmechanismen der Lebensbewältigung betrachtet werden.

Gesunde Menschen drücken tiefe Einsichten/Wahrnehmungen über sich und ihre Umwelt aus, sind interessiert an Introspektion und artikulieren ihr Innenleben. Menschen, die zu einem solchen inneren Entwicklungsdialog fähig sind, sind sich vielfältiger, auch inkonsistenter Gefühle bewusst. Sie scheinen begabt, aber nicht im akademischen Sinne, sie haben die Fähigkeit, Widersprüche, Paradoxien zu sehen, und sind zu komplexem Problemlösen in der Lage.

Menschen, die die Fähigkeit zum konstruktiven, interpersonalen Entwicklungsdialog besitzen und kultivieren, unterhalten die unterschiedlichsten, komplexen, persönlichen Beziehungen, folgen dabei dem Muster von Unterstützung und Engagement und suchen nach neuen Erfahrungen, die weiterführend sind.

Ihnen sind Differenzen unter miteinander verbundenen Menschen durchaus willkommen. Sie können zeitweise Spannungen tolerieren. Sie hören sich aufmerksam zu, drücken Gefühle aus. Sie stellen Fragen, teilen Fragen und Zweifel mit, suchen den klärenden Dialog, sind interessiert an tragfähigen Lösungen und können sich mit Vorläufigkeit arrangieren. Sie bejahen fortdauernde Entwicklungsprozesse und deren Versprachlichung.

Kommen Sie vom Weg dieser konstruktiven Lebensbewältigung und Gesundheitserhaltung ab, können Sie das meist an folgenden Warnsignalen erkennen:

- Eine zunehmende Erschöpfung, das wachsende Gefühl ausgebeutet und im Stich gelassen zu sein, macht sich breit.
- In einem solchen Kontext entstehen des Weiteren Gefühle von Einsamkeit, Verlassenheit, Hoffnungslosigkeit, die ebenfalls oft zurückgehalten werden und die von Außen nicht wahrgenommen oder nicht akzeptiert werden.
- Manchmal kommt es dann zu Vergeltungs- und Racheimpulsen, die sich gegen die anderen, aber auch gegen sich selbst richten können.

Unter Stress kommt es nicht selten zur Einengung des Selbst- und Weltbezugs. Wer weder ein noch aus weiß, weil er sich von einer übermächtigen, unbeeinflussbaren Situation überwältigt fühlt, erlebt situative Einengung.

Wer sich nur noch Gefühlen von Verzweiflung, Angst und Hoffnungslosigkeit ausgesetzt fühlt, ohne auch einmal die gefühlsmäßig erfüllende Seite zu erfahren, engt sich dynamisch ein. Das führt oft zu Isolierung, zur Entwertung von Beziehung und damit zu zwischenmenschlicher Einengung. Von Einengung Betroffene erleben ganze Lebensgebiete nicht mehr als interessant und verzichten auf Werte- und Selbstverwirklichung. Sie empfinden im schlimmsten Fall ihre Existenz als wertlos.

Diesen Formen von Einengung gilt es entgegenzuwirken, denn sie machen allesamt auf die Dauer krank und sind wenig gesundheitsförderlich. Es gilt, den Einzelnen in der Einrichtung darin zu unterstützen, immer wieder aus der eigenen Enge heraus einzuladen in eine größere Weite der Verbindung mit anderen. Und was wir für andere tun, sollten wir auch für uns selbst gelten lassen.

Nehmen Sie sich ernst und sorgen Sie gut für sich, dass auch Sie selbst immer wieder aus der eigenen Enge heraus und in einen neuen Entwicklungsraum hinein finden!

Zu den Autoren

Joachim Armbrust ist seit vielen Jahren in der Fortbildung von Erzieherinnen tätig. Er betreibt in Schwäbisch Hall eine Praxis für Psychotherapie, Paartherapie, Supervision, Coaching, Mediation und Prozessgestaltung, Mauerstraße 2, 74523 Schwäbisch Hall, Tel.: 0791/71552

Melina Savvidis (BA-Absolventin »Frühe Bildung«) war Kita-Leiterin und ist jetzt beim Fachdienst Kindertagesbetreuung im Jugendamt Schwäbisch Hall tätig.

Verena Schock (BA-Absolventin »Frühe Bildung«) ist in der ambulanten Jugendhilfe tätig.

Nähere Infos finden Sie auf der Internetseite: http://www.Punkt-Genau-Seminare.de
Auf dieser Internetseite finden Sie auch unter Buchprojekt 6 eine Literaturliste zum Buch.
Viel Spaß beim Stöbern.